Computersysteme — Aufbau und Funktionsweise

Helmut Schauer

Springer-Verlag Wien New York

Univ.-Doz. Dipl.-Ing. Dr. techn. Helmut Schauer
Institut für Praktische Informatik der Technischen Universität Wien

Zweite, ergänzte und verbesserte Auflage von
Einführung in die Datenverarbeitung
Aufbau und Funktionsweise von Computer-Systemen
von Helmut Schauer
Wien-New York: Springer-Verlag 1976
© 1976 by Springer-Verlag/Wien
ISBN-13: 978-3-211-81782-7   e-ISBN-13: 978-3-7091-8734-0
DOI: 10.1007/978-3-7091-8734-0

© 1983 by Springer-Verlag/Wien
Softcover reprint of the hardcover 1st edition 1983
Reproduktion und Offsetdruck: Novographic, Ing. Wolfgang Schmid, A-1230 Wien

Mit 193 Abbildungen

CIP-Kurztitelaufnahme der Deutschen Bibliothek
Schauer, Helmut:
Computersysteme – Aufbau und Funktionsweise / Helmut
Schauer. – 2., erg. u. erw. Aufl. von Einführung in
die Datenverarbeitung von Helmut Schauer. – Wien ;
New York : Springer, 1983.
   ISBN-13: 978-3-211-81782-7

Geleitwort

Seit mehr als einem Vierteljahrhundert beeinflußt der Computer unser Leben auf mannigfaltige Weise. Abgesehen von den heute schon selbstverständlichen Anwendungen in Verwaltung, Wirtschaft und Technik hat der Computer auch in Wissenschaft und Forschung seinen festen Platz eingenommen.
Viel wichtiger als diese passive Rolle als Hilfsmittel scheint mir jedoch die stimulierende Wirkung, die das Gedankengut der Informatik auf sämtliche anderen Wissensgebiete ausübt. Erst der Computer gab Anstoß für die Behandlung allgemeiner Fragen, wie etwa der Methodik des Planens und Handelns oder der Organisation komplexer Systeme. Die dadurch gewonnenen Erkenntnisse können auch in vielen anderen Disziplinen angewandt werden. Möge dieses Buch einen Beitrag dazu leisten, daß bei einem weiten Leserkreis Interesse für dieses neue Wissensgebiet geweckt wird.

Manfred Brockhaus

Vorwort

Dieses Buch ist aus meiner „Einführung in die Datenverarbeitung", erschienen 1976, hervorgegangen. Es wendet sich sowohl an Studierende der Informatik und aller anderen Studienrichtungen, die in irgendeiner Form mit Datenverarbeitung konfrontiert sind, als auch an all jene, die beruflich mit Computern zu tun haben und ihre praktische Erfahrung auf eine Basis fundierter Allgemeinkenntnisse stellen wollen.

In der vorliegenden Darstellung wurde der rasanten technologischen Entwicklung von Computersystemen in den letzten Jahren Rechnung getragen; die Kapitel über den Aufbau von Prozessoren, Speichern und peripheren Geräten wurden dem letzten Stand der Technik angepaßt. Insbesondere Mikroprozessoren und Kleincomputer mit den angeschlossenen Bildschirmen, Diskettenstationen, Winchesterplatten und Druckern werden berücksichtigt. Besonderer Wert wird auf die Erläuterung der zugehörigen Fachbegriffe gelegt, die auch im Glossar zusammengestellt sind.

Im Gegensatz zu vielen anderen Einführungen ist der Aufbau des Stoffes streng induktiv, also vom Konkreten ausgehend zu allgemeinen Prinzipien hinführend. In diesem Sinn werden logische Schaltkreise zu kleinen Bauelementen und diese wieder zu einem einfachen Computer-Modell zusammengesetzt. Durch den Anschluß von Ein/Ausgabegeräten und peripheren Speichern wird das Bild über die Hardware abgerundet. Im nächsten Schritt werden die organisatorischen Probleme der Benutzung der einzelnen Hardwarekomponenten aus der Sicht des Betriebssystems behandelt. Das abschließende Kapitel über Informationstheorie gibt Einblick in die Darstellung und Übertragung von Information, auf der letztlich alle Vorgänge innerhalb des Computer-Systems beruhen.

Der Text ist durch zahlreiche anschauliche Beispiele ergänzt. Querverbindungen zwischen einzelnen Abschnitten beziehungsweise Querverbindungen zu anderen Fachgebieten werden besonders hervorgehoben. Alle wichtigen Fachbegriffe sind im Glossar definiert und erläutert. Auch die Tabelle der Potenzen und Logarithmen von Zwei werden viele Leser zu schätzen wissen.

Abgesehen von elementarer Mathematik werden vom Leser keinerlei Vorkenntnisse vorausgesetzt. Damit ist das Buch auch zum Selbststudium geeignet.

Eine Sammlung von Übungsaufgaben und deren Lösungen, die in Kürze als selbständiges Buch erscheinen wird, soll die im Text ausgeführten Beispiele ergänzen und wird insbesondere die Verwendung des Buches als Lehrbehelf, aber auch das Selbststudium unterstützen.

Der Inhalt entspricht im wesentlichen der Vorlesung „Einführung in die Informatik I", wie sie in den letzten Jahren an der Technischen Universität Wien gehalten wurde. Mein Dank gebührt in erster Linie allen Hörern dieser Vorlesung, die das Manuskript einer kritischen Prüfung unterzogen haben, sowie den beiden Damen Christine Otto und Maria Rotheneder für das Schreiben des Textes und Anfertigen der Zeichnungen. Für die Mithilfe bei der Neugestaltung des Buches danke ich Herrn Werner Dietmüller, der auch mehrere Skizzen mit Hilfe des „Lisa"-Computersystems von Apple angefertigt hat, sowie Frau Claudia Hainschink für das Schreiben der neuen Texte. Nicht zuletzt danke ich dem Springer-Verlag in Wien für die freundliche Bereitschaft, das Buch in geänderter Form neu aufzulegen.

Wien, im August 1983   Helmut Schauer

Inhaltsverzeichnis

EINFÜHRUNG

Heutige Computersysteme sind aus einer solchen Unzahl von
Einzelelementen zusammengesetzt, daß ihr Aufbau und ihre
funktionelle Wirkungsweise nur beschrieben werden können, indem
diese Einzelteile konzeptuell zu kleinen Bauelementen zusammengefaßt werden, und deren Wirkungsweise erklärt wird. Diese
Bauelemente bilden selbst wieder die Einzelbestandteile von
Elementen in einer übergeordneten Stufe und so fort. Nur durch
eine solche gedankliche Strukturierung ist das Verständnis der
komplexen Computerhardware möglich.

Im folgenden Abschnitt wird versucht, von einfachen Grund-
begriffen ausgehend die schaltalgebraischen Grundlagen für
das Verständnis einfacher logischer Netzwerke darzulegen.
Mit diesen Grundlagen gelingt es Schaltungen zu konstruieren,
die als Bauelemente eines einfachen Rechnermodells verwendet
werden. Dieses Modell wird danach in weiteren Schritten zu
einem immer komplexeren Computersystem ausgebaut.

ZAHLENDARSTELLUNG

Zahlenwerte können in analoger oder in digitaler Form dargestellt werden. Die analoge Zahlendarstellung erfolgt durch eine physikalische Größe, die dem Zahlenwert proportional ist.

z.B.

Darzustellender Zahlenwert	physikalische Größe
Uhrzeit	Winkelstellung der Uhrzeiger
Temperatur	Länge der Quecksilbersäule

Bei der analogen Zahlendarstellung kann innerhalb des darzustellenden Zahlenbereiches jeder beliebige Zwischenwert auftreten. Die Genauigkeit der Darstellung und der Ablesung ist nur durch die physikalischen Umstände beschränkt.

Typisches Beispiel für eine Rechenanlage mit analoger Zahlendarstellung ist der Rechenschieber. Die Zahlen werden durch Längen im logarithmischen Maßstab dargestellt, jeder Wert kann im Prinzip beliebig genau eingestellt werden.

In elektronischen Analogrechenanlagen werden die Zahlen durch elektrische Spannungen dargestellt, die den Zahlenwerten proportional sind. Rechenoperationen werden durch entsprechende elektronische Schaltungen ausgeführt, die Ergebnisse können auf einem Bildschirm (Kathodenstrahlröhre) oder graphisch - ebenfalls in analoger Form - sichtbar gemacht werden. Verwendung vorwiegend für die Untersuchung von zeitlich kontinuierlich veränderbaren Größen (Differentialgleichungen). Analogrechenanlagen werden hier nicht behandelt.

Bei der digitalen (ziffernweisen) Zahlendarstellung wird die Zahl durch ihre einzelnen Ziffern dargestellt.

z.B. Uhrzeit bei einer Digitaluhr durch Stunden (zwei Ziffern) und Minuten (zwei Ziffern)

Geldbetrag bei einer Registrierkasse (Zahnräder für die einzelnen Ziffern)

Die Genauigkeit der digitalen Zahlendarstellung hängt von der

Anzahl der verwendeten Stellen (Ziffern) ab. Innerhalb des
Zahlenbereiches können Zwischenwerte nur auf diese Stellenanzahl genau dargestellt werden.

Einfaches Beispiel für eine Rechenanlage mit digitaler Zahlendarstellung ist die Kugelrechenmaschine.

Für die digitale Zahlendarstellung ist das <u>Zahlensystem</u>
entscheidend, in dem die Zahl dargestellt werden soll.

<u>ZAHLENSYSTEME</u>

Im <u>dezimalen Zahlensystem</u> ist jede Stelle mit einem Stellenwert gewichtet, der eine Potenz von 10 ist.

z.B. $1234 = 1.10^3 + 2.10^2 + 3.10^1 + 4.10^0$

Allgemein ist der Wert einer ganzen Zahl

$$\text{Wert} = \sum_{i=0}^{g-1} z_i . b^i$$

wobei z_i die einzelnen Ziffern (von rechts nach links durchnumeriert!) sind. g ist die Stellenanzahl und b die Basis
des Zahlensystems. (Im Dezimalsystem hat die Basis den Wert 10.)
Die Basis legt gleichzeitig die Anzahl der unterschiedlichen
Ziffern fest (im Dezimalsystem gibt es die 10 Ziffern
0, 1, 2, 3, 4, 5, 6, 7, 8, 9). Ein Zahlensystem mit der Basis b
hat b Ziffern, die die Werte 0 bis b - 1 darstellen.

Für die technische Realisierung der digitalen Zahlendarstellung
ist das <u>duale Zahlensystem</u> mit der Basis 2 vorteilhaft, weil
nur zwei Ziffern unterschieden werden müssen. Die Dualziffern
werden hier mit Ø und L bezeichnet um Verwechslungen mit den
Dezimalziffern auszuschließen.

z.B. $LØØLL = 1.2^4 + 0.2^3 + 0.2^2 + 1.2^1 + 1.2^0 = 19$

Das duale Zahlensystem hat gegenüber dem Dezimalsystem den
Vorteil der einfachen Zifferndarstellung und damit einfachen

Rechenregeln. Das "Einmaleins" besteht im Dualsystem nur aus
den vier Regeln

$$\emptyset * \emptyset = \emptyset$$
$$\emptyset * L = \emptyset$$
$$L * \emptyset = \emptyset$$
$$L * L = L$$

Nachteilig ist die höhere Stellenzahl und die Ungewohntheit
für den Menschen.

Als Kompromiß werden Zahlen gelegentlich zwar im Dezimalsystem
gespeichert, jede einzelne Dezimalziffer aber als vierstellige
Dualzahl dargestellt.

z.B.

$\emptyset$ L $\emptyset$ L	$\emptyset$ L L $\emptyset$	$\emptyset$ L L L
5	6	7

Diese Form der Zahlendarstellung wird als BCD (binary coded
decimal) bezeichnet. Die vierstellige Dualzahl bezeichnet man
als Tetrade.

0	$\emptyset$ $\emptyset$ $\emptyset$ $\emptyset$		5	$\emptyset$ L $\emptyset$ L
1	$\emptyset$ $\emptyset$ $\emptyset$ L		6	$\emptyset$ L L $\emptyset$
2	$\emptyset$ $\emptyset$ L $\emptyset$		7	$\emptyset$ L L L
3	$\emptyset$ $\emptyset$ L L		8	L $\emptyset$ $\emptyset$ $\emptyset$
4	$\emptyset$ L $\emptyset$ $\emptyset$		9	L $\emptyset$ $\emptyset$ L

Da sich durch eine vierstellige Dualzahl die Zahlen 0 bis 15
darstellen lassen, bleiben 6 Möglichkeiten unbenützt.

Prinzipiell werden für die Darstellung einer Zahl umso weniger
Stellen benötigt, je größer die Basis des verwendeten Zahlen-
systems ist. Unter diesem Gesichtspunkt bietet das <u>Sedezimalsystem</u>
(Basis 16) den Vorteil kurzer Zahlen.

Die 16 Sedezimalziffern werden mit den 10 Ziffern und 6 ersten
Buchstaben des Alphabets bezeichnet:
0, 1, 2, ..., 9, A, B, C, D, E, F

z.B. $\qquad C3F = 12 \cdot 16^2 + 3 \cdot 16^1 + 15 = 3135$

Zur einfacheren technischen Realisierung werden die Sedezimalziffern intern ebenfalls als vierstellige Dualzahlen dargestellt.

z.B.

L L Ø Ø	Ø Ø L L	L L L L
C	3	F

0	Ø Ø Ø Ø		8	L Ø Ø Ø
1	Ø Ø Ø L		9	L Ø Ø L
2	Ø Ø L Ø		A	L Ø L Ø
3	Ø Ø L L		B	L Ø L L
4	Ø L Ø Ø		C	L L Ø Ø
5	Ø L Ø L		D	L L Ø L
6	Ø L L Ø		E	L L L Ø
7	Ø L L L		F	L L L L

Im Gegensatz zur BCD -Darstellung von Dezimalziffern werden
hier sämtliche 16 Möglichkeiten ausgenützt.

Gelegentlich wird auch das <u>Oktalsystem</u> (Basis 8) verwendet,
in dem die einzelnen Ziffern durch dreistellige Dualzahlen
dargestellt werden können.

ZAHLENUMWANDLUNG

Es gibt einfache Verfahren, um Zahlen, die im Dezimalsystem
dargestellt sind, in ein anderes Zahlensystem umzuwandeln und
umgekehrt.

Zur Umwandlung vom Dezimalsystem in ein Zahlensystem mit der
Basis b wird die Zahl solange fortlaufend ganzzahlig durch
die Basis b dividiert, bis der Quotient Null entsteht.
Der Rest jeder Division (liegt zwischen 0 und b-1) bildet
die Ziffern der umgewandelten Zahl in umgekehrter Reihenfolge.

z.B.   Umwandlung von 1234_{10} in das Sedezimalsystem:

$$1234 : 16 = 77 \qquad 77 : 16 = 4 \qquad 4 : 16 = 0$$
$$\quad\; 2 \text{ Rest} \qquad\qquad 13 \text{ Rest} \qquad\quad 4 \text{ Rest}$$

$1234_{10} = 4D2_{16}$ Aus Gründen der Eindeutigkeit
wird hier die Basis des ver-
wendeten Zahlensystems tief-
gestellt zur Zahl angeführt.

z.B.   Umwandlung von 1234_{10} in das Oktalsystem

$$1234 : 8 = 154 \qquad 154 : 8 = 19 \qquad 19 : 8 = 2 \qquad 2 : 8 = 0$$
$$\quad 2 \text{ Rest} \qquad\qquad 2 \text{ Rest} \qquad\qquad 3 \text{ Rest} \qquad 2 \text{ Rest}$$

$$1234_{10} = 2322_8$$

z.B.   Umwandlung von 1234_{10} in das Dualsystem

$$1234 : 2 = 617 \qquad 617 : 2 = 308 \qquad 308 : 2 = 154$$
$$\quad 0 \text{ Rest} \qquad\qquad 1 \text{ Rest} \qquad\qquad 0 \text{ Rest}$$

$$154 : 2 = 77 \qquad 77 : 2 = 38 \qquad 38 : 2 = 19$$
$$\quad 0 \text{ Rest} \qquad\qquad 1 \text{ Rest} \qquad\qquad 0 \text{ Rest}$$

$$19 : 2 = 9 \qquad 9 : 2 = 4 \qquad 4 : 2 = 2 \qquad 2 : 2 = 1 \qquad 1 : 2 = 0$$
$$\quad 1 \text{ Rest} \qquad 1 \text{ Rest} \qquad 0 \text{ Rest} \qquad\quad 0 \text{ Rest} \qquad\quad 1 \text{ Rest}$$

$$1234_{10} = LØØLLØLØØLØ$$

Zur Umwandlung einer im Zahlensystem mit der Basis b dargestellten Zahl in das Dezimalsystem müssen die einzelnen Ziffern mit den Potenzen von b multipliziert werden.

z.B. $\qquad 4D2_{16} = 4.16^2 + 13.16 + 2$

Die Berechnung der Potenzen von b läßt sich jedoch vermeiden, wenn man abwechselnd mit b multipliziert und die nächste Ziffer addiert

z.B. $\quad 4.16^2 + 13.16 + 2 = (4.16 + 13).16 + 2 = 1234$

Dieses Verfahren heißt HORNER-Schema und wird allgemein zur Berechnung von Polynomwerten verwendet (die einzelnen Ziffern der Zahl bilden ja die Koeffizienten eines Polynoms, dessen Wert an der Stelle b berechnet wird).

z.B. $\quad$ Umwandlung von 2322_8 in das Dezimalsystem

$2.8 = 16 \qquad 16 + 3 = 19 \qquad 19.8 = 152 \qquad 152 + 2 = 154$
$154.8 = 1232 \qquad 1232 + 2 = 1234$

Es empfiehlt sich, die Zwischenergebnisse in tabellarischer Form anzuschreiben:

2	3	2	2	
	16	152	1232	$2322_8 = 1234_{10}$
	19	154	1234	

z.B. $\quad$ Umwandlung von LØØLLØLØØLØ in das Dezimalsystem

1	0	0	1	1	0	1	0	0	1	0
	2	4	8	18	38	76	154	308	616	1234
2	4	9	19	38	77	154	308	617	1234	

Werden die einzelnen Ziffern als Dualzahlen dargestellt, so
können Zahlen leicht zwischen dem Dual- und Oktal- oder
Sedezimalsystem umgewandelt werden (gilt allgemein für alle
Zahlensysteme, deren Basis eine Potenz des anderen Zahlensystems ist).

z.B.   Umwandlung vom Dualsystem in das Oktalsystem
     Ø L Ø   Ø L L   Ø L Ø   Ø L Ø
      2   3   2   2

    Die Dualziffern werden von rechts nach links in Dreier-
gruppen zusammengefaßt (eventuell links führende Nullen
ergänzen). Jeweils drei Dualziffern geben als dreistellige
Dualzahl interpretiert den Wert der Oktalziffer an.

Die Umwandlung vom Dualsystem in das Sedezimalsystem erfolgt
ebenso, nur werden jeweils vier Dualziffern zusammengefaßt.

z.B.   Ø L Ø Ø   L L Ø L   Ø Ø L Ø
       4   D   2

Dieser Zusammenhang kann auch für die Umrechnung in das
Dezimalsystem benützt werden. Zum Beispiel kann eine Dualzahl
einfach als Oktalzahl angeschrieben werden und diese mittels
des Horner-Schemas in das Dezimalsystem umgewandelt werden.

S   SCHALTALGEBRA

S1 GRUNDBEGRIFFE

Da im dualen Zahlensystem nur die beiden Ziffern $\emptyset$ und L
vorkommen, können sie innerhalb eines Rechners durch elektronische Schalter dargestellt werden.

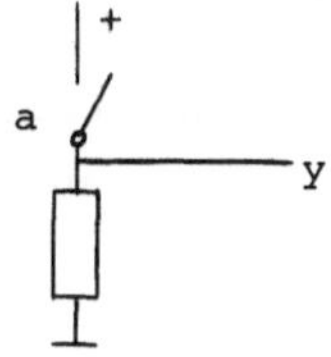

Ist zum Beispiel in der neben-
stehenden Schaltskizze der Schalter
a offen (a = $\emptyset$), so liegt am Ausgang
y keine Spannung (y = $\emptyset$).

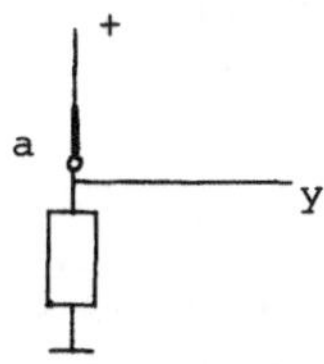

Ist jedoch der Schalter a geschlossen
(a = L), so liegt am Ausgang y
Spannung (y = L)

Die beiden Dualziffern $\emptyset$ und L können somit einfach durch
die beiden physikalischen Zustände keine Spannung - Spannung
dargestellt werden.

Will man die Spannung am Ausgang eines Schalters zur Steuerung
weiterer Schaltungen benützen, so kann man die Schalter mit
Hilfe von Elektromagneten bewegen.

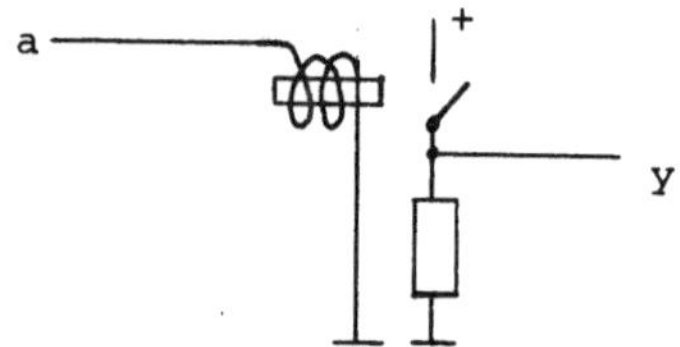

Liegt am Eingang a keine Spannung
(a = Ø), so ist der Schalter
offen, und am Ausgang y liegt
keine Spannung (y = Ø).

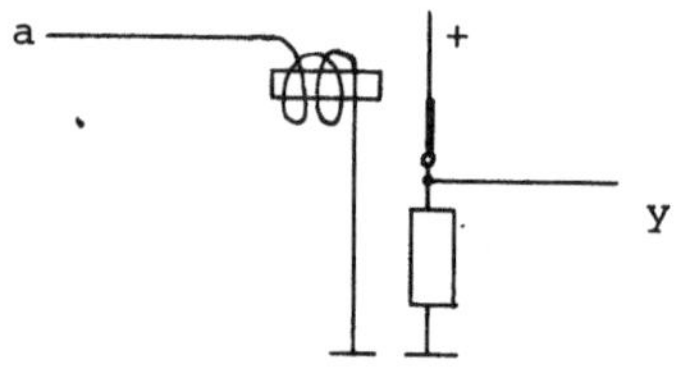

Liegt am Eingang a Spannung
(a = L), so schließt der Elektro-
magnet den Schalter, und am
Ausgang y liegt Spannung (y = L).

Solche elektromagnetischen Schalter werden als Relais bezeichnet
und finden in der Telefonvermittlung Anwendung.

Auch in den Anfängen der Computer-Entwicklung wurden Relais
verwendet, die jedoch sehr bald durch Röhrenschaltungen und
später durch Transistoren abgelöst wurden.

Prinzipiell ist die Funktionsweise eines Transistor-Schalters
die gleiche wie bei einem mechanisch bewegten Schalter.

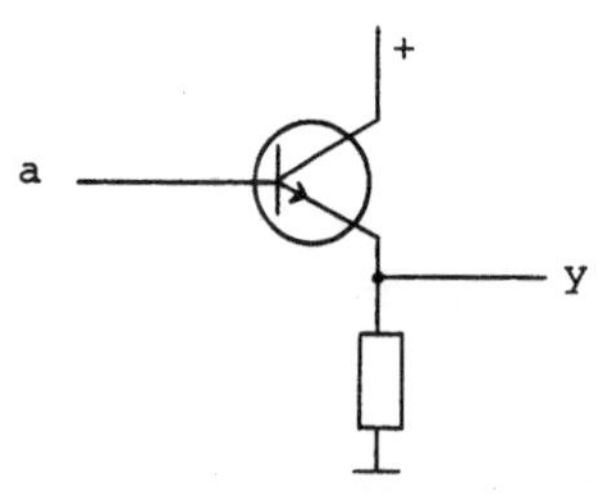

Liegt am Eingang a keine Spannung
(a = Ø), so sperrt der Transistor,
und am Ausgang y liegt keine
Spannung (y = Ø).

Liegt am Eingang a Spannung
(a = L), so leitet der Transistor,
und am Ausgang y liegt Spannung
(y = L).

Vorteile der Transistortechnik sind rasche Schaltzeiten
(unter 10^{-9} Sekunden), geringer Platzbedarf (2000 Transistoren
pro cm^2), geringe Leistungsaufnahme und damit geringe Wärme-
entwicklung, hohe Betriebssicherheit, da keine bewegten Teile
verwendet werden, sowie geringe Herstellungskosten.

Durch Parallel- bzw. Serienschaltung zweier solcher Schalter
lassen sich nun einfache Grundbausteine für komplexere
Schaltungen konstruieren.

<u>Parallelschaltung zweier Schalter</u>

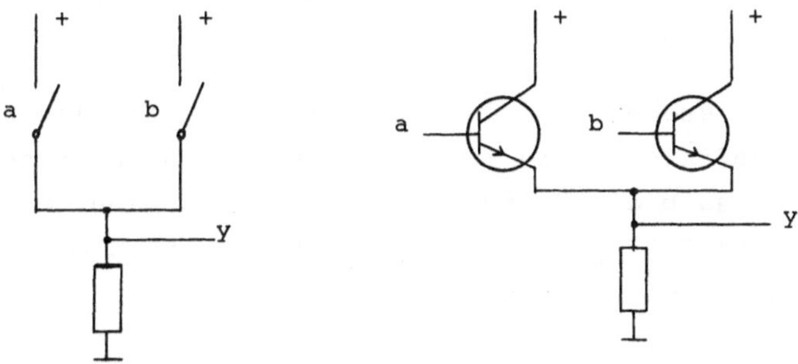

Am Ausgang der Parallelschaltung zweier Schalter a und b
liegt dann Spannung (y = L), wenn zumindest einer der beiden
Schalter geschlossen ist (a = L <u>oder</u> b = L). Eine solche
Parallelschaltung wird daher als <u>ODER-Gatter</u> bezeichnet.

Da solche ODER-Gatter häufig als Grundbausteine komplizierterer
Schaltungen verwendet werden, wird dafür ein eigenes Symbol
verwendet:

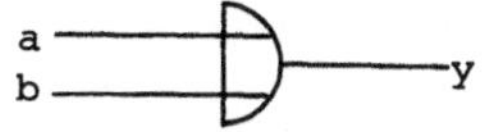

Der Zusammenhang zwischen den Eingangsgrößen a, b und dem
Ausgang y eines ODER-Gatters kann auch tabellarisch angegeben werden:

a	Ø	Ø	L	L
b	Ø	L	Ø	L
y	Ø	L	L	L

Im oberen Teil dieser sogenannten <u>Wahrheitstabelle</u> sind
spaltenweise sämtliche vier möglichen Eingangskombinationen
für a und b eingetragen. Darunter steht das jeweils dazu-
gehörige Ergebnis y.

Mathematisch gesehen wird durch die Wahrheitstabelle eine
Funktion y definiert, die in Abhängigkeit von ihren beiden
Variablen a und b die Werte Ø und L annehmen kann. Man spricht
auch von einer <u>ODER-Verknüpfung</u> oder <u>Disjunktion</u> der Variablen
a und b und schreibt symbolisch

$$y = a \lor b \qquad \text{(y gleich a oder b)}$$

<u>Serienschaltung zweier Schalter</u>

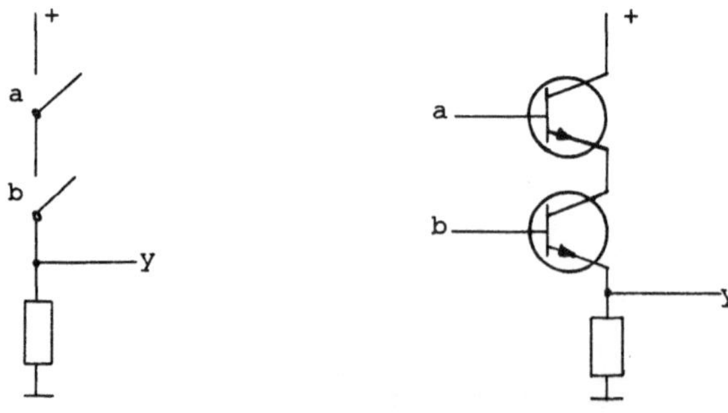

Am Ausgang der Serienschaltung zweier Schalter a und b liegt nur dann Spannung (y = L), wenn beide Schalter geschlossen sind (a = L <u>und</u> b = L). Eine solche Serienschaltung wird daher als <u>UND-Gatter</u> bezeichnet und das Symbol

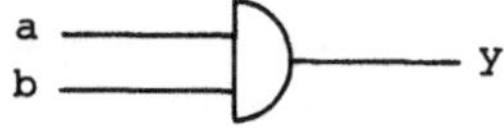

verwendet. Die Wahrheitstabelle für das UND-Gatter lautet

a	Ø	Ø	L	L
b	Ø	L	Ø	L
y	Ø	Ø	Ø	L

Algebraisch wird die <u>UND-Verknüpfung</u> oder <u>Konjunktion</u> in der Form

$$y = a \wedge b \qquad \text{(y gleich a und b)}$$

angeschrieben.

Häufig benötigt man zusätzlich noch Schalter, bei denen am Ausgang einfach die Umkehrung des Eingangswertes liegt. Solche Schalter können z.B. durch einen komplementären Transistor (p-n-p- Transistor statt n-p-n- Transistor) realisiert werden:

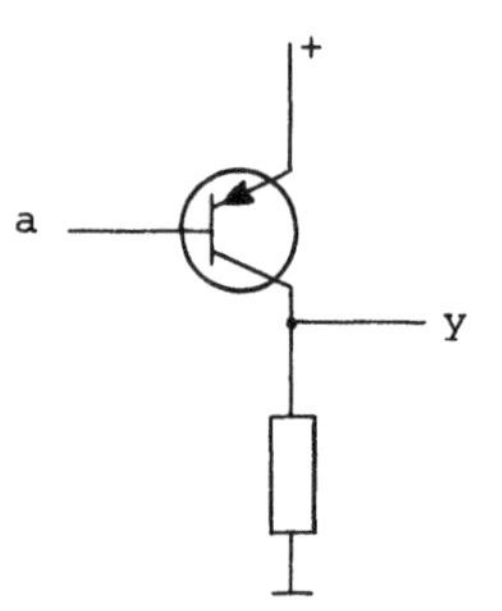

Der p-n-p-Transistor sperrt, wenn
die Basis positiv ist.

Liegt am Eingang a keine Spannung
(a = $\emptyset$), so leitet der Transistor
und am Ausgang y liegt Spannung
(y = L).

Liegt am Eingang a Spannung (a = L),
so sperrt der Transistor und am
Ausgang y liegt keine Spannung
(y = $\emptyset$).

Diese Schaltung wird als <u>Negation</u> bezeichnet. Die Wahrheitstabelle für die Negation lautet

a	$\emptyset$	L
y	L	$\emptyset$

$$y = \neg\, a \quad \text{(y gleich nicht a)}$$

Die Negation einer Größe a wird auch als <u>Komplement</u> von a
bezeichnet.

ODER-Gatter, UND-Gatter und Negationselemente bilden die
Grundbausteine der Schaltalgebra. Aus ihnen können komplizierte
Schaltungen aufgebaut werden, wie am Beispiel eines einfachen
Addierwerkes gezeigt werden soll.

Beispiel: Halbaddierwerk

Es soll eine Schaltung entworfen werden, die es gestattet,
zwei Dualziffern zu addieren. Eine solche Schaltung wird

als <u>Halbaddierwerk</u> bezeichnet. Für die Addition im Dualsystem gelten die folgenden Rechenregeln:

$$\emptyset + \emptyset = \emptyset$$
$$\emptyset + L = L$$
$$L + \emptyset = L$$
$$L + L = L\emptyset \qquad \text{(es entsteht ein Übertrag)}$$

Bei der Addition von L + L entsteht ein Übertrag auf die
nächste Stelle, der von der Summenziffer getrennt angegeben
werden soll. Betrachtet man die Summenziffer s und den
Übertrag ü getrennt, so ergeben sich folgende Wahrheits-
tabellen:

a	$\emptyset$	$\emptyset$	L	L
b	$\emptyset$	L	$\emptyset$	L
s	$\emptyset$	L	L	$\emptyset$

a	$\emptyset$	$\emptyset$	L	L
b	$\emptyset$	L	$\emptyset$	L
ü	$\emptyset$	$\emptyset$	$\emptyset$	L

Die Summe s ist dann L, wenn entweder a = $\emptyset$ und b = L
ist oder wenn a = L und b = $\emptyset$ ist. Algebraisch ausgedrückt
lautet das

$$s = (\neg\, a \wedge b) \vee (a \wedge \neg\, b)$$

Für den Übertrag ü gilt

$$ü = a \wedge b$$

Aus der algebraischen Darstellung kann die Schaltung
unmittelbar konstruiert werden:

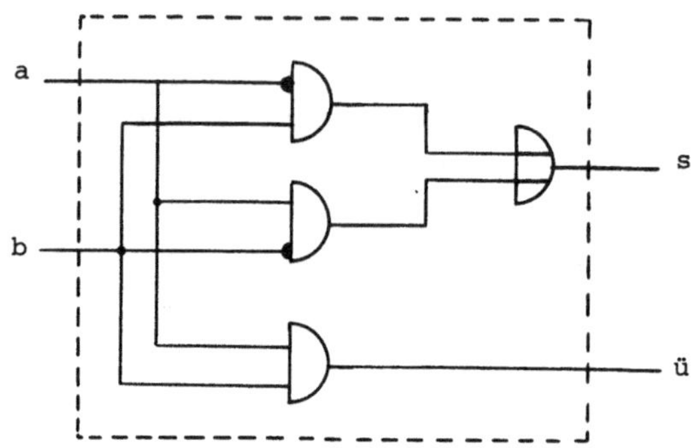

Dieses einfache Beispiel zeigt, daß zum Entwurf von Schaltungen
eine algebraische Darstellung der Schaltfunktionen nützlich
ist. Eine formale Behandlung der "Rechenregeln" mit UND- und
ODER-Verknüpfungen und Negationen ist daher unumgänglich.

Da die Negation am Eingang eines Gatters durch Verwendung
eines p-n-p-Transistors anstelle eines n-p-n-Transistors
realisiert werden kann, werden hier keine eigenen Negationselemente verwendet. Die Negation des Eingangs wird durch den
Punkt im Schaltsymbol symbolisiert.

S2 RECHENREGELN

Für die ODER-Verknüpfung gilt

$$\emptyset \vee \emptyset = \emptyset$$
$$\emptyset \vee L = L$$
$$L \vee \emptyset = L$$
$$L \vee L = L$$

Daraus lassen sich leicht die folgenden allgemeinen Regeln ableiten:

1) Irgendeine beliebige Größe a mit L ODER-verknüpft liefert L, oder allgemein:

$$a \vee L = L \qquad \text{(a kann dabei } \emptyset \text{ oder L sein)}$$

2) Eine beliebige Größe a mit $\emptyset$ ODER-verknüpft ergibt wieder a:

$$a \vee \emptyset = a$$

3) Jede Größe a mit sich selbst ODER-verknüpft liefert ebenfalls a:

$$a \vee a = a$$

4) Jede Größe a ergibt mit ihrem Komplement ODER-verknüpft immer L:

$$a \vee \neg a = L$$

Ähnliche Rechenregeln gelten auch für die UND-Verknüpfung:

$$\emptyset \wedge \emptyset = \emptyset \qquad\qquad a \wedge L = a$$
$$\emptyset \wedge L = \emptyset \qquad\qquad a \wedge \emptyset = \emptyset$$
$$L \wedge \emptyset = \emptyset \qquad\qquad a \wedge a = a$$
$$L \wedge L = L \qquad\qquad a \wedge \neg a = \emptyset$$

Sowohl bei der ODER-Verknüpfung, als auch bei der UND-Verknüpfung ist die Reihenfolge der Operanden belanglos.

$$a \lor b = b \lor a \qquad\qquad a \land b = b \land a$$

Diese Rechenregel wird allgemein als <u>Kommutatives Gesetz</u> bezeichnet.

Falls mehrere ODER-Verknüpfungen oder mehrere UND-Verknüpfungen hintereinander ausgeführt werden, ist die Reihenfolge der Operationen belanglos:

$$(a \lor b) \lor c = a \lor (b \lor c) \qquad (a \land b) \land c = a \land (b \land c)$$

Diese Rechenregel wird allgemein als <u>Assoziatives Gesetz</u> bezeichnet. Die runden Klammern werden hier im Sinne der Mathematik verwendet, um die Reihenfolge der Rechenoperationen festzulegen.

Treten ODER- und UND-Verknüpfungen gemischt auf, so kann ein gemeinsamer Faktor ausgeklammert werden:

$$(a \land b) \lor (a \land c) = a \land (b \lor c)$$
$$(a \lor b) \land (a \lor c) = a \lor (b \land c)$$

Diese Rechenregel wird als <u>Distributives Gesetz</u> bezeichnet.

Weiters gilt das Gesetz der <u>Verschmelzung</u>:

$$a \land (a \lor b) = a$$
$$a \lor (a \land b) = a$$

In der Algebra wird ein abgeschlossenes System, in dem zwei Operationen definiert sind, für die kommutatives, assoziatives distributives und Verschmelzungsgesetz gelten und in dem ein Nullelement, ein Einselement und zu jedem Element ein Komplement existiert, eine <u>Boole'sche Algebra</u> genannt.

Die Rechenregeln für die beschriebenen Gatter bilden daher eine Boole'sche Algebra (Schaltalgebra).

Ganz analoge Systeme finden sich z.B. auch in den Bereichen der mathematischen Logik und der Mengenlehre.

In der <u>Aussagenlogik</u> etwa wird ein Satz, der richtig oder
falsch sein kann, als <u>Aussage</u> bezeichnet.

z.B. Heute regnet es.
     Es scheint die Sonne.

Aus zwei Aussagen kann durch "oder" (Disjunktion) oder "und"
(Konjunktion) eine neue Aussage gebildet werden.

z.B. Heute regnet es, oder es scheint die Sonne.
     Heute regnet es, und es scheint die Sonne.

Eine Aussage kann auch verneint werden (Negation)

z.B. Heute regnet es nicht.

Es gibt auch Aussagen, die immer richtig sind (Tautologie) und
solche, die immer falsch sind (Kontradikion) und die somit
dem Nullelement und dem Einselement entsprechen. Da für die
Verknüpfung von Aussagen ebenfalls die obigen Rechenregeln
gelten, bildet die Aussagenlogik eine Boole'sche Algebra.

Wegen der engen Beziehung zwischen der Aussagenlogik und der
Schaltalgebra sind auch manche Bezeichnungen in der Schaltal-
gebra von der Aussagenlogik entlehnt (z.B. Disjunktion,
Konjunktion, Negation, Wahrheitstabelle, etc.).

Eine weitere Ähnlichkeit findet sich in den Operationen der
Mengenlehre. Betrachtet man Teilmengen A, B einer Menge M,
so kann die

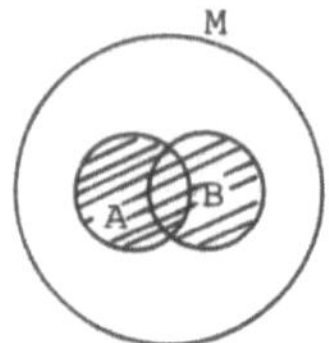

Vereinigung (A ∪ B) dieser Menge
gebildet werden. Die Vereinigung
enthält jene Elemente, die zumindest einer der beiden Teilmengen angehören.

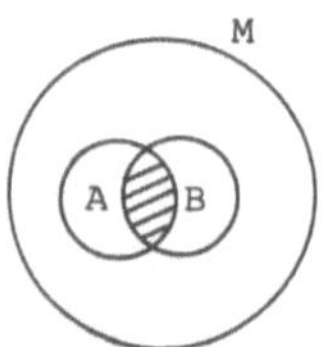

Als Durchschnitt (A ∩ B) zweier
Teilmengen wird jene Menge bezeichnet, deren Elemente sowohl
zur einen als auch zur anderen
Teilmenge gehören.

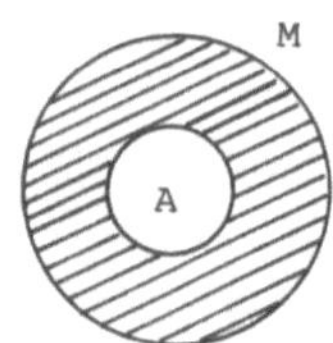

Das Komplement ($\overline{A}$) einer Teilmenge
enthält genau jene Elemente, die
nicht zu dieser Teilmenge gehören.

Weiters gibt es ein Einselelement - das ist die gesamte
Menge M - und ein Nullelement - das ist die leere Menge.
Auch die Rechenregeln für die Verknüpfung der Teilmengen
bilden eine Boole'sche Algebra.

In der Boole'schen Algebra gilt das Prinzip der <u>Dualität</u>.
Zwei Funktionen sind zueinander dual, wenn nach Komplementbildung der Variablen der einen Funktion das Ergebnis gleich
dem Komplement der anderen Funktion ist.

z.B.

Wahrheitstabelle für die ODER-Funktion		Wahrheitstabelle für die ODER-Funktion mit verneinten Eingängen		Wahrheitstabelle für die UND-Funktion	
a	$\emptyset$ $\emptyset$ L L	$\neg$ a	L L $\emptyset$ $\emptyset$	a	$\emptyset$ $\emptyset$ L L
b	$\emptyset$ L $\emptyset$ L	$\neg$ b	L $\emptyset$ L $\emptyset$	b	$\emptyset$ L $\emptyset$ L
a $\vee$ b	$\emptyset$ L L L	$\neg$ a $\vee$ $\neg$ b	L L L $\emptyset$	a $\wedge$ b	$\emptyset$ $\emptyset$ $\emptyset$ L

Die Komplementbildung der Eingangsvariablen entspricht einer
Spiegelung der Wahrheitstabelle.

UND- und ODER-Operationen sind zueinander dual, denn es gilt

$$\neg (a \wedge b) = \neg a \vee \neg b$$

und ebenso

$$\neg (a \vee b) = \neg a \wedge \neg b$$

Allgemein gilt für duale Funktionen das <u>Theorem von De Morgan:</u>

$$\neg (a \wedge b \wedge c \ldots) = \neg a \vee \neg b \vee \neg c \ldots$$
$$\neg (a \vee b \vee c \ldots) = \neg a \wedge \neg b \wedge \neg c \ldots$$

Man erhält das Komplement einer Schaltfunktion, indem man die
auftretenden Variablen durch ihr Komplement ersetzt und UND-
und ODER-Operationen vertauscht.

Eine Erweiterung des Theorems von De Morgan, das <u>Shannon'sche
Theorem</u>, gestattet es, auch das Komplement von Schaltfunktionen
zu bilden, in denen UND- und ODER-Operationen gemischt auftreten, wobei die Reihenfolge der Operationen durch Klammerung
festgelegt ist. Auch in diesem Fall müssen die Variablen durch
ihr Komplement ersetzt werden und UND- und ODER-Operationen
vertauscht werden. Wichtig ist dabei jedoch, daß die Klammerung
beibehalten wird.

z.B. $\quad \neg ((a \wedge b) \vee c) = (\neg a \vee \neg b) \wedge \neg c$

Zur Klammersetzung ist zu bemerken, daß in der üblichen Schreib-
weise - falls durch Klammern keine andere Reihenfolge erzwungen
wird - die Konjunktion vor der Disjunktion abgearbeitet wird.
Es bedeutet somit $a \wedge b \vee c$ dasselbe wie $(a \wedge b) \vee c$.
Verzichtet man auf die Klammerung von Konjunktionen, so ist
jedoch bei Anwendung des Shannon'schen Theorems Vorsicht am
Platz, da nach der Ersetzung von Konjunktion durch Disjunktion
Klammern gesetzt werden müssen!

$$\neg (a \wedge b \vee c) = (\neg a \vee \neg b) \wedge \neg c$$

Um Irrtümern vorzubeugen, werden hier auch überflüssige Klammern
immer gesetzt.

Die Rechenregeln der Schaltalgebra sollen nun am Beispiel des
Addierwerkes zur Umformung einer Schaltfunktion angewendet
werden.

$$
\begin{aligned}
s &= (\neg a \wedge b) \vee (a \wedge \neg b) = && \text{(Distributives Gesetz)} \\
&= [(\neg a \wedge b) \vee a] \wedge [(\neg a \wedge b) \vee \neg b] = && -"- \\
&= [\underbrace{(\neg a \vee a)}_{L} \wedge (b \vee a)] \wedge [(\neg a \vee \neg b) \wedge \underbrace{(b \vee \neg b)}_{L}] = \\
&= (b \vee a) \wedge (\neg a \vee \neg b) = && \text{(Kommutatives Gesetz,} \\
&= (a \vee b) \wedge \neg (a \wedge b) && \text{De Morgan)}
\end{aligned}
$$

Da die Konjunktion $a \wedge b$ gleichzeitig den Übertrag berechnet,
kann bei der Realisierung des Halbaddierwerkes - im Vergleich
zur ersten Version - ein Gatter eingespart werden:

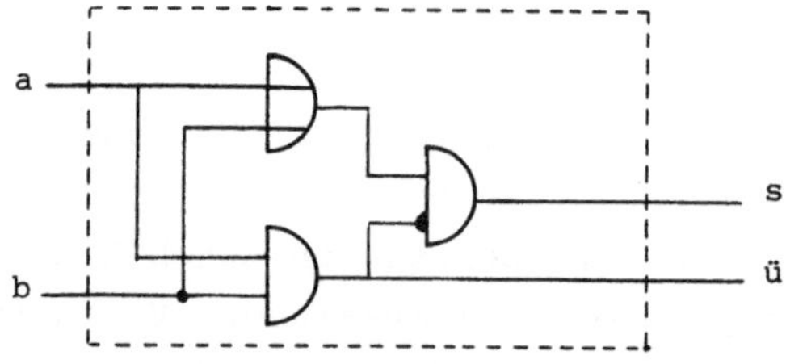

S3 SCHALTFUNKTIONEN

Um aus einer Wahrheitstabelle eine Schaltung entwickeln zu
können, muß vorerst die algebraische Schaltfunktion gebildet
werden. Diese kann - durch Anwendung der Rechenregeln der
Schaltalgebra, eventuell vereinfacht - zum Entwurf der
Schaltung herangezogen werden. Es werden somit Methoden benötigt, die es gestatten, die Schaltfunktion aus der Wahrheitstabelle systematisch abzuleiten.

S 3.1 DISJUNKTIVE UND KONJUNKTIVE NORMALFORM

Die Darstellung einer Schaltfunktion in einer standardisierten
Form (Normalform) soll zuerst an einem Beispiel erläutert
werden.

Gegeben sei die folgende Wahrheitstabelle

a	$\emptyset$	$\emptyset$	L	L
b	$\emptyset$	L	$\emptyset$	L
y	L	$\emptyset$	$\emptyset$	L

Man versucht nun, jede L im Ergebnis durch eine Konjunktion
der Eingangsvariablen zu beschreiben:

a	$\emptyset$	$\emptyset$	L	L
b	$\emptyset$	L	$\emptyset$	L
$\neg a \wedge \neg b$	L	$\emptyset$	$\emptyset$	$\emptyset$

a	$\emptyset$	$\emptyset$	L	L
b	$\emptyset$	L	$\emptyset$	L
$a \wedge b$	$\emptyset$	$\emptyset$	$\emptyset$	L

Die konjunktive Verknüpfung sämtlicher Eingangsvariablen wird
Vollkonjunktion bezeichnet.

Da das Ergebnis y sowohl durch die Vollkonjunktion ($\neg a \wedge \neg b$)
als auch durch die Vollkonjunktion ($a \wedge b$) den Wert L annehmen
kann, müssen diese Vollkonjunktionen miteinander disjunktiv
verknüpft werden:

$$y = (\neg a \wedge \neg b) \vee (a \wedge b)$$

Diese Form wird als Disjunktive Normalform bezeichnet.

Die Disjunktive Normalform ist somit die disjunktive Verknüpfung
aller Vollkonjunktionen, für die die Funktion den Wert L annimmt. Die Vollkonjunktionen werden gebildet, wenn für jede
∅ in der entsprechenden Spalte der Wahrheitstabelle die negierte
Variable und für jede L die nicht negierte Variable eingesetzt
wird.

Das "duale" Gegenstück zur Disjunktiven Normalform ist die
<u>Konjunktive Normalform.</u> Sie ist die konjunktive Verknüpfung
aller Volldisjunktionen, für die die Funktion den Wert ∅
annimmt. Die Volldisjunktionen werden gebildet, in dem für
jede L in der entsprechenden Spalte der Wahrheitstabelle
die negierte und für jede ∅ die nicht negierte Variable eingesetzt wird.

Für das betrachtete Beispiel lautet die Konjunktive Normalform

$$y = (a \lor \neg b) \land (\neg a \lor b)$$

<u>Beispiel:</u> Es soll eine Schaltung entworfen werden, die über-
prüft, ob an den vier Eingängen a, b, c und d eine gültige
BCD-Verschlüsselung einer Dezimalziffer eingegeben wird.

Die Wahrheitstabelle für vier Variable hat die Form

a	∅ ∅ ∅ ∅	∅ ∅ ∅ ∅	L L L L	L L L L
b	∅ ∅ ∅ ∅	L L L L	∅ ∅ ∅ ∅	L L L L
c	∅ ∅ L L	∅ ∅ L L	∅ ∅ L L	∅ ∅ L L
d	∅ L ∅ L	∅ L ∅ L	∅ L ∅ L	∅ L ∅ L
y	L L L L	L L L L	L L ∅ ∅	∅ ∅ ∅ ∅

Im Falle einer gültigen BCD-Verschlüsselung soll am Ausgang y
eine L liegen.

Da das Ergebnis weniger Nullen als Einsen enthält, ist es
vorteilhaft, die Konjunktive Normalform der Schaltfunktion
zu bilden.

$$\begin{aligned}
y = &(\neg a \lor b \lor \neg c \lor d) \land (\neg a \lor b \lor \neg c \lor \neg d) \land \\
&\land (\neg a \lor \neg b \lor c \lor d) \land (\neg a \lor \neg b \lor c \lor \neg d) \land \\
&\land (\neg a \lor \neg b \lor \neg c \lor d) \land (\neg a \lor \neg b \lor \neg c \lor \neg d)
\end{aligned}$$

Durch Anwendung des Distributiven Gesetzes kann das Ergebnis
vereinfacht werden:

$$y = \neg a \vee [(b \vee \neg c) \vee \overbrace{(d \wedge \neg d)}^{\emptyset}] \wedge [(\neg b \vee c) \vee \overbrace{(d \wedge \neg d)}^{\emptyset}] \wedge$$
$$\wedge [(\neg b \vee \neg c) \vee (d \wedge \neg d)]$$

$$y = \neg a \vee [(b \vee \neg c) \wedge (\neg b \vee c) \wedge (\neg b \vee \neg c)]$$

$$y = \neg a \vee (b \vee \neg c) \wedge [\neg b \vee \underset{\emptyset}{\underbrace{(c \wedge \neg c)}}]$$

$$y = \neg a \vee [(b \vee \neg c) \wedge \neg b]$$

$$y = \neg a \vee [\underset{\emptyset}{\underbrace{(b \wedge \neg b)}} \vee (\neg c \wedge \neg b)]$$

$$y = \neg a \vee (\neg b \wedge \neg c)$$

Die entsprechende Schaltung ist

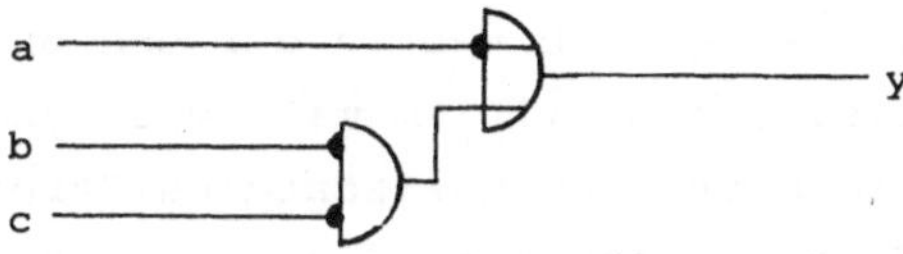

Wie aus der Wahrheitstabelle abgelesen werden kann, ist das
vereinfachte Ergebnis von der vierten Eingangsgröße d unabhängig.
Die Vereinfachungen sind auf Grund gewisser Regelmäßigkeiten
der Ø-L-Verteilung im Ergebnis im Bezug auf die Ø-L-Verteilung
der Eingangsvariablen möglich, die sich in der linearen Anordnung in der Wahrheitstabelle oft nur schwer erkennen lassen.
Zur besseren Erkennung solcher Regelmäßigkeiten dient eine
andere Anordnung der Ø-L-Verteilung des Ergebnisses.

S 3.2   GRAPHISCHE MINIMISIERUNG

Für vier Eingangsvariable können die 16 Spalten der Wahrheitstabelle im folgenden quadratischen Schema angeordnet werden:

	a			
b	12	14	6	4
	13	15	7	5
	9	11	3	1
	8	10	2	0

d

c

Für die linke Hälfte der Anordnung gilt a = L, für die rechte
Hälfte ist a = Ø. Ebenso gilt b = L in der oberen und b = Ø
in der unteren Hälfte. c = L gilt im mittleren vertikalen
Streifen und d = L im mittleren horizontalen Streifen. Dadurch
ist jede mögliche Eingangskombination genau einem Feld zuge-
ordnet. Benachbarte Felder unterscheiden sich in einer einzigen
Variablen. Die oben angegebene Numerierung entspricht den
Nummern der entsprechenden Spalte in der Wahrheitstabelle.
In eben dieser Reihenfolge wird der zugehörige Ausgangswert y
eingetragen (die Werte stammen vom letzten Beispiel).

	a			
b	Ø	Ø	L	L
	Ø	Ø	L	L
	L	Ø	L	L
	L	Ø	L	L

d

c

Ähnlich wie bei der Ableitung der Disjunktiven Normalform
werden jetzt alle Möglichkeiten, auf die das Ergebnis L wird,
disjunktiv verknüpft. Ganze Blöcke aus Einsen können dabei
gemeinsam betrachtet werden. Die gesamte rechte Hälfte des

Diagramms z.B. wird durch ¬ a beschrieben. Die verbleibenden
beiden Einsen links unten können durch a ∧ ¬ b ∧ ¬ c beschrieben werden. Die Schaltfunktion lautet somit

$$y = \neg\, a \lor (a \land \neg\, b \land \neg\, c)$$

Die algebraische Darstellung ist umso einfacher, je größere
Blöcke aus Einsen gemeinsam beschrieben werden können. Dabei
kann die Anordnung als an den Rändern zyklisch fortgesetzt
betrachtet werden. Die beiden Zweier-Blöcke

$$a \land \neg\, b \land \neg\, c \quad \text{und} \quad \neg\, a \land \neg\, b \land \neg\, c$$

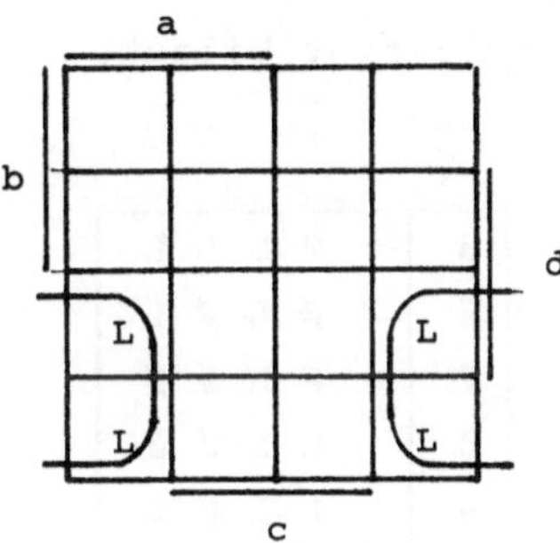

bilden z.B. gemeinsam einen Viererblock, der durch ¬ b ∧ ¬ c
beschrieben werden kann. Mit dem durch ¬ a beschriebenen
rechten Achterblock lautet die Schaltfunktion vereinfacht

$$y = \neg\, a \lor (\neg\, b \land \neg\, c)$$

Diese Anordnung wird als VEITCH-Diagramm bezeichnet und
erlaubt eine einfache Minimisierung von Schaltfunktionen.

Für die Eingangsvariablen a, b und c wird die folgende Anordnung
verwendet:

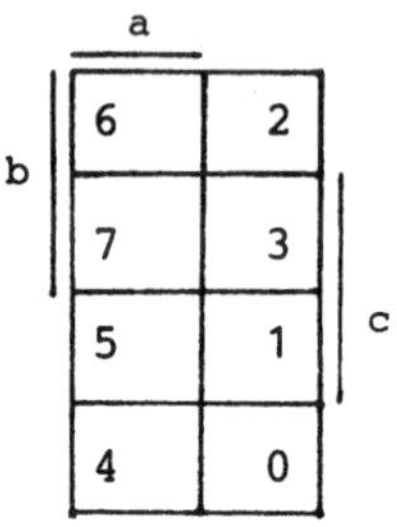

	a	
b	6	2
	7	3
	5	1
	4	0

(rechts: **c**)

<u>**Beispiel:**</u> <u>**9-er Komplement im Gray-Code**</u>

Man entwerfe eine Schaltung, die das 9-er Komplement einer im
Gray-Code dargestellten Dezimalziffer bildet.

Gray-Code

Ø	Ø	Ø	Ø	Ø
1	Ø	Ø	Ø	L
2	Ø	Ø	L	L
3	Ø	Ø	L	Ø
4	Ø	L	L	Ø

5	Ø	L	L	L
6	Ø	L	Ø	L
7	Ø	L	Ø	Ø
8	L	L	Ø	Ø
9	L	L	Ø	L

Der Gray-Code hat die Eigenschaft, daß sich benachbarte Dezimalziffern nur in einer Stelle der Verschlüsselung unterscheiden.
Die Wahrheitstabelle für die Schaltung lautet

	0	1	3	2	7	6	4	5					8	9		
a	Ø	Ø	Ø	Ø	Ø	Ø	Ø	Ø	L	L	L	L	L	L	L	L
b	Ø	Ø	Ø	Ø	L	L	L	L	Ø	Ø	Ø	Ø	L	L	L	L
c	Ø	Ø	L	L	Ø	Ø	L	L	Ø	Ø	L	L	Ø	Ø	L	L
d	Ø	L	Ø	L	Ø	L	Ø	L	Ø	L	Ø	L	Ø	L	Ø	L

	9	8	6	7	2	3	5	4					1	0		
ã	L	L	Ø	Ø	Ø	Ø	Ø	Ø	?	?	?	?	Ø	Ø	?	?
b̃	L	L	L	L	Ø	Ø	L	L	?	?	?	?	Ø	Ø	?	?
c̃	Ø	Ø	Ø	Ø	L	L	L	L	?	?	?	?	Ø	Ø	?	?
d̃	L	Ø	L	Ø	L	Ø	L	Ø	?	?	?	?	L	Ø	?	?

Die Fragezeichen symbolisieren jene Ausgangswerte, die aus
einer ungültigen Verschlüsselung resultieren (keine gültige
Dezimalziffer am Eingang). Da solche Werte nicht auftreten,
ist es gleichgültig, was am Ausgang erscheint. Diese Freiheit
kann dazu benutzt werden, um im Veitch-Diagramm möglichst
große Blöcke und damit einfache Schaltfunktionen zu erzielen.
Aus den Veitch-Diagramm ergeben sich für die vier Ausgänge
$\tilde{a}$, $\tilde{b}$, $\tilde{c}$ und $\tilde{d}$ die folgenden Schaltfunktionen:

Ø	?	Ø	Ø
Ø	?	Ø	Ø
?	?	Ø	L
?	?	Ø	L

$\tilde{a} = \neg b \wedge \neg c$

Ø	?	L	Ø
Ø	?	L	Ø
?	?	L	L
?	?	L	L

$\tilde{b} = \neg b \vee c$

Ø	?	L	L
Ø	?	L	L
?	?	Ø	Ø
?	?	Ø	Ø

$\tilde{c} = \neg a \wedge b$

L	?	L	L
Ø	?	Ø	Ø
?	?	Ø	Ø
?	?	L	L

$\tilde{d} = \neg d$

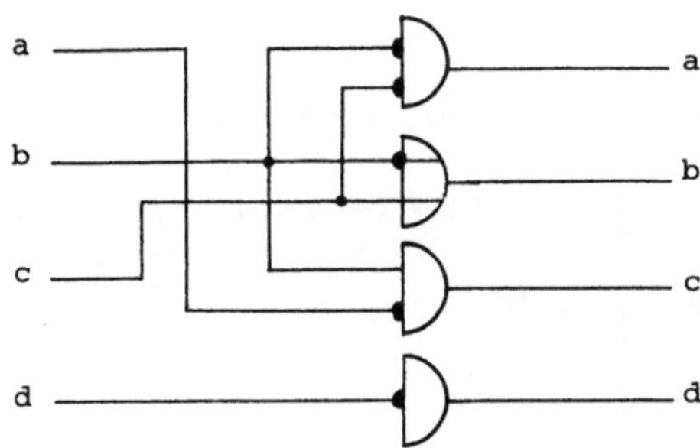

S 3.3 SCHALTFUNKTIONEN MIT ZWEI EINGANGSVARIABLEN

Insgesamt gibt es 16 Schaltfunktionen mit zwei Eingangsvariablen, die entsprechend der Ø-L-Verteilung in der zugehörigen Wahrheitstabelle (Ergebniszeile als Dualzahl interpretiert) durchnumeriert werden können.

a	Ø	Ø	L	L		
b	Ø	L	Ø	L		
y0	Ø	Ø	Ø	Ø	Ø	Konstante Ø
y1	Ø	Ø	Ø	L	$a \wedge b$	Konjunktion
y2	Ø	Ø	L	Ø	$a \wedge \neg b$	
y3	Ø	Ø	L	L	a	
y4	Ø	L	Ø	Ø	$\neg a \wedge b$	
y5	Ø	L	Ø	L	b	
y6	Ø	L	L	Ø	$(\neg a \wedge b) \vee (a \wedge \neg b), a \not\equiv b$	Antivalenz (exkl. oder)
y7	Ø	L	L	L	$a \vee b$	Disjunktion
y8	L	Ø	Ø	Ø	$\neg(a \vee b), \neg a \wedge \neg b$	Nor (Peirce-Funktion)
y9	L	Ø	Ø	L	$(a \wedge b) \vee (\neg a \wedge \neg b), a \equiv b$	Äquivalenz
y10	L	Ø	L	Ø	$\neg b$	Negation
y11	L	Ø	L	L	$\neg b \vee a, b \supset a$	Implikation
y12	L	L	Ø	Ø	$\neg a$	Negation
y13	L	L	Ø	L	$\neg a \vee b, a \supset b$	Implikation
y14	L	L	L	Ø	$\neg(a \wedge b), \neg a \vee \neg b$	Nand (Sheffer-Funktion)
y15	L	L	L	L	L	Konstante L

Besonders interessant sind die Funktionen

$$y_8 = \neg\,(a \vee b)$$

und

$$y_{14} = \neg\,(a \wedge b)$$

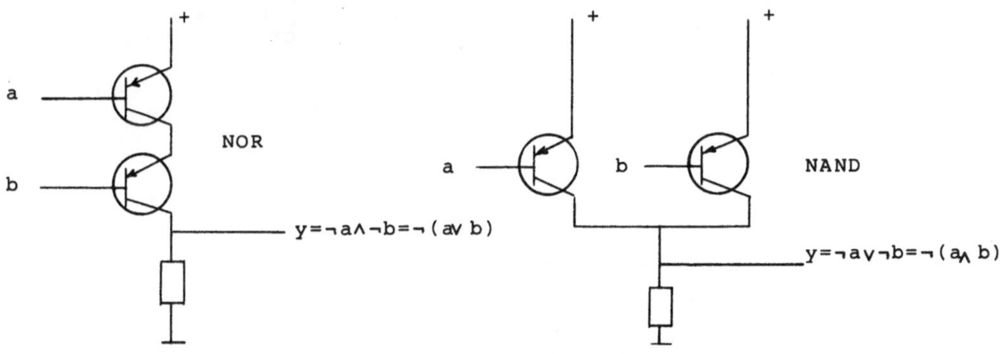

Wie die Ergebniszeilen der Wahrheitstabelle erkennen lassen, sind die beiden Funktionen zueinander dual (die Ergebniszeilen können durch Spiegelung und Komplementbildung ineinander übergeführt werden).

NOR- und NAND-Gatter lassen sich durch je zwei p-n-p Transistoren realisieren.

NOR- und NAND-Gatter haben die Eigenschaft, daß sich sämtliche Schaltfunktionen durch ausschließliche Verwendung einer dieser Gatterarten realisieren lassen.

z.B. <u>Negation</u>: $\neg\,a = \neg\,(a \vee a) = \neg\,(a \wedge a)$

Konjunktion: $\qquad a \wedge b = \neg\,(\neg(a \wedge b)) = \neg(\neg a \vee \neg b)$

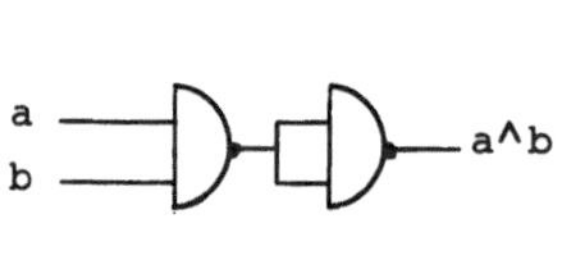

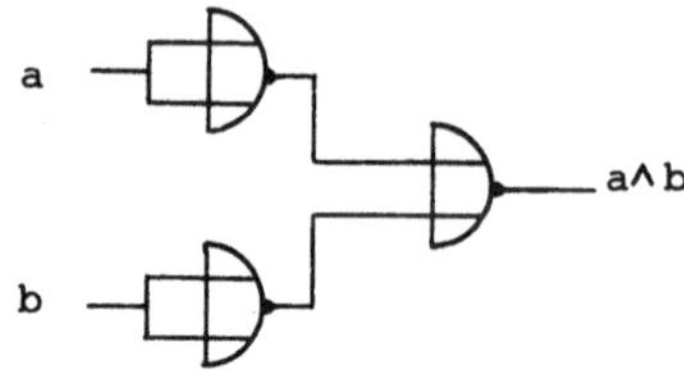

Disjunktion: $\qquad a \vee b = \neg(\neg a \wedge \neg b) = \neg(\neg(a \vee b)$

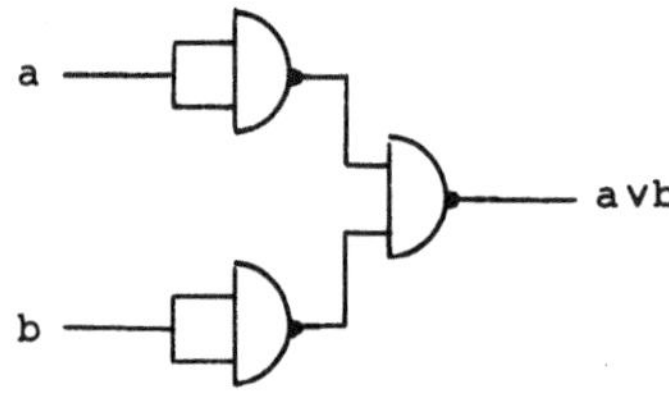

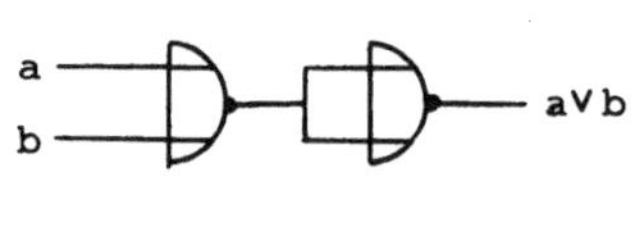

NAND und NOR **sind** <u>duale</u> Schaltelemente.

<u>Beispiel:</u> Realisierung eines Halbaddierwerkes mit NOR-Gattern.

$$s = a \neq b = \neg[(a \wedge b) \vee (\neg a \wedge \neg b)] =$$
$$= \neg[\neg(a \vee b) \vee \neg(\neg a \vee \neg b)]$$

$$ü = a \wedge b = \neg(\neg a \vee \neg b)$$

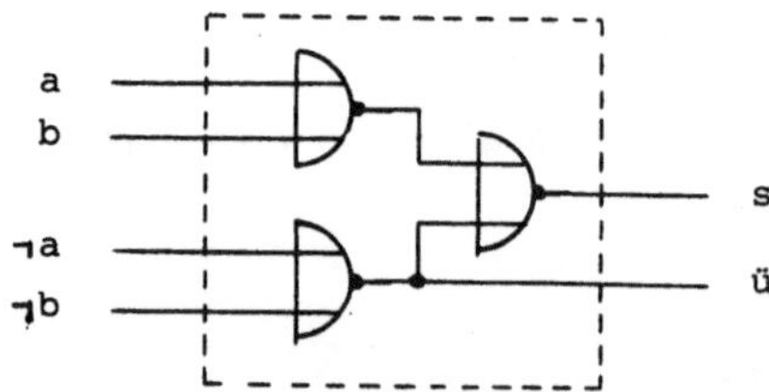

In dieser Schaltung wird angenommen, daß die verneinten
Eingänge ebenfalls zur Verfügung stehen.

<u>**Beispiel:**</u>

Es soll eine Schaltfunktion gefunden werden, die es gestattet, eine Lampe y von vier Schaltern a, b, c und d ein- und auszuschalten. Sind alle Schalter ausgeschaltet (a = $\emptyset$, b = $\emptyset$, c = $\emptyset$, d = $\emptyset$), so soll auch die Lampe nicht brennen (y = $\emptyset$). Durch Änderung eines einzigen Schalters soll sich auch der jeweilige Zustand der Lampe ändern.

Auf Grund der Aufgabenstellung kann das Veitch-Diagramm unmittelbar angeschrieben werden. Durch die Bedingung y($\emptyset,\emptyset,\emptyset,\emptyset$) = $\emptyset$ wird das rechte untere Feld des Veitch-Diagramms bestimmt. Da sich benachbarte Felder im Diagramm in genau einer Eingangsvariablen unterscheiden und sich der Ausgang y mit jeder Änderung einer Eingangsvariablen von $\emptyset$ auf L beziehungsweise von L auf $\emptyset$ ändern muß, ergibt sich eine schachbrettartige $\emptyset$-L-Verteilung:

	a		
$\emptyset$	L	$\emptyset$	L
L	$\emptyset$	L	$\emptyset$
$\emptyset$	L	$\emptyset$	L
L	$\emptyset$	L	$\emptyset$

(b links, d rechts, c unten)

Da in dieser schachbrettartigen Verteilung keine Einserblöcke gefunden werden können und die Ableitung der Disjunktiven oder Konjunktiven Normalform ebenfalls sehr aufwendig ist, kann man versuchen, die Symmetrie der Verteilung auf andere Weise zur Vereinfachung der Schaltfunktion heranzuziehen.

Da die Verteilung der Nullen und Einsen bezüglich der Variablen
a komplementär ist (die linke Hälfte des Diagramms kann nach
Vertauschen von Nullen und Einsen in die rechte Hälfte gespiegelt werden),

y: a

$\emptyset$	L	$\emptyset$	L
L	$\emptyset$	L	$\emptyset$
$\emptyset$	L	$\emptyset$	L
L	$\emptyset$	L	$\emptyset$

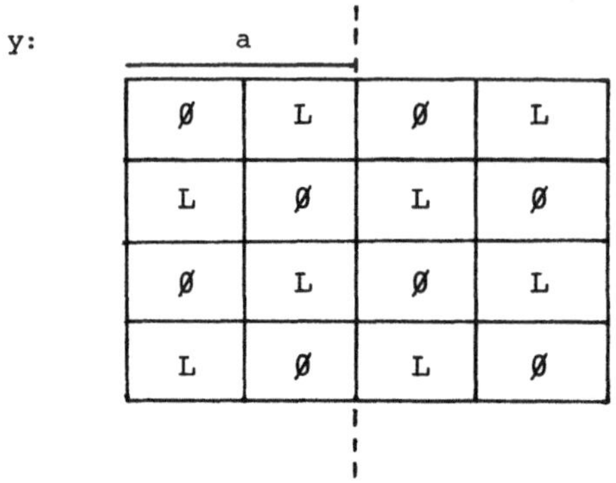

genügt es, die rechte Hälfte des Diagramms zu beschreiben. Die
zugehörige Schaltfunktion $y'(b,c,d)$ ist dann von a unabhängig,
und die linke Hälfte kann durch das Komplement $\neg\, y'(b,c,d)$
beschrieben werden.

$$y = (a \wedge \neg\, y') \vee (\neg\, a \wedge y') = a \oplus y'$$

Damit ist die Aufgabe auf das Aufsuchen der Schaltfunktion y'
mit nur drei Variablen b, c und d reduziert:

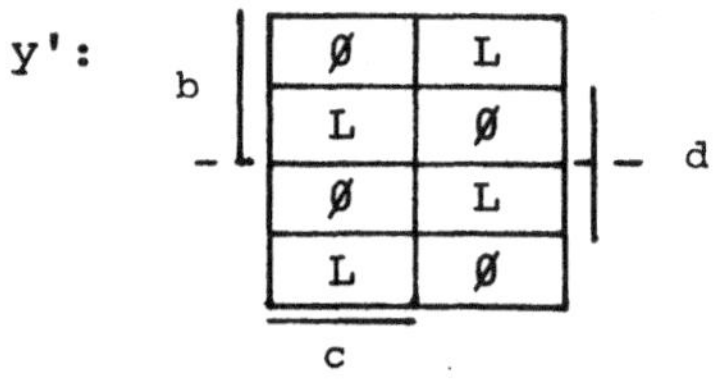

y':   b

$\emptyset$	L
L	$\emptyset$
$\emptyset$	L
L	$\emptyset$

d

c

Es zeigt sich jedoch, daß die Schaltfunktion y' bezüglich
der Variablen b komplementär ist (die obere Hälfte des Diagramms kann durch Vertauschen von Nullen und Einsen in die
untere Hälfte gespiegelt werden), sodaß es genügt, die untere
Hälfte des Diagramms zu beschreiben. Die zugehörige Schaltfunktion $y''(c,d)$ ist jetzt von b unabhängig und entspricht
genau dem Komplement der oberen Hälfte:

$$y' = (b \wedge \neg\, y'') \vee (\neg\, b \wedge y'') = b \oplus y''$$

Für y" (c,d) gilt

$$y'' = (c \wedge \neg d) \vee (\neg c \wedge d) = c \neq d$$

Die gesamte Schaltfunktion lautet daher

$$y = a \neq (b \neq (c \neq d))$$

und kann aus drei Antivalenzgliedern (Halbaddierwerken) aufgebaut werden:

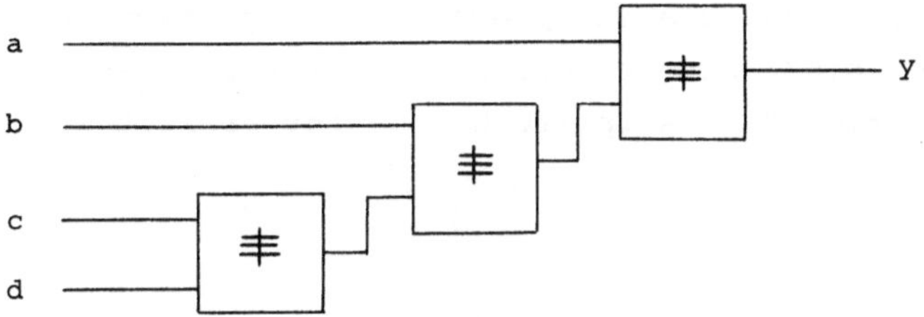

Da für die Antivalenz das assoziative Gesetz gilt, ist die Reihenfolge der Abarbeitung gleichgültig

$$y = a \neq b \neq c \neq d$$

und die Schaltung kann ebensogut in der Form

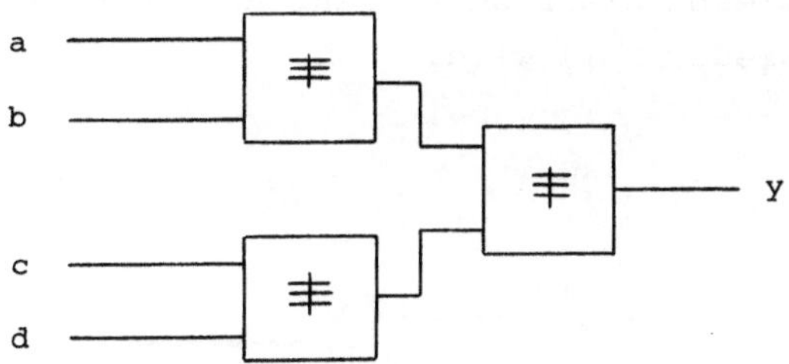

aufgebaut werden.

S 4 SEQUENTIELLE SCHALTALGEBRA

Bei den bisher beschriebenen Schaltungen ist der zeitliche
Ablauf unberücksichtigt geblieben. Es wurde angenommen, daß
die Ergebnisse an sämtlichen Gattern simultan auftreten und
solange erhalten bleiben, als die zugehörigen Eingangswerte
an die Schaltung angelegt sind. Man benötigt jedoch auch
Bauelemente, die es gestatten, Information auch dann zu
speichern, wenn die entsprechenden Eingangswerte nicht mehr
angelegt sind. Eine solche Speicherwirkung kann durch zwei
gegenseitig rückgekoppelte NOR-Gatter erzielt werden:

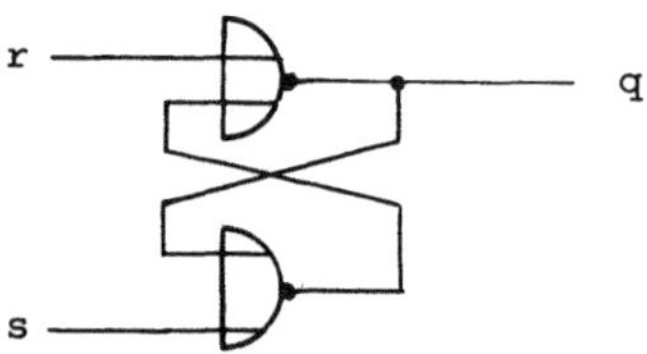

Wird an den s-Eingang (set-Eingang) kurzzeitig eine Eins
angelegt, so wird der Ausgang q = L. Auf Grund der Rück-
koppelung bleibt die L am Ausgang auch erhalten, wenn der
s-Eingang wieder Null wird.

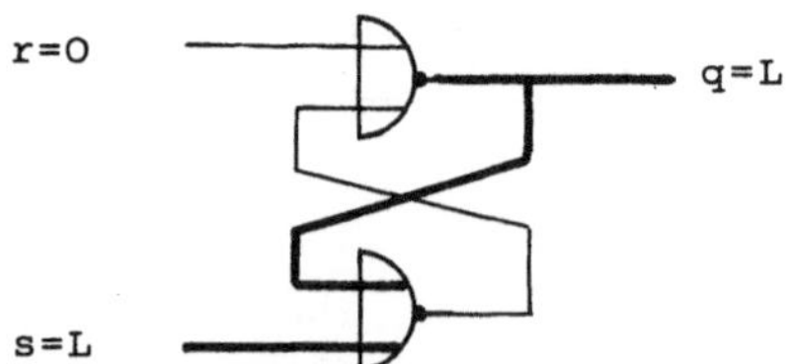

Erst wenn an den r-Eingang (reset-Eingang) eine L angelegt
wird, erscheint am Ausgang wieder $\emptyset$. Diese Null bleibt solange
erhalten, bis an den s-Eingang wieder Eins angelegt wird.

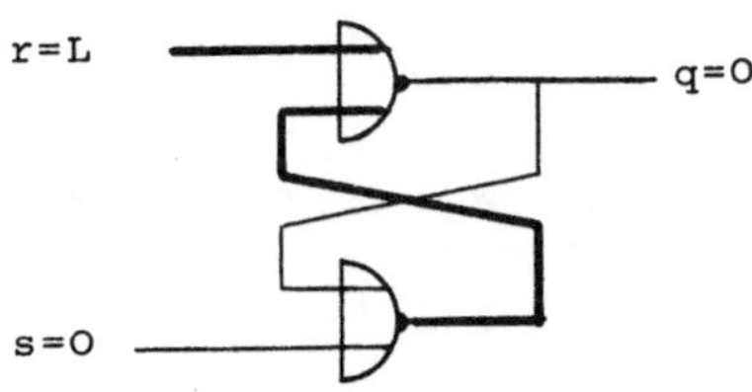

Auf diese Weise ist eine Speicherung einer Eins oder Null
möglich.

Eine solche Schaltung, die die beiden Zustände $\emptyset$ und L
annehmen kann, wird als RS-Flip-Flop bezeichnet und durch
ein eigenes Symbol symbolisiert:

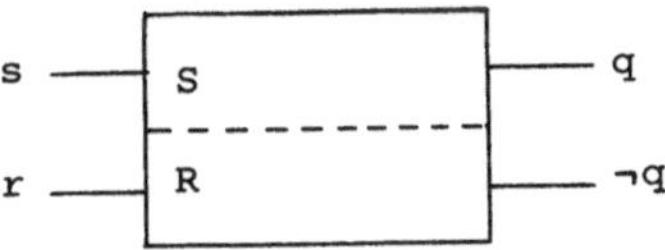

Meist steht der verneinte Ausgang, der ja am unteren NOR-Gatter
entsteht, ebenfalls zur Verfügung.

Der Ausgang q des RS-Flip-Flops ist nicht nur von den beiden
Eingangsgrößen r und s, sondern auch vom momentanen Zustand
$q = \emptyset$ oder $q = L$ des Flip-Flops abhängig. Um die zeitliche
Zustandsänderung beschreiben zu können, betrachten wir
diskrete, kurz aufeinanderfolgende Zeitpunkte, die wir uns
durchnumeriert denken. Werden zum Zeitpunkt n an den Eingang
die Werte r_n und s_n gelegt und befindet sich das Flip-Flop
im Zustand q_n, so ist damit der neue Zustand q_{n+1} zum kurz
darauffolgenden Zeitpunkt n+1 bestimmt.

Diese Zustandsänderung kann auch durch eine Wahrheitstabelle
beschrieben werden:

s_n	$\emptyset$ $\emptyset$	$\emptyset$ $\emptyset$	L L	L L	Falls an beide Eingänge
r_n	$\emptyset$ $\emptyset$	L L	$\emptyset$ $\emptyset$	L L	gleichzeitig L angelegt
q_n	$\emptyset$ L	$\emptyset$ L	$\emptyset$ L	$\emptyset$ L	wird, ist der Folgezustand
					nicht definiert.
q_{n+1}	$\emptyset$ L	$\emptyset$ $\emptyset$	L L	? ?	

Mittels des Veitch-Diagramms kann der neue Zustand q_{n+1}
algebraisch beschrieben werden.

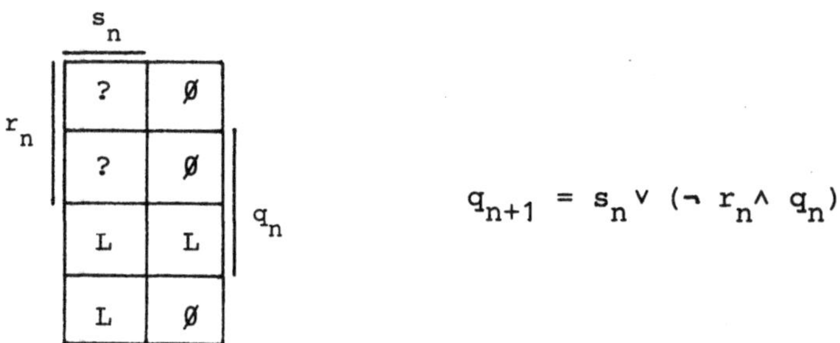

$$q_{n+1} = s_n \vee (\neg\, r_n \wedge q_n)$$

Diese Beziehung wird als <u>charakteristische Gleichung</u> des
RS-Flip-Flops bezeichnet. Sie gilt nur unter der Nebenbedingung, daß nicht beide Eingänge gleichzeitig L sind, also

$$r_n \wedge s_n = \emptyset$$

Mit Hilfe zweier UND-Gatter kann der Fall, daß beide Eingänge
gleichzeitig L sind, vermieden werden:

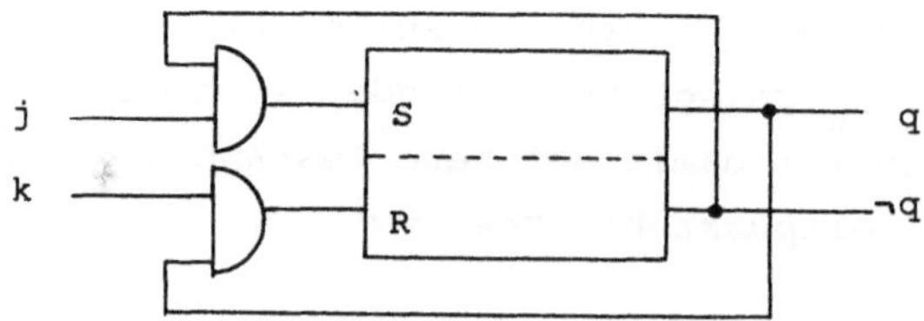

An den s-Eingang wird nur dann eine Eins angelegt, wenn
q_n = Ø ist - in diesem Fall ändert das Flip-Flop seinen
Zustand.

Ebenso wird der r-Eingang nur dann Eins, wenn q_n = L ist -
auch in diesem Fall ändert das Flip-Flop seinen Zustand.

Eine solche erweiterte Flip-Flop-Schaltung wird als
<u>JK-Flip-Flop</u> bezeichnet.

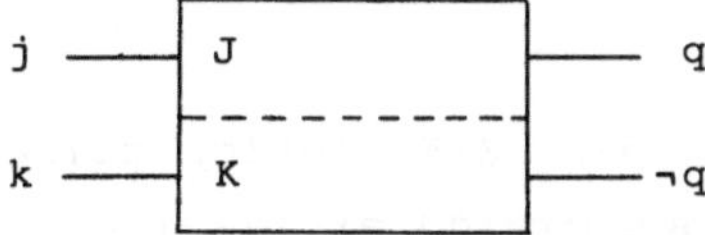

Der j-Eingang dient zum Setzen, der k-Eingang zum Löschen
des Flip-Flops. Liegt am j-Eingang eine Eins j_n = L, so wird
eine Eins gespeichert (q_{n+1} = L). Liegt am k-Eingang eine
Eins (k_n = L), so entsteht am Ausgang Null (q_{n+1} = Ø). Liegen
an beiden Eingängen Nullen, so bleibt der gespeicherte Wert
am Ausgang erhalten. Sind beide Eingänge gleichzeitig Eins,
so ändert das Flip-Flop seinen Zustand.

Die Wahrheitstabelle für das JK-Flip-Flop lautet somit

j_n	Ø Ø	Ø Ø	L L	L L
k_n	Ø Ø	L L	Ø Ø	L L
q_n	Ø L	Ø L	Ø L	Ø L
q_{n+1}	Ø L	Ø Ø	L L	L Ø

Die charakteristische Gleichung für das JK-Flip-Flop kann ebenfalls mit Hilfe des Veitch-Diagramms abgeleitet werden.

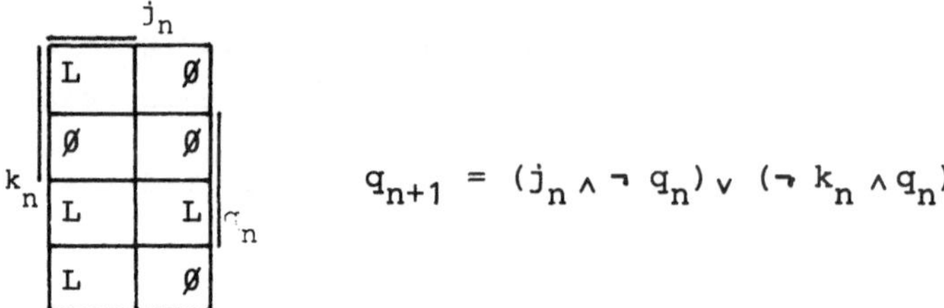

$$q_{n+1} = (j_n \wedge \neg q_n) \vee (\neg k_n \wedge q_n)$$

Die Eigenschaft, daß das JK-Flip-Flop seinen Zustand ändert, wenn an beide Eingänge gleichzeitig eine Eins angelegt wird, wird im sogenannten T-Flip-Flop ausgenützt:

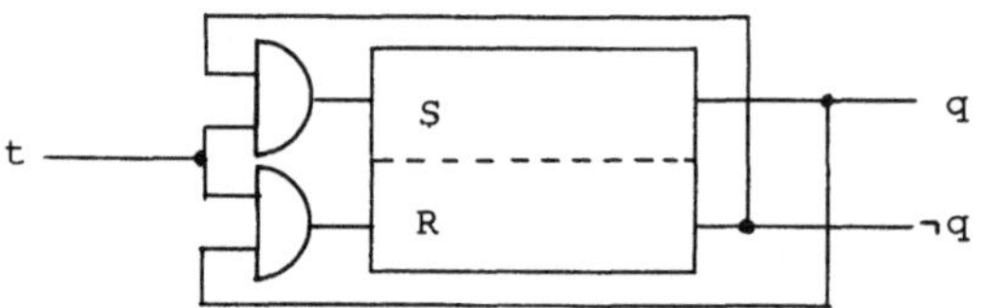

Das T-Flip-Flop ist eigentlich ein JK-Flip-Flop, dessen beide Eingänge kurzgeschlossen sind. Mit jeder Eins am t-Eingang ändert das T-Flip-Flop seinen Zustand (ähnlich wie ein Drucktastenschalter).

Die charakteristische Gleichung für das T-Flip-Flop kann unmittelbar aus der Wahrheitstabelle entnommen werden und entspricht genau der charakteristischen Gleichung für das JK-Flip-Flop, wenn für j_n und k_n t_n eingesetzt wird:

t_n	Ø Ø	L L
q_n	Ø L	Ø L
q_{n+1}	Ø L	L Ø

$$q_{n+1} = (t_n \wedge \neg q_n) \vee (\neg t_n \wedge q_n)$$

Um den zeitlichen Ablauf der Zustandsänderungen innerhalb

eines sequentiellen Netzwerkes beschreiben zu können, wird
der Zustand der Schaltung immer nur zu kurzen äquidistanten
diskreten Zeitpunkten betrachtet. Während dieser kurzen
Zeitpunkte sollen sich weder die Eingangssignale noch die
Zustände der Flip-Flops ändern. Sämtliche Zustandsänderungen
erfolgen zwischen den betrachteten Zeitpunkten.

Um dieses Verhalten zu realisieren, werden sämtliche Flip-Flops
mit einem gemeinsamen Taktimpuls gesteuert:

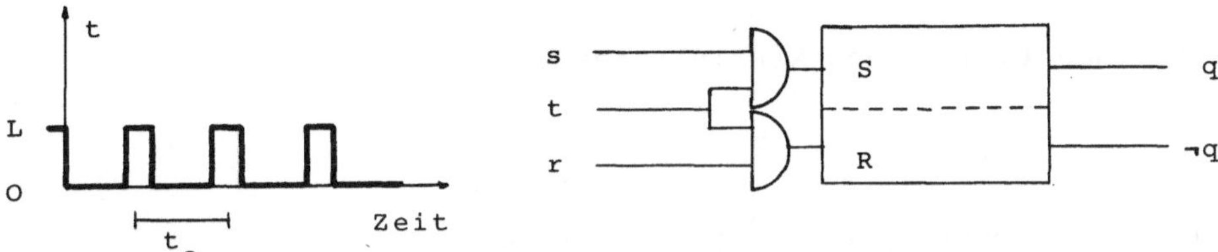

Nur während eines Taktimpulses gelangen die Eingangssignale an
das Flip-Flop. Wird der zeitliche Abstand zwischen den
Taktimpulsen mit t_O bezeichnet, so ist

$$f_O \ = \ 1/t_O$$

die <u>Taktfrequenz</u>. Ein Netzwerk, in dem sämtliche Flip-Flops
taktgesteuert sind, heißt <u>synchrones Netzwerk</u>.

Gelegentlich werden taktgesteuerte Flip-Flops auch als
RST-Flip-Flops bzw. JKT-Flip-Flops bezeichnet und durch ein
eigenes Schaltsymbol dargestellt.

Um die Schaltskizzen nicht unnötig kompliziert werden zu
lassen, wird in allen folgenden Beispielen angenommen, daß
sämtliche Flip-Flops taktgesteuert sind, ohne den Takt
einzuzeichnen.

Ein taktgesteuertes RS-Flip-Flop, an dessen r-Eingang der
verneinte s-Eingang liegt, gestattet es, das Eingangssignal
um den Abstand zweier Taktimpulse zu verzögern:

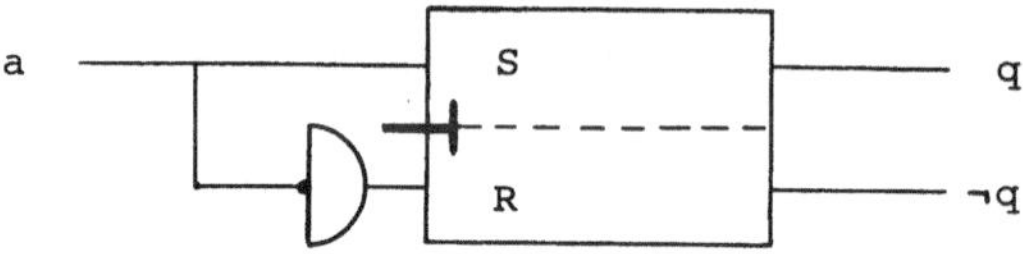

Setzt man in die charakteristische Gleichung

$$q_{n+1} = s_n \vee \neg\, r_n \wedge q_n$$

für $s_n = a_n$ und $r_n = \neg a_n$, so erhält man

$$q_{n+1} = a_n$$

das heißt, am Ausgang liegt der um das Taktintervall t_o
verzögerte Eingang.

Gelegentlich wird ein solches <u>Verzögerungselement</u> durch ein
eigenes Schaltsymbol dargestellt:

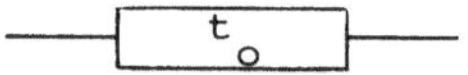

Schaltet man nun eine ganze Folge solcher Verzögerungselemente
hintereinander, so erhält man eine Verzögerungskette oder
ein sogenanntes <u>Schieberegister</u>:

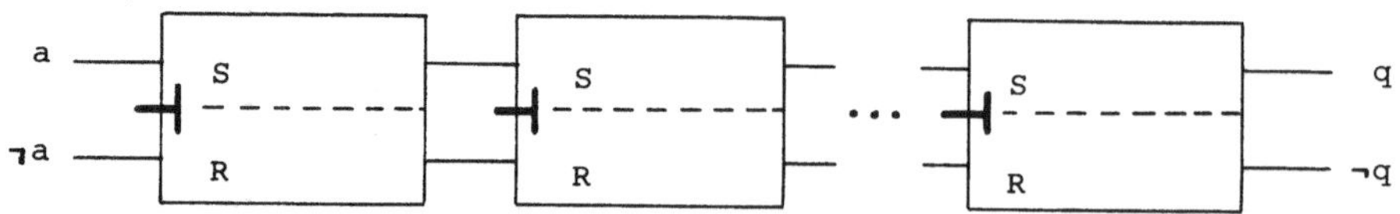

Da jedes Flip-Flop den negierten Ausgang zur Verfügung stellt,
erübrigt sich hier die Verwendung der Negationselemente.

Da jedes einzelne Flip-Flop in der Lage ist, eine Dualziffer
zu speichern, kann in einem aus p Flip-Flops bestehenden

Schieberegister eine p-stellige Dualzahl gespeichert werden.
Die einzelnen Dualziffern werden der Reihe nach an den
Eingang angelegt und mit jedem Taktimpuls um eine Stelle nach
rechts verschoben. Ebenso stehen die einzelnen Dualziffern
am Ausgang des Schieberegisters zur weiteren Verarbeitung
zur Verfügung. Schaltet man den Ausgang des Schieberegisters
an den Eingang zurück, so kann eine gespeicherte Dualzahl
innerhalb des Registers rotieren. Schieberegister werden
unter anderem häufig benutzt, um die Operanden und das
Resultat arithmetischer Operationen zu speichern.

Beispiel: Serienaddierwerk

Es soll eine Schaltung entworfen werden, die es gestattet,
zwei in Registern gespeicherte Dualzahlen ziffernweise zu
addieren:

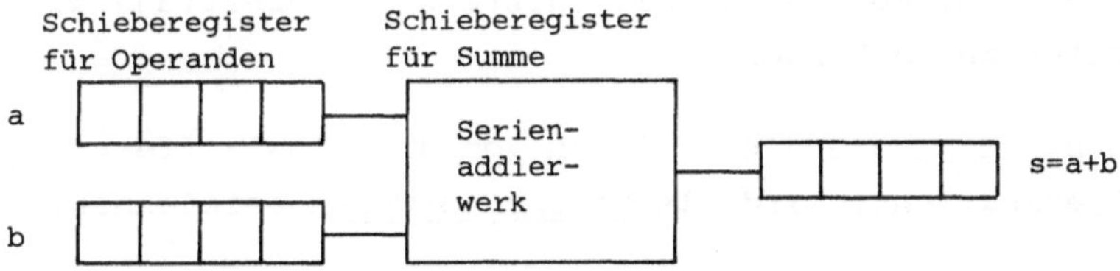

Mit jedem Taktimpuls sollen die nächsten beiden Ziffern a_n
und b_n addiert und die nächste Ziffer der Summe gebildet
werden.

Eine Schaltung zur Addition zweier Dualziffern wurde bereits
entworfen:

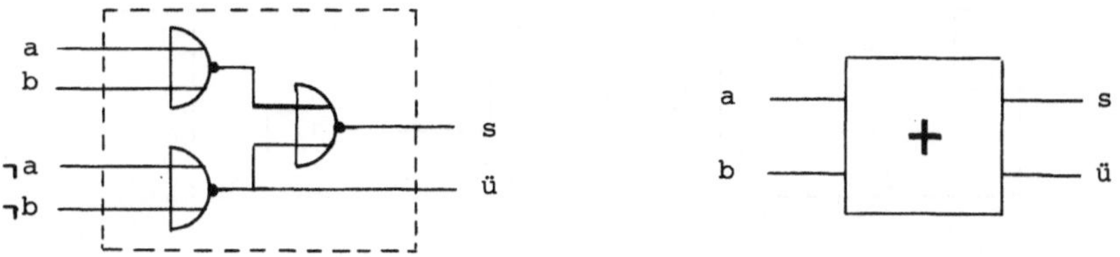

Eine solche Schaltung wird als Halbaddierwerk bezeichnet und
oft durch ein eigenes Symbol dargestellt.

Die dabei entstehende Summe s_{n+1} gleicht der Antivalenz der
beiden Eingänge a_n und b_n, der Übertrag ist gleich der
Konjunktion von a_n und b_n.

Im Serienaddierwerk müssen jedoch nicht nur die beiden Ziffern
a_n und b_n addiert werden, sondern zu dieser Zwischensumme muß
noch der Übertrag von der vorhergehenden Stelle $ü_n$ addiert
werden:

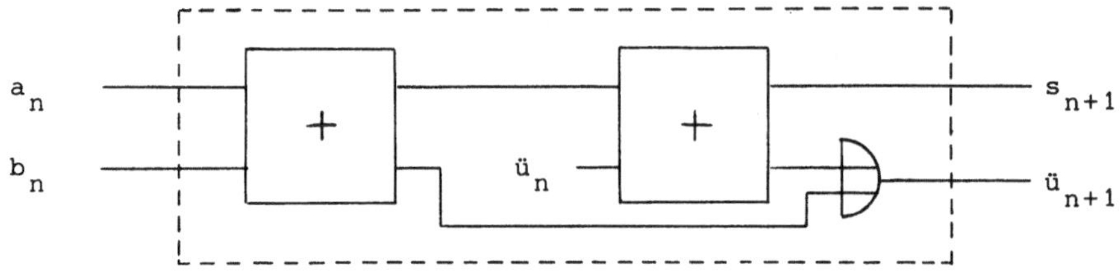

Da nie an beiden Halbaddierwerken ein Übertrag gleichzeitig
auftreten kann, genügt es, die entstehenden Überträge durch ein
ODER-Gatter zu verbinden.

Diese Schaltung, die die Addition von drei Dualziffern (a_n, b_n,
und $ü_n$) ermöglicht, wird als <u>Volladdierwerk</u> bezeichnet.

Durch ein Verzögerungselement kann der berechnete Übertrag
bis zum nächsten Additionstakt gespeichert werden, wodurch ein
funktionsfähiges Serienaddierwerk entsteht.

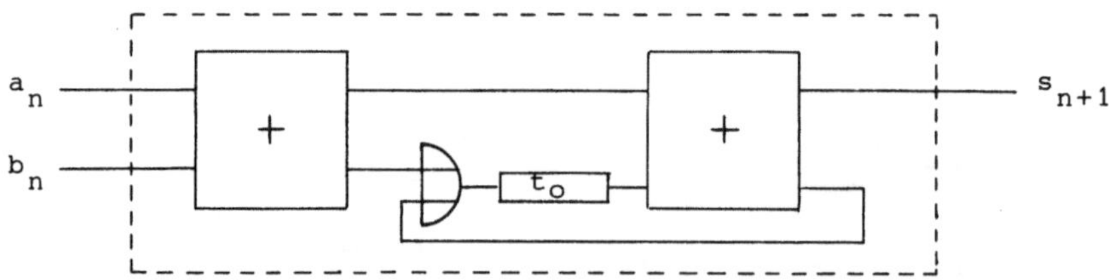

Eine andere Möglichkeit zum Entwurf eines Serienaddierwerkes geht von der Wahrheitstabelle der gewünschten Schaltfunktion aus:

a_n	$\emptyset$	$\emptyset$		$\emptyset$	$\emptyset$		L	L		L	L
b_n	$\emptyset$	$\emptyset$		L	L		$\emptyset$	$\emptyset$		L	L
$ü_n$	$\emptyset$	L		$\emptyset$	L		$\emptyset$	L		$\emptyset$	L
s_{n+1}	$\emptyset$	L		L	$\emptyset$		L	$\emptyset$		$\emptyset$	L
$ü_{n+1}$	$\emptyset$	$\emptyset$		$\emptyset$	L		$\emptyset$	L		L	L

Das Veitch-Diagramm für die Summe s_{n+1}

a_n

b_n

$\emptyset$	L
L	$\emptyset$
$\emptyset$	L
L	$\emptyset$

$ü_n$

zeigt eine schachbrettartige Verteilung von $\emptyset$ und L, die eine Vereinfachung der Schaltfunktion unmöglich macht (eine solche Verteilung tritt nur bei Äquivalenz- und Antivalenzschaltungen auf!). Die Disjunktive Normalform für die Summe lautet

$$s_{n+1} = (\neg\, a_n \wedge \neg b_n \wedge ü_n) \vee (\neg\, a_n \wedge b_n \wedge \neg\, ü_n) \vee$$

$$\vee\, (a_n \wedge \neg\, b_n \wedge \neg\, ü_n) \vee (a_n \wedge b_n \wedge ü_n)$$

Nach algebraischer Umformung ergibt sich

$$s_{n+1} = \underbrace{[(\neg a_n \wedge \neg b_n) \vee (a_n \wedge b_n)]}_{a_n \equiv b_n} \wedge \ddot{u}_n \vee$$

$$\vee \underbrace{[(\neg a_n \wedge b_n) \vee (a_n \wedge \neg b_n)]}_{a_n \not\equiv b_n} \wedge \neg \ddot{u}_n$$

$$s_{n+1} = [(a_n \equiv b_n) \wedge \ddot{u}_n] \vee [(a_n \not\equiv b_n) \wedge \neg \ddot{u}_n]$$

Mit der Substitution $a_n \not\equiv b_n = c_n$ erhält man

$$s_{n+1} = (\neg c_n \wedge \ddot{u}_n) \vee (c_n \wedge \neg \ddot{u}_n) = c_n \not\equiv \ddot{u}_n$$

also

$$s_{n+1} = (a_n \not\equiv b_n) \not\equiv \ddot{u}_n$$

Das ist dasselbe Resultat für die Summe wie oben!
(Vergleiche auch das Beispiel auf Seite 33).

Das Veitch-Diagramm für den Übertrag $\ddot{u}_{n+1}$

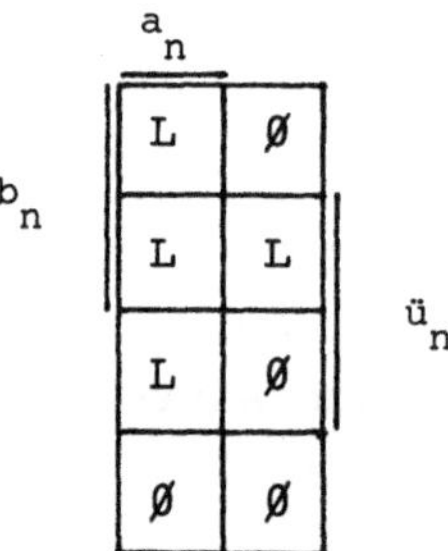

liefert die Schaltfunktion

$$\ddot{u}_{n+1} = (a_n \wedge b_n) \vee [(a_n \vee b_n) \wedge \ddot{u}_n]$$

Durch Koeffizientenvergleich mit der charakteristischen Gleichung
des RS-Flip-Flops

$$q_{n+1} = s_n \vee [\neg\, r_n \wedge q_n]$$

erhält man die Eingänge

$$s_n = a_n \wedge b_n \qquad\qquad r_n = \neg\, (a_n \vee b_n)$$

die an ein RS-Flip-Flop angelegt werden müssen, um an dessen
Ausgang den Übertrag q_{n+1} zu erhalten.

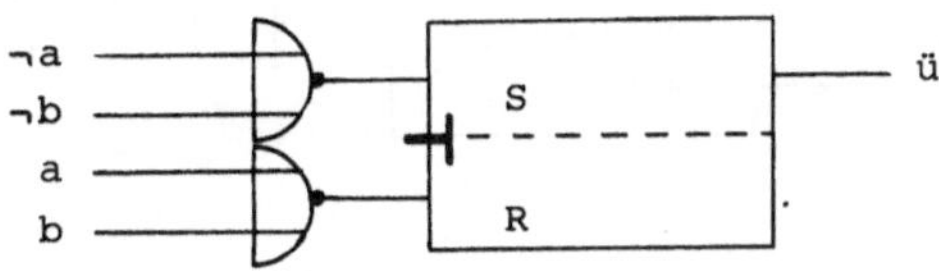

Wegen $(a_n \wedge b_n) \wedge \neg\, (a_n \vee b_n) = (a_n \wedge \neg\, a_n) \wedge (b_n \wedge \neg\, b_n) = \emptyset$
ist sichergestellt, daß die beiden Eingänge nicht gleichzeitig
Eins sein können $(r_n \wedge s_n = \emptyset)$.

Das vollständige Serienaddierwerk hat die Form

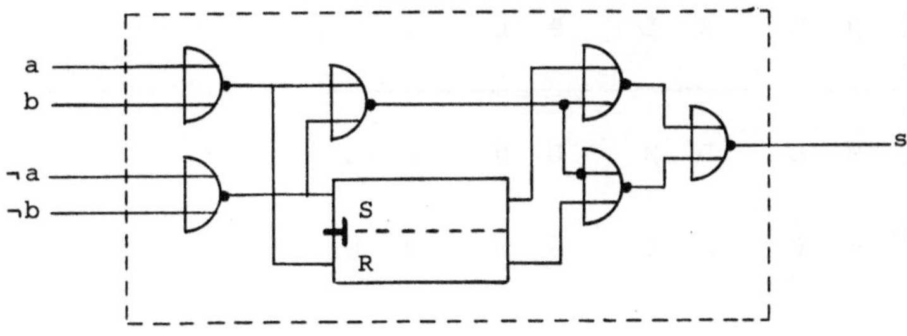

Gegenüber dem ersten Entwurf wurde ein Gatter eingespart. Die
richtige Berücksichtigung des Übertrages wird durch das

RS-Flip-Flop gewährleistet. Vor Beginn der Addition muß das
Flip-Flop gelöscht sein.

Als weiteres Beispiel soll nun ein Seriensubtrahierwerk entworfen werden.

<u>Beispiel:</u> <u>Seriensubtrahierwerk</u>

Es wird wieder angenommen, daß die Operanden a und b und die
Differenz d in Schieberegistern gespeichert sind.

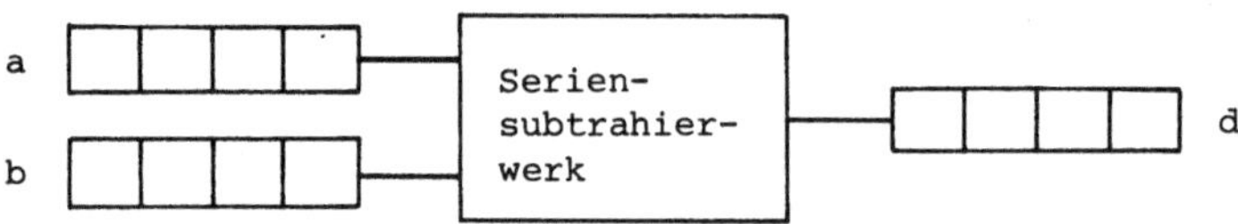

Ähnlich wie beim Serienaddierwerk, muß auch beim Seriensubtrahierwerk außer der Differenz d = a - b ein Übertrag ü berücksichtigt
werden.

Die Wahrheitstabelle für die Differenz und den Übertrag

a_n	Ø	Ø	Ø	Ø	L	L	L	L
b_n	Ø	Ø	L	L	Ø	Ø	L	L
$ü_n$	Ø	L	Ø	L	Ø	L	Ø	L
d_{n+1}	Ø	L	L	Ø	L	Ø	Ø	L
$ü_{n+1}$	Ø	L	L	L	Ø	Ø	Ø	L

zeigt, daß die Schaltfunktion für die Differenz dieselbe ist,
wie für die Summe, also

$$d_{n+1} = (a_n * b_n) * ü_n$$

Die Schaltfunktion für den Übertrag $ü_{n+1}$ kann mittels des Veitch-Diagramms abgeleitet werden:

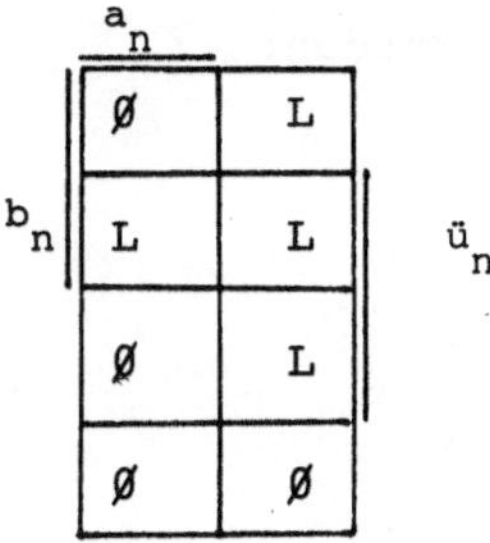

$$ü_{n+1} = (\neg\, a_n \wedge b_n) \vee [(\neg\, a_n \vee b_n) \wedge ü_n]$$

Durch Koeffizientenvergleich mit der charakteristischen Gleichung des RS-Flip-Flops erhält man

$$s_n = \neg\, a_n \wedge b_n \qquad r_n = \neg(\neg\, a_n \vee b_n)$$

Wegen

$$(\neg\, a_n \wedge b_n) \wedge \neg(\neg\, a_n \vee b_n) = (\neg\, a_n \wedge b_n) \wedge (a_n \wedge \neg\, b_n) =$$
$$= (a_n \wedge \neg\, a_n) \wedge (b_n \wedge \neg\, b_n) = \emptyset$$

ist sichergestellt, daß die Nebenbedingung $r_n \wedge s_n = \emptyset$ immer erfüllt ist.

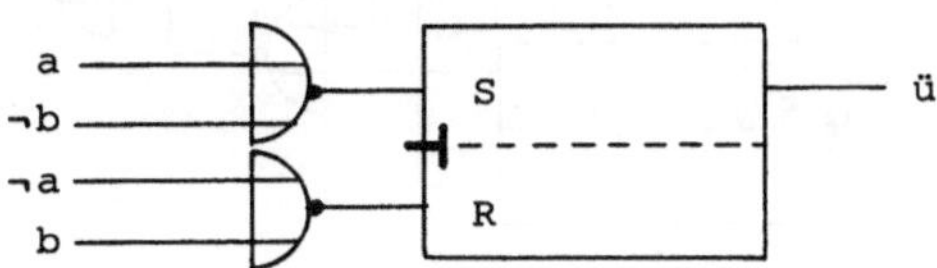

Um die Eingänge für das RS-Flip-Flop ohne Verwendung zusätzlicher Gatter aus der Schaltung für die Differenz zu erhalten, wird diese umgeformt.

$$d_{n+1} = (a_n \neq b_n) \neq ü_n = \neg\,[\neg\,(a_n \equiv b_n) \equiv ü_n] = (a_n \equiv b_n) \equiv ü_n$$

Die Äquivalenz $a \equiv b$ kann wegen

$$a \equiv b = (a \vee \neg b) \wedge (\neg a \vee b) = \neg[\neg(a \vee \neg b) \vee \neg(\neg a \vee b)]$$

ebenfalls durch drei NOR-Gatter realisiert werden:

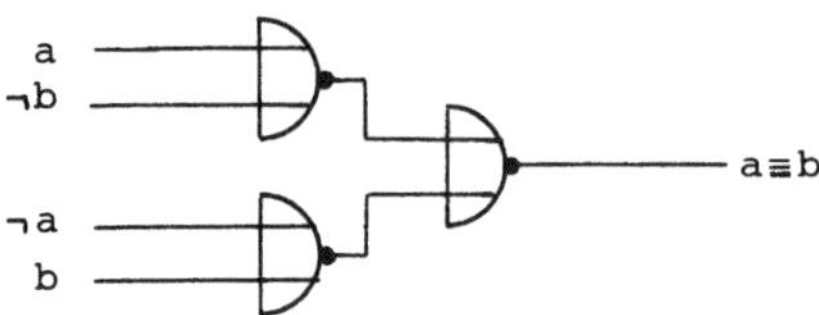

Diese Schaltung liefert jedoch gleichzeitig am oberen NOR-Gatter

$$s_n = \neg(a_n \vee \neg b_n) = \neg a_n \wedge b_n$$

und am unteren NOR-Gatter

$$r_n = \neg(\neg a_n \vee b_n) = a_n \wedge \neg b_n$$

Das vollständige Seriensubtrahierwerk hat daher die Form

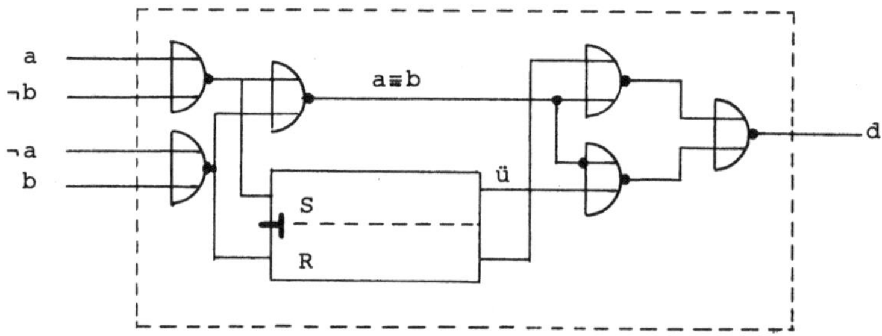

Vergleicht man diese Schaltung mit dem Serienaddierwerk, so
findet man eine weitgehende Übereinstimmung. Wird an den Eingang
eines Serienaddierwerkes anstelle von b das Komplement ¬ b angelegt und werden die Eingänge und die Ausgänge des Flip-Flops
vertauscht, so entsteht aus dem Addierwerk ein Subtrahierwerk!

Auf Grund des symmetrischen Aufbaues des Flip-Flops braucht
die Vertauschung der Eingänge und Ausgänge nicht durchgeführt
zu werden. Allerdings ändert sich dann die Bedeutung von Setzen
und Löschen, das heißt, vor jeder Subtraktion muß das Flip-Flop
Eins gesetzt werden, während es vor jeder Addition gelöscht
werden muß. Die Komplementbildung von b und das Setzen des Flip-
Flops bewirken somit, daß mit dem Serienaddierwerk subtrahiert
werden kann.

<u>Bemerkung</u>:

Tatsächlich kann jede Subtraktion durch eine Addition des Komplementes
ersetzt werden, wenn zum Ergebnis 1 addiert wird. Diese Addition von 1
wird durch das Setzen des Flip-Flops erreicht (wirkt wie ein Übertrag auf
die erste Stelle !).

Mit Hilfe von Flip-Flops können auch Zähler aufgebaut werden.
Die folgende Anordnung von T-Flip-Flops zum Beispiel gestattet
es, eine Dualzahl zu speichern und mit jedem Eingang $a = L$
um 1 zu erhöhen.

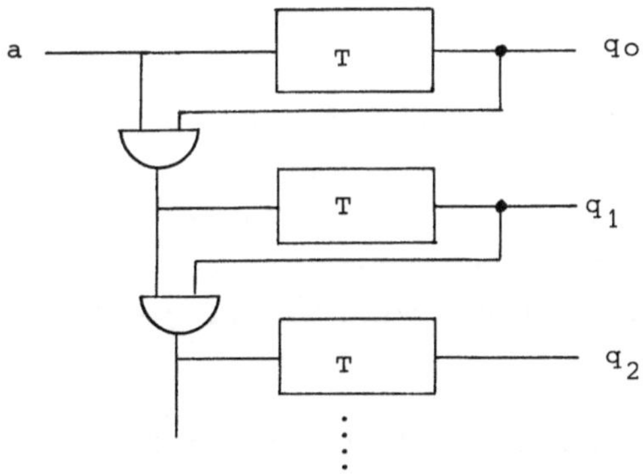

Die Ausgänge q_0, q_1, q_2, ... der einzelnen T-Flip-Flops
repräsentieren die Ziffern des Zählerstandes. Die letzte Ziffer
q_0 ändert sich nach jedem Zählschritt ($a = L$). Die vorletzte
Ziffer q_1 ändert sich nur, wenn sich die letzte Ziffer q_0
von Eins auf Null ändert. Allgemein ändert jedes Flip-Flop
mit Ausnahme des Ersten seinen Zustand genau dann, wenn sich
das vorhergehende Flip-Flop von Eins auf Null ändert.

S 5 AUTOMATEN

Ein Apparat, der in Abhängigkeit von Eingangsgrößen und seinem
momentanen Zustand in einen anderen Zustand übergeht, heißt ein
Automat. Die wesentlichen Eigenschaften und Beschreibungs-
möglichkeiten eines Automaten sollen am Beispiel der elektrischen
Klingel erläutert werden.

Beispiel: **Elektrische Klingel als Automat**

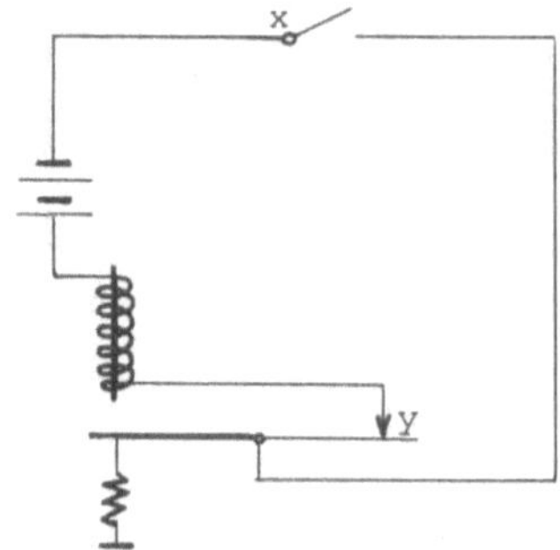

Wird der Schalter x geschlossen (x = L), so fließt Strom, der
Magnet zieht den Anker an (es läutet), und der Schalter y wird
geöffnet (y = Ø). Dadurch fällt der Anker wieder ab (y = L).
Ist der Schalter x noch immer geschlossen, so zieht der Magnet
wieder an (es läutet), und y wird wieder geöffnet (y = Ø)
und so fort.

Die Wahrheitstabelle für die Stellung des Schalters y läßt sich
leicht finden:

x_n	Ø Ø	L L
y_n	Ø L	Ø L
y_{n+1}	L L	L Ø

Die Schaltfunktion lautet

$$Y_{n+1} \;=\; (\neg\, x_n \wedge Y_n) \vee \neg\, Y_n$$

das Verhalten der elektrischen Klingel kann daher mit einem
JK-Flip-Flop simuliert werden, an dessen j-Eingang konstant
eine Eins liegt.

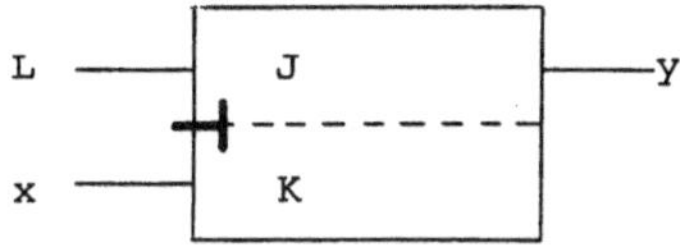

Liegt am k-Eingang eine Eins ($x = L$), so ändert das Flip-Flop
mit jedem Takt seinen Zustand. Liegt am k-Eingang Null ($x = \emptyset$),
so ist der Ausgang $y = L$.

Entsprechend der Stellung des Ankers hat die elektrische Klingel
zwei Zustände. Ist der Anker abgefallen ($y = L$) so befindet sich
die Klingel im Zustand z_1, ist der Anker angezogen ($y = \emptyset$),
im Zustand z_2.

Jede Zustandsänderung ist durch den momentanen Zustand und die
Eingangsgröße x eindeutig bestimmt. Welcher neue Zustand angenommen wird, kann in der <u>Flußtabelle</u> abgelesen werden:

	$x = \emptyset$	$x = L$
z_1	z_1	z_2
z_2	z_1	z_1

Jede Spalte der Flußtabelle entspricht einem Eingangswert und
jede Zeile dem momentanen Zustand.

Eine andere Darstellung des Übergangsverhaltens ist das
<u>Übergangsdiagramm</u>

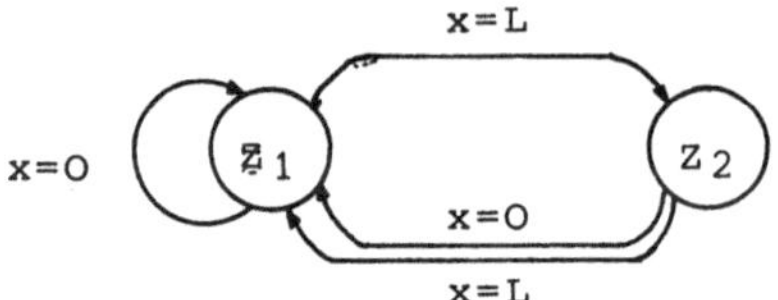

Ein Zustand, der in sich selbst übergeführt wird, heißt <u>stabil</u>
(z_1). Gibt es einen Eingang, der alle Zustände in sich über-
führt, so heißt der Automat   <u>multistabil</u>

z.B. Übergangsdiagramm des T-Flip-Flops

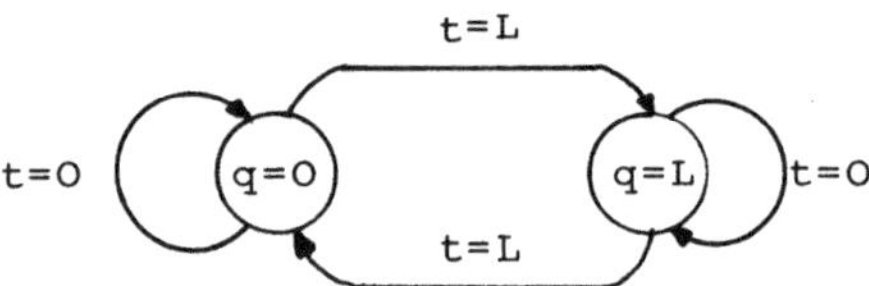

Das T-Flip-Flop ist ein multistabiler Automat. Multistabile
Automaten sind allgemein als Speicher geeignet.

Ein Automat heißt <u>endlich</u>, wenn er endlich viele Zustände annehmen kann, und <u>deterministisch</u>, wenn jeder Zustand durch den
vorhergehenden Zustand und die Eingangsgrößen bestimmt ist.
Sämtliche besprochenen Flip-Flop-Schaltungen sind in diesem Sinn
endliche deterministische Automaten.

<u>Beispiel</u>: <u>Verkehrsampel</u>

Es soll ein Automat entworfen werden, der die vier Zustände
(rot), (rot-gelb), (grün), (gelb) entsprechend dem Übergangsdiagramm annimmt.

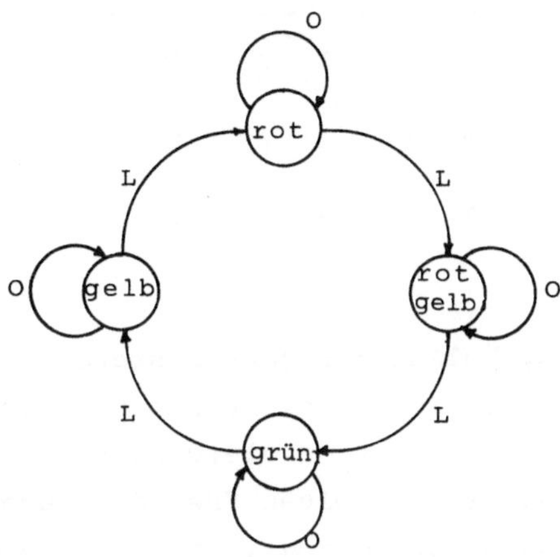

Der Automat soll mit drei JK-Flip-Flops,die den einzelnen
Farben zugeordnet sind, realisiert werden.

Die vier Zustände entsprechen somit den folgenden Flip-Flop-
Ausgängen.

(rot)	(rot-gelb)	(grün)	(gelb)
L	L	Ø	Ø
Ø	L	Ø	L
Ø	Ø	L	Ø

Auf Grund des Übergangsdiagramms kann die Wahrheitstabelle für
die Zustandsänderung der einzelnen Flip-Flops angegeben werden
(die Zustandsänderung soll mit jedem Takt erfolgen).

a_n	Ø	Ø	Ø	Ø	L	L	L	L
b_n	Ø	Ø	L	L	Ø	Ø	L	L
c_n	Ø	L	Ø	L	Ø	L	Ø	L
a_{n+1}	?	Ø	L	?	L	?	Ø	?
b_{n+1}	?	L	Ø	?	L	?	Ø	?
c_{n+1}	?	Ø	Ø	?	Ø	?	L	?

Die Fragezeichen symbolisieren jene Zustände der Flip-Flops,
die auf eine unerlaubte Zustandskombination folgen. Da solche
Zustände nicht auftreten, ist es gleichgültig, welche Folge-
zustände daraus resultieren. Diese Freiheit kann dazu benutzt
werden, um im Veitch-Diagramm möglichst große Blöcke und damit
einfache Schaltfunktionen zu erzielen. Durch Vergleich der
algebraischen Schaltfunktion mit der charakteristischen Gleichung
des JK-Flip-Flops ergeben sich die Eingangsgrößen der einzelnen
Flip-Flops.

a_{n+1}:

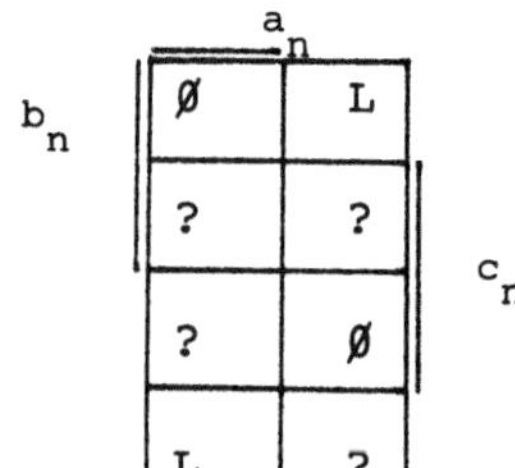

$$a_{n+1} = (b_n \wedge \neg\, a_n) \vee (\neg\, b_n \wedge a_n)$$

$$j_a = b \qquad k_a = b$$

Da j_a gleich k_a ist, genügt ein
T-Flip-Flop.
Das Flip-Flop A (rot) ändert seinen
Zustand immer dann, wenn das Flip-
Flop-B (gelb) eingeschaltet war.

b_{n+1}:

$$b_{n+1} = \neg\, b_n = (L \wedge \neg\, b_n) \vee (\emptyset \wedge b_n)$$

$$j_b = L \qquad\qquad k_b = L$$

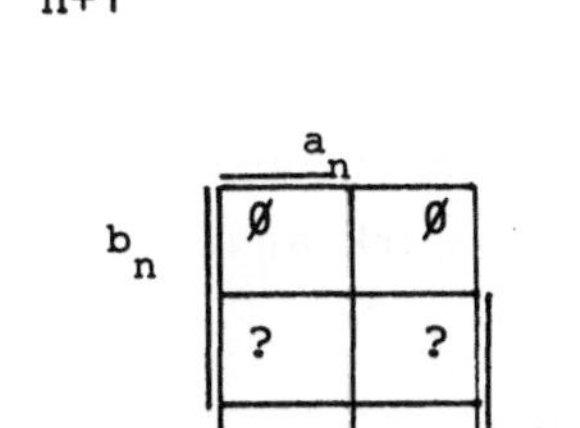

Auch hier genügt ein T-Flip-Flop.
Das Flip-Flop B (gelb) ändert seinen
Zustand mit jedem Takt.

c_{n+1}:

$$c_{n+1} = [(a_n \wedge b_n) \wedge \neg\, c_n] \vee (\emptyset \wedge c_n)$$

$$j_c = a \wedge b \qquad k_c = L$$

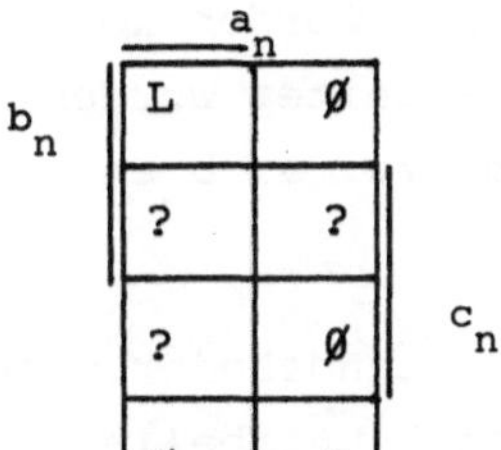

Das Flip-Flop C (grün) ändert seinen
Zustand immer dann, wenn A (rot) und
B (gelb) gleichzeitig eingeschaltet
war, ansonsten wird es immer gelöscht.

Die gesamte Schaltung hat die Form:

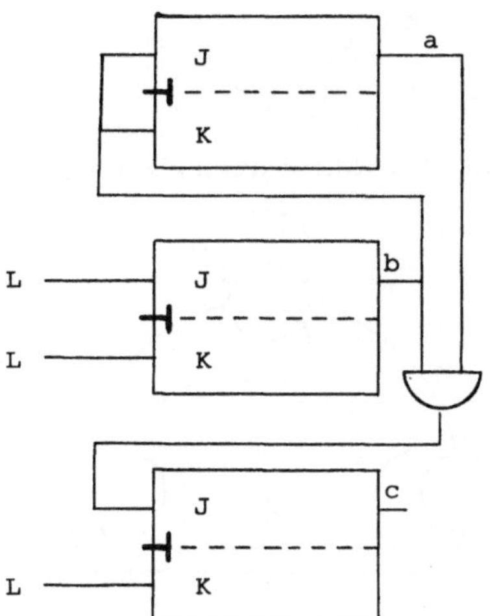

Beispiel: **Entwurf eines Serienvergleichswerkes**

Ähnlich wie bei einem Serienaddierwerk werden zwei zu ver-
gleichende Dualzahlen in Schieberegistern gespeichert und die
einzelnen Stellen nacheinander an das Vergleichswerk angelegt.

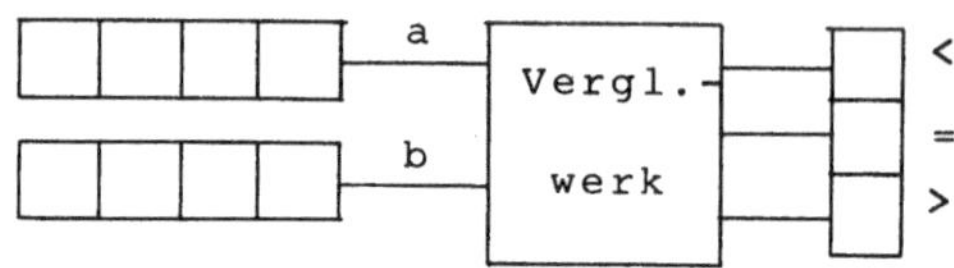

Das Vergleichswerk soll die drei Zustände ($<$, $=$,$>$) annehmen
können, die durch drei JK-Flip-Flops realisiert werden können.
Nachdem sämtliche Stellen der Dualzahlen verarbeitet wurden,
soll der Endzustand dem Ergebnis $a < b$, $a = b$ bzw. $a > b$ entsprechen.

Vom Anfangszustand $=$ ausgehend, können die Zustandsänderungen
nach jedem Dualziffernpaar nach der folgenden Flußtabelle
beschrieben werden:

	a = Ø b = Ø	a = Ø b = L	a = L b = Ø	a = L b = L
$<$	$<$	$<$	$>$	$<$
$=$	$=$	$<$	$>$	$=$
$>$	$>$	$<$	$>$	$>$

Das Übergangsdiagramm des Automaten lautet:

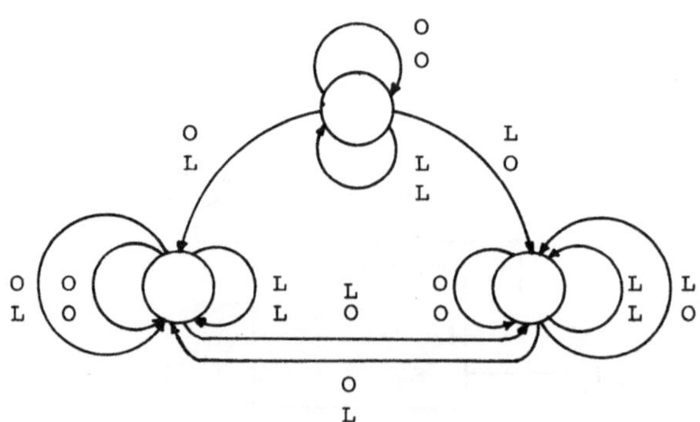

Zum Entwurf der Schaltung werden die Zustände $<, = , >$ den Flip-Flops A, B und C auf die folgende Weise zugeordnet:

Zustand	A	B	C
$<$	L	Ø	Ø
$=$	Ø	L	Ø
$>$	Ø	Ø	L

Auf Grund der Flußtabelle kann für das Flip-Flop B unmittelbar die Gleichung

$$q_B n{+}1 = [\,(a_n \wedge b_n) \vee (\neg\, a_n \wedge \neg\, b_n)\,] \wedge q_B n$$

$$j_b = \emptyset \qquad k_b = \neg\,[\,(a \wedge b) \vee (\neg\, a \wedge \neg\, b)\,]$$

angegeben werden. Die Beziehungen für die beiden anderen Flip-Flops ergeben sich aus der Wahrheitstabelle:

a_n	Ø	Ø	Ø	Ø	Ø	Ø	Ø	Ø	L	L	L	L	L	L	L	L
b_n	Ø	Ø	Ø	Ø	L	L	L	L	Ø	Ø	Ø	Ø	L	L	L	L
$q_A n$	Ø	Ø	L	L	Ø	Ø	L	L	Ø	Ø	L	L	Ø	Ø	L	L
$q_C n$	Ø	L	Ø	L	Ø	L	Ø	L	Ø	L	Ø	L	Ø	L	Ø	L
$q_A n{+}1$	Ø	Ø	L	?	L	L	L	?	Ø	Ø	Ø	?	Ø	Ø	L	?
$q_C n{+}1$	Ø	L	Ø	?	Ø	Ø	Ø	?	L	L	L	?	Ø	L	Ø	?

q_A:

	a_n			
b_n	Ø	L	L	L
	Ø	?	?	L
	Ø	?	?	Ø
	Ø	Ø	L	Ø

q_{C_n} $q_A n$

$$q_A n{+}1 = ((\neg\, a_n \wedge b_n) \wedge \neg\, q_A n)$$
$$\vee ((\neg\, a_n \vee b_n) \wedge q_A n)$$

$$j_a = \neg\, a \wedge b \qquad k_a = a \wedge \neg\, b$$

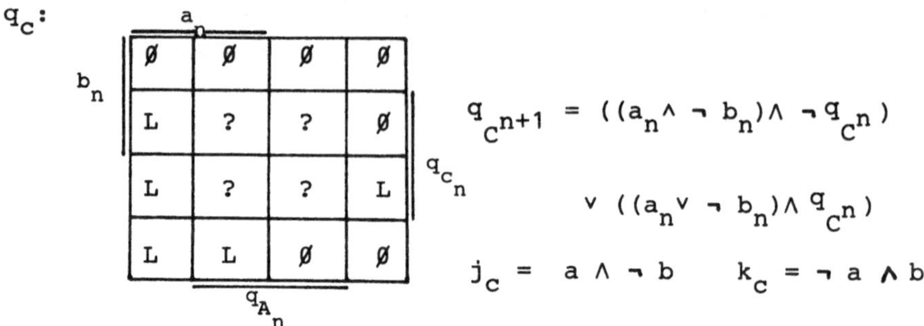

$$q_{C}^{n+1} = ((a_n \wedge \neg b_n) \wedge \neg q_C^n)$$
$$\vee \; ((a_n \vee \neg b_n) \wedge q_C^n)$$
$$j_C = a \wedge \neg b \qquad k_C = \neg a \wedge b$$

Das Serienvergleichwerk kann somit durch die folgende Schaltung realisiert werden:

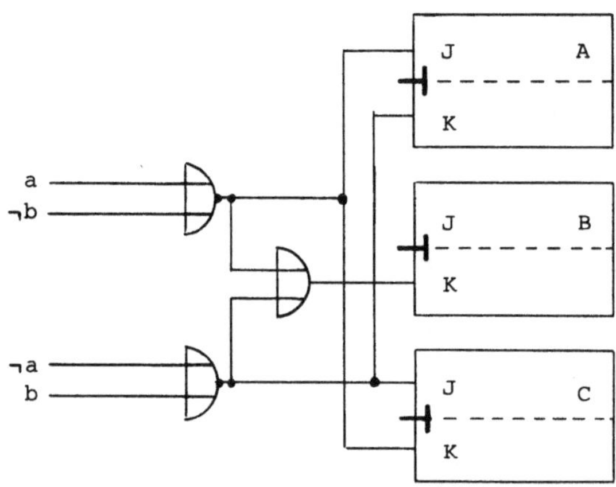

<u>Beispiel:</u>   <u>Zweier-Komplement einer Dualzahl</u>

Unter Verwendung eines RS-Flip-Flops entwerfe man eine Schaltung zur ziffernweisen Bildung des Zweierkomplements einer Dualzahl.

Das Zweierkomplement einer p-stelligen Dualzahl ist die Ergänzung der Zahl auf 2^P. Es kann gebildet werden, indem die Dualziffer der Zahl von rechts nach links bis zur ersten Ziffer ungleich Null (einschließlich) kopiert und alle weiteren Ziffern durch ihr Komplement ersetzt werden.

Der zugehörige Automat muß die beiden Zustände Z_1 = "rechter
Teil" (bis zur ersten Ziffer ungleich Null) und Z_2 = "linker
Teil" unterscheiden können. Z_1 ist gleichzeitig der Anfangszustand. Die Zustandsänderungen erfolgen daher in Abhängigkeit
von der nächsten eingegebenen Ziffer nach dem folgenden Übergangsdiagramm:

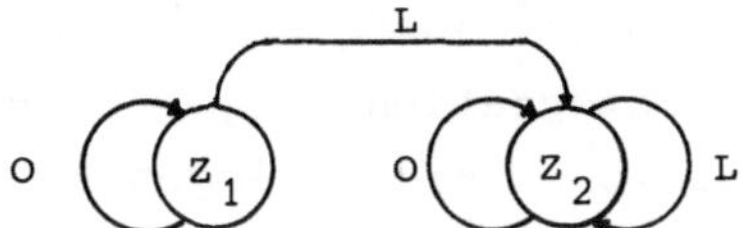

Werden die Zustände durch ein Flip-Flop gespeichert - Z_1 entspricht q = Ø und Z_2 entspricht q = L - und bezeichnet man
die nächste Ziffer der Dualzahl mit a, so erhält man die
folgende Wahrheitstabelle:

a_n	Ø	Ø	L	L
q_n	Ø	L	Ø	L
q_{n+1}	Ø	L	L	L
y_{n+1}	Ø	L	L	Ø

Die Wahrheitstabelle enthält gleichzeitig die Werte des Ausgangs
y in Abhängigkeit vom Eingangssignal a und dem momentanen
Zustand.
Mit der algebraischen Schaltfunktion

$$q_{n+1} = a_n \vee q_n \qquad s = a \qquad r = \emptyset \qquad s \wedge r = \emptyset$$

$$y_{n+1} = a_n \# q_n$$

erhält man die Schaltung

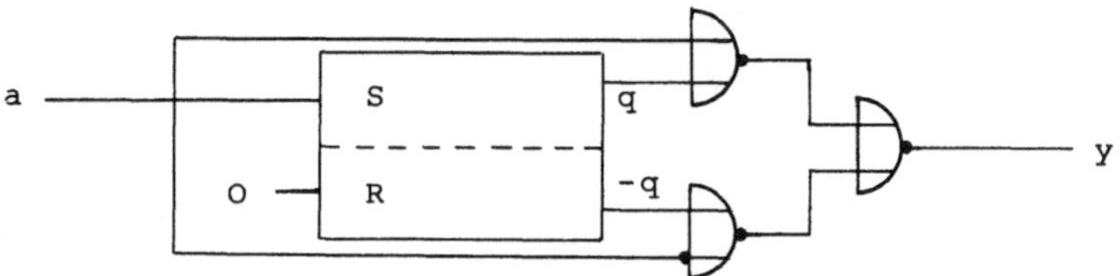

S 6   GRENZEN DER TECHNOLOGIE

Gatter und Flip-Flop-Schaltungen werden heute auf winzigen
Siliziumkristallplättchen (chips) als <u>integrierte Schaltkreise</u>
(integrates circuits) in großer Anzahl hergestellt.
Bei LSI (large scale integration) können auf einem Halbleiter-
plättchen von nur wenigen mm^2 Ausdehnung tausende Gatter, bei
VLSI (very large scale integration) sogar über 100 000 Gatter
untergebracht werden. Durch diese geringen Abmessungen gelingt
es, Schaltgeschwindigkeiten in der Größenordnung von Nano-
sekunden (10^{-9} sec) zu erreichen, das entspricht einer
Taktfrequenz im Megaherzbereich (UKW).
Bei 100 m/µs Ausbreitungsgeschwindigkeit (1/3 Lichtgeschwindig-
keit) legt das Signal innerhalb einer Nanosekunde einen Weg
von 10 cm zurück. Es müssen daher nicht nur die Gatter selbst,
sondern auch die Verbindungen zwischen den Bauelementen extrem
kurz gehalten werden, um hohe Rechengeschwindigkeiten erreichen
zu können. Durch die notwendige Verkleinerung der Bauteile aber
wieder steigt die Wärmeerzeugung je Flächeneinheit. Da der
Wärmeableitung aber physikalische Grenzen gesetzt sind, sind
weitere Erhöhungen der Rechengeschwindigkeit nur schwer möglich.

A   AUFBAU DIGITALER RECHENANLAGEN

A 1 EINFÜHRUNG

Ziel dieses Abschnittes soll es sein, aus den im vorangegangenen
Abschnitt über Schaltalgebra erarbeiteten Bauelementen wie
Addier- und Subtrahierwerken, Schieberegistern, Zählern etc.,
ein einfaches hypothetisches Modell eines Computers zu
konstruieren. Zuvor sollen die funktionellen Eigenschaften der
vorhandenen Grundbausteine nochmals kurz zusammengestellt und
einige Begriffe erläutert werden.

A 1.1 REGISTER

Ein Schieberegister - oder allgemein <u>Register</u> - soll in der Lage
sein, eine p-stellige Dualzahl zu speichern. (Das Register kann
daher aus p Flip-Flops aufgebaut werden.)

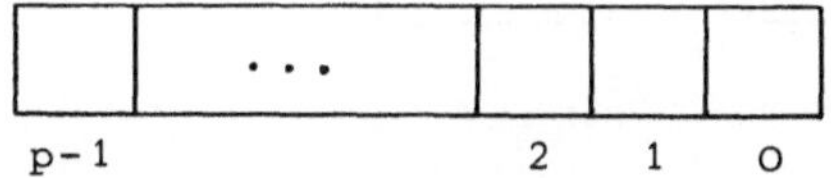

Da in Registern nicht nur Zahlenwerte, sondern auch nicht-
numerische Information gespeichert werden kann, bezeichnet man
einen Registerinhalt allgemein als <u>Wort</u> und die Anzahl p der
binären Stellen dieses Wortes als <u>Wortlänge</u>. Eine binäre
Stelle selbst wird als <u>Bit</u> (Abkürzung für <u>bi</u>nary dig<u>it</u>) bezeichnet. Innerhalb eines Bits kann somit genau eine Dualziffer
oder irgendeine andere durch zwei (binäre) Werte verschlüssel-
bare Information dargestellt werden. Innerhalb eines aus p Bits
bestehenden Wortes können somit 2^p unterschiedliche Werte dargestellt werden (z.B. positive ganze Zahlen im Bereich

von 0 bis 2^P-1). Die einzelnen Bits eines Wortes werden von
rechts nach links (entsprechend dem Stellenwert einer gespeicherten Dualzahl) von Null beginnend durchnumeriert.

Ein Register soll nicht nur zur Speicherung eines Wortes dienen,
es soll auch möglich sein, ein gespeichertes Wort um ein Bit
nach links oder rechts zu verschieben (das überlaufende Bit
geht verloren oder wird anderweitig weiterverarbeitet, das
freigewordene Bit wird Ø gesetzt) oder zu rotieren (das überlaufende Bit wird auf die freigewordene Stelle zurückgeführt).
Mit Hilfe solcher Verschiebetakte kann ein in einem Register
gespeichertes Wort bitweise einer weiteren Verarbeitung zuge-
führt werden.

A 1.2 ADDIERWERK

Aus zwei in Registern gespeicherten Dualzahlen kann mit Hilfe
eines _Addierwerkes_ die Summe gebildet und ebenfalls in einem
Register gespeichert werden. Sämtliche verwendeten Register
sollen dieselbe _feste Wortlänge_ von p Bits haben. Handelt es
sich um ein _Serienaddierwerk_,

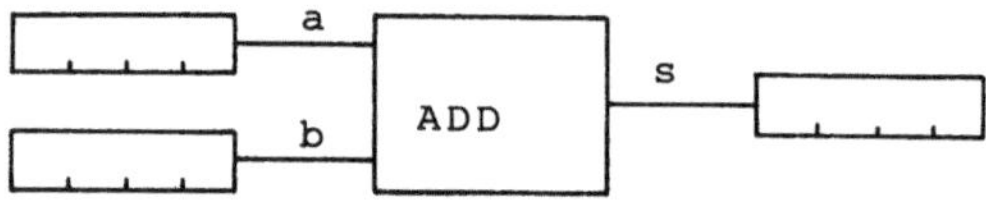

so wird die Summe in p einzelnen Additionstakten berechnet.
Mit jedem Takt werden dabei sämtliche Registerinhalte um ein
Bit nach rechts verschoben. Bleibt nach p Takten im Addierwerk ein Übertrag gespeichert, so ist die gebildete Summe zu
groß (größer als p Stellen), und man spricht von einem Überlauf
(engl. overflow).

Legt man den Ausgang des Serienaddierwerkes an eines der beiden
Eingangsregister,

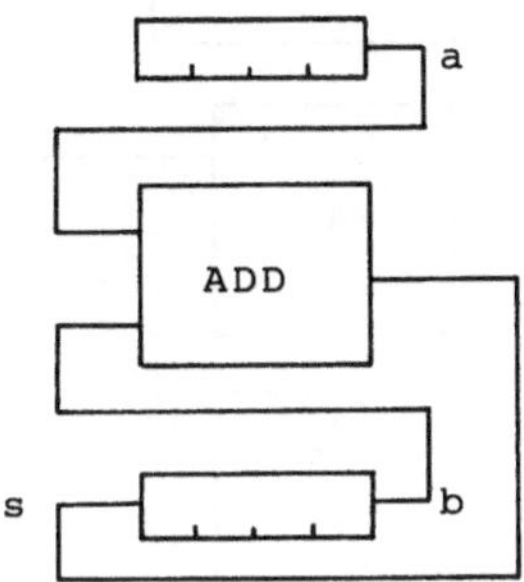

so kann ein Register eingespart werden. Vor Beginn der Addition
müssen die Summanden a und b in die beiden Register gebracht
werden. Nach p Takten enthält das untere Register die Summe
s = a + b . Läßt man den Inhalt des oberen Registers rotieren,
so steht der eine Summand (a) nach der Addition weiter zur
Verfügung.

Möchte man mit dieser Anordnung mehrere Zahlen addieren, so
brauchen die einzelnen Summanden nur der Reihe nach in das
obere Register gebracht und zum Inhalt des unteren Registers
(bisherige Zwischensumme) addiert zu werden. Weil auf diese
Weise die Zwischensummen aufakkumuliert werden, wird das
untere Register als Akkumulator (engl. accumulator, AC) bezeichnet. Vor Beginn der Addition muß der Akkumulator gelöscht
(Null gesetzt) werden.

Mit entsprechend größerem schaltungstechnischen Aufwand können
die einzelnen Stellen zweier Dualzahlen auch gleichzeitig
(simultan) addiert werden. Für ein solches Paralleladdierwerk
benötigt man ein Halbaddierwerk und p - 1 Volladdierwerke:

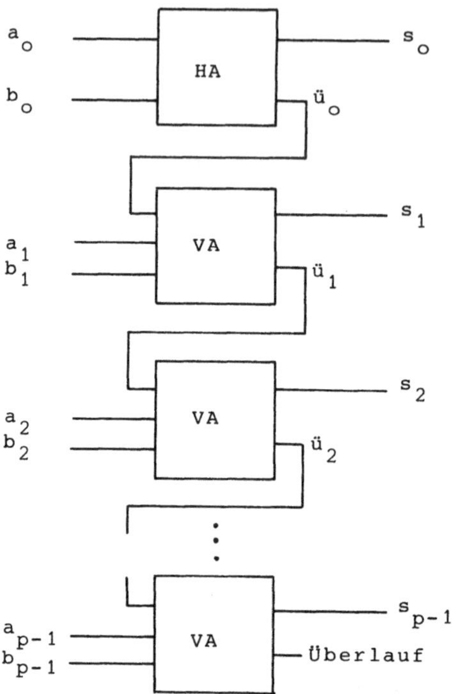

Tatsächlich kann auch bei diesem Paralleladdierwerk die Addition
der einzelnen Stellen nicht völlig gleichzeitig erfolgen, da ja
zur Addition der Übertrag der vorhergehenden Stelle berücksichtigt
werden muß, der um die Laufzeit der Gatter verzögert wird.
Da sich ein Übertrag im Extremfall von der ersten bis zur letzten
Stelle fortpflanzen kann, können auch hier Zeitverzögerungen
auftreten, die jedoch durch noch aufwendigere Kunstschaltungen
für momentanen Übertrag vermieden werden können.

Allgemein läßt sich sagen, daß eine <u>parallele</u> Verarbeitung
rascher, dafür aber meist wesentlich aufwendiger ist als eine
<u>serielle</u> Verarbeitung, Dasselbe gilt auch für die <u>Übertragung</u>

(Transfer) eines Wortes von einem Register zu einem anderen.
Erfolgt die Übertragung seriell über eine einzige Leitung,

so sind p Verschiebetakte nötig. Stellt man dagegen für jedes
Bit eine eigene Leitung zur Verfügung,

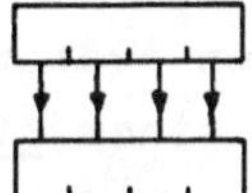

so kann die Übertragung parallel in einem einzigen Takt
erfolgen.

Da der Unterschied zwischen serieller und paralleler Verarbeitung
für die prinzipielle Funktionsweise der Bauelemente nur von
untergeordneter Bedeutung ist, soll im folgenden nicht weiter
zwischen serieller und paralleler Verarbeitung unterschieden
werden. Der Informationsfluß zwischen den einzelnen Bauteilen
soll einfach durch eine einzige Verbindungslinie charakterisiert
werden, egal ob die Übertragung durch eine einzige Leitung
oder ein ganzes "Leitungsbündel" erfolgt.

z.B.

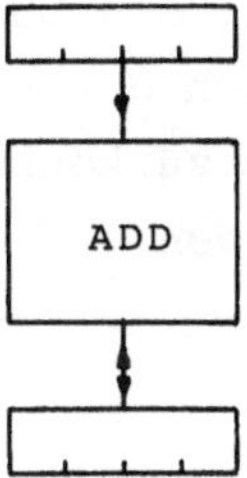

Wie bereits an Hand eines Beispiels gezeigt wurde, bietet die
Subtraktion zweier Dualzahlen keine prinzipiellen Schwierig-
keiten. (Die Subtraktion kann z.B. durch die Addition des
Komplements durchgeführt werden). Ähnlich wie bei manuellen
Berechnungen können Multiplikation und Division auf Additionen
und Subtraktionen zurückgeführt werden.

A 1.3   MULTIPLIKATION

Ebenso wie bei der Multiplikation zweier Dezimalzahlen wird
auch bei der Multiplikation zweier Dualzahlen der Multiplikand
mit den einzelnen Stellen des Multiplikators multipliziert.
Dadurch wird die Multiplikation zweier Zahlen auf die
Multiplikation einer Zahl mit einer Ziffer zurückgeführt.
Da diese Ziffer im Dualsystem nur den Wert Null oder Eins
haben kann, ist das Ergebnis dieser Teilmultiplikation entweder
Null oder gleich dem Multiplikanden. Durch Verschiebung der
Teilergebnisse vor deren Addition wird der Stellenwert berück-
sichtigt.

```
z.B.      Ø L Ø L  *  Ø Ø L L          5  *  3
          ─────────────────────

          Ø Ø Ø Ø

            Ø Ø Ø Ø

              Ø L Ø L

                Ø L Ø L
          ─────────────────────
          Ø Ø Ø L L L L
```

Üblicherweise wird bei der Multiplikation mit der führenden
(linken) Stelle des Multiplikators begonnen. Um die Stellen des
Multiplikators jedoch - ähnlich der seriellen Addition - von
rechts nach links verarbeiten zu können, braucht nur die
Reihenfolge abgeändert zu werden.

z.B.

```
  Ø L Ø L  *  Ø Ø L L
  ─────────────────────
    Ø L Ø L

   Ø L Ø L

  Ø Ø Ø Ø

 Ø Ø Ø Ø
 ─────────────────────
 Ø Ø Ø L L L L
```

Die Multiplikation zweier p-stelliger Dualzahlen kann somit
durch p Additionen ersetzt werden. Da das Ergebnis unter
Umständen 2p Stellen haben kann (doppelte Wortlänge), benötigt
man für die Speicherung des Ergebnisses zwei Register (Akkumulator
und "Erweiterung"). Da die Addition jedes Teilergebnisses immer
sofort stellenrichtig zum Inhalt des Akkumulators erfolgen soll,
muß dieser nach jeder Addition um eine Stelle nach rechts verschoben werden (anstatt die Summanden nach links zu verschieben).
Ein weiteres Register dient zur Speicherung des Multiplikators.

$y = a * b$

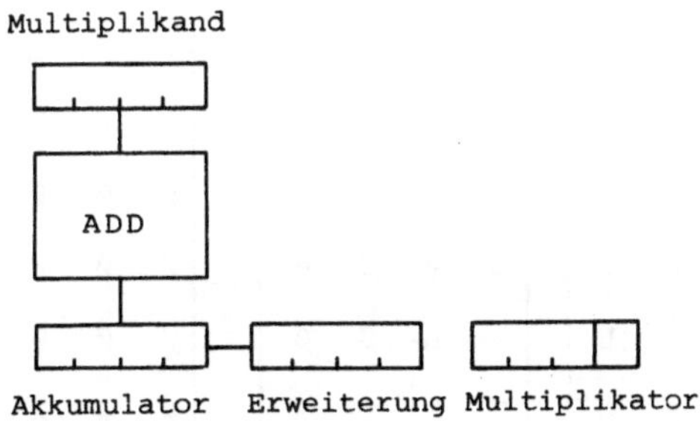

Mittels der skizzierten Anordnung kann die Multiplikation in
folgenden Schritten ablaufen:

1) Multiplikand und Multiplikator in die
    entsprechenden Register laden, Akkumulator löschen

2) 0. Stelle des Multiplikators betrachten. Ist diese
    L, so wird der Multiplikand zum Inhalt des
    Akkumulators addiert.

3) Akkumulator und Erweiterung um eine Stelle nach
rechts verschieben.

4) 1. Stelle des Multiplikators betrachten. Ist diese
L, so wird der Multiplikand zum Inhalt des
Akkumulators addiert.

5) Akkumulator und Erweiterung um eine Stelle nach
rechts verschieben.

6) 2. Stelle ...

...

Nach p-maligem Rechtsverschieben ist das Ergebnis der Multiplikation in Akkumulator und Erweiterung gespeichert. Anstatt
immer die "nächste" Stelle des Multiplikators zu betrachten,
kann der Multiplikator selbst in jedem Schritt um eine Stelle
nach rechts verschoben werden, sodaß immer dasselbe (letzte)
Bit des Registers auf L geprüft wird. Für das obige Beispiel
ergibt sich somit der folgende Rechenablauf:

Multiplikand

Ø	L	Ø	L

Akkumulator				Erweiterung				Multiplikator				
Ø	Ø	Ø	Ø	Ø	Ø	Ø	Ø	Ø	Ø	L	L	Addition
Ø	L	Ø	L	Ø	Ø	Ø	Ø	Ø	Ø	L	L	Verschieben
Ø	Ø	L	Ø	L	Ø	Ø	Ø	Ø	Ø	Ø	L	Addition
Ø	L	L	L	L	Ø	Ø	Ø	Ø	Ø	Ø	L	Verschieben
Ø	Ø	L	L	L	L	Ø	Ø	Ø	Ø	Ø	Ø	Verschieben
Ø	Ø	Ø	L	L	L	L	Ø	Ø	Ø	Ø	Ø	Verschieben
Ø	Ø	Ø	Ø	L	L	L	L	Ø	Ø	Ø	Ø	

Mit jedem Verschiebetakt rückt das Ergebnis in demselben Maße
weiter in die Erweiterung wie der Multiplikator nach rechts
verschwindet. Es liegt daher nahe, den Multiplikator in die

Erweiterung zu laden und dadurch ein Register zu sparen. Die
Erweiterung selbst wird als MQ-Register (Multiplikator-Quotient)
bezeichnet:

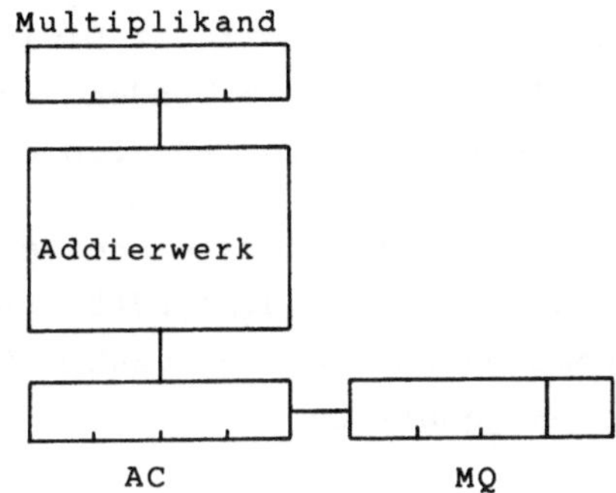

Der Ablauf einer Multiplikation erfolgt somit in folgenden
Schritten:

1) Multiplikand und Multiplikator in die
   entsprechenden Register laden, Akkumulator löschen.

2) 0. Stelle des MQ-Registers betrachten. Ist diese
   L, so wird der Multiplikand zum Inhalt des Akkumulators
   addiert.

p-mal

3) Akkumulator und MQ-Register um eine Stelle nach rechts
   verschieben.

Der gesamte Ablauf der Multiplikation läßt sich einfach
automatisieren.

A 1.4 DIVISION

Hier soll nur die ganzzahlige Division mit ganzzahligem
Quotienten und Rest betrachtet werden. Für die ganzzahlige
Division ist ein eigenes Divisionszeichen (a ÷ b) eingebürgert.
Der verbleibende Rest wird auch als a modulo b bezeichnet.

Die Division kann (auch im Dezimalsystem) in die folgenden
Einzelschritte zerlegt werden:

1) Man betrachte die erste (führende)Stelle des
   Dividenden, prüfe, wie oft der Divisor darin enthalten
   ist, und bilde den verbleibenden Rest. Diese Anzahl
   liefert die erste Stelle des Ergebnisses.

2) Der Rest wird um die nächste Stelle des Dividenden
   erweitert und abermals überprüft, wie oft der Divisor
   darin enthalten ist. Diese Anzahl liefert die nächste
   Stelle des Ergebnisses,
   usw.

z.B. 14 ÷ 3

L L L Ø ÷ Ø Ø L L

L   Der Divisor ist Ø mal enthalten,Rest L

L L   Der Divisor ist L mal enthalten,Rest Ø

  L   Der Divisor ist Ø mal enthalten,Rest L

  L Ø   Der Divisor ist Ø mal enthalten,Rest L Ø

L L L Ø ÷ Ø Ø L L = Ø L Ø Ø , Rest L Ø

Im Dualsystem ist eine Reihe von Vereinfachungen möglich:
Der Divisor kann im betrachteten Teil des Dividenden nur Null-mal
oder Ein-mal enthalten sein;wie oft der Divisor enthalten ist,
kann daher durch einen einfachen Vergleich Zahl $\geq$ Divisor
entschieden werden. Ist das Ergebnis dieses Vergleiches "ja",
so ist der Divisor Ein-mal enthalten und der Rest kann durch
Subtraktion des Divisors ermittelt werden.

Zum Aufbau eines Dividierwerkes benötigt man somit folgende
Bauelemente:

    Register für den Dividenden und Quotienten
    Register für den Divisor
    Register für den betrachteten Teil des Dividenden
    Subtrahierwerk
    Vergleichswerk

Der betrachtete Teil des Dividenden wird am besten im Akkumulator
gespeichert, da er hier einem Vergleich und einer Subtraktion
zugänglich ist. Dividend und Quotient können gemeinsam im
MQ-Register gespeichert werden, falls nach jedem Schritt die
nächste Stelle des Dividenden nach links in den Akkumulator
nachrückt und damit rechts im MQ-Register eine weitere Stelle
für den Quotienten frei wird.

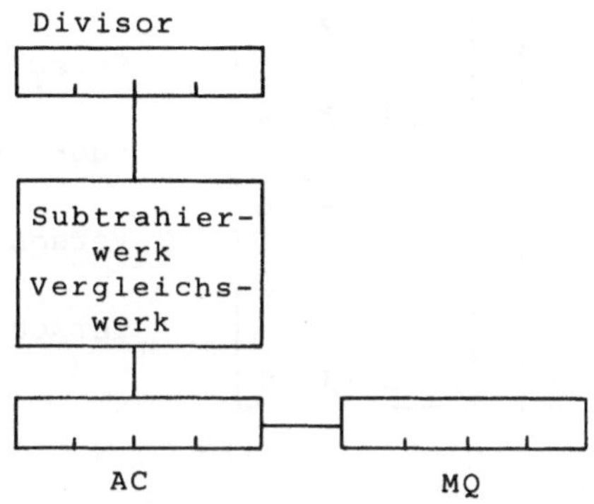

Die Division kann in der skizzierten Anordnung in folgenden
Schritten durchgeführt werden:

1) Dividend und Divisor in die entsprechenden Register
    laden, Akkumulator löschen.

2) Akkumulator und MQ-Register um eine Stelle nach
    links verschieben

p-mal

3) Falls Inhalt des Akkumulators $\geq$ Divisor, dann
    0. Stelle im MQ-Register Eins setzen und Divisor
    vom Akkumulator subtrahieren, anderenfalls 0. Stelle
    im MQ-Register Null setzen.

Nach p-maliger Wiederholung der letzten beiden Schritte
enthält das MQ-Register den ganzzahligen Quotienten und der
Akkumulator den Rest der Division.

z.B. Divisor   14 ÷ 3

Ø	Ø	L	L

AC   MQ

Ø	Ø	Ø	Ø		L	L	L	Ø	Verschieben
Ø	Ø	Ø	L		L	L	Ø	Ø	Verschieben
Ø	Ø	L	L		L	Ø	Ø	Ø	Subtraktion und Eins setzen
Ø	Ø	Ø	Ø		L	Ø	Ø	L	Verschieben
Ø	Ø	Ø	L		Ø	Ø	L	Ø	Verschieben
Ø	Ø	L	Ø		Ø	L	Ø	Ø	

Auch die Division kann automatisiert werden.

A 1.5 EINFACHES RECHNERMODELL

Nachdem sich die vier Grundrechnungsarten im dualen Zahlensystem
mit vorhandenen Bauelementen leicht automatisch durchführen
lassen, steht dem Entwurf eines einfachen Tischrechnermodells
nichts im Wege. Prinzipiell genügen drei Register, ein Rechenwerk - welches Addier- und Subtrahierwerk und die notwendige
Steuerung für Multiplikation und Division in sich vereinigt -
und eine entsprechende Eingabe- und Anzeigevorrichtung.

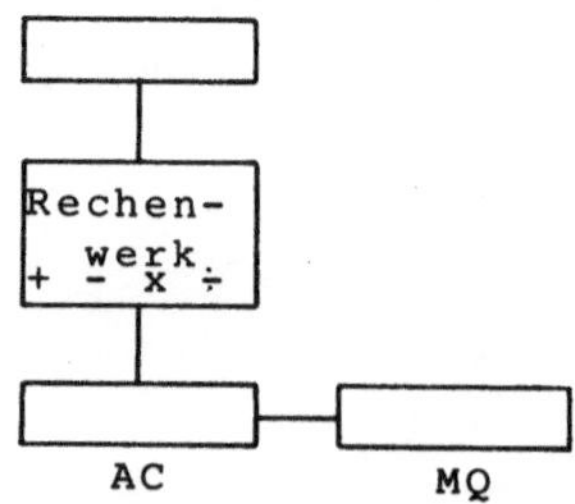

Zur Durchführung umfangreicherer Berechnungen müssen allerdings
Zwischenresultate vom menschlichen Bediener (z.B. auf einem
Notizblock) notiert und später wieder eingegeben werden (man
denke etwa an eine Berechnung der Form a*b + c ÷ d). Um diesem
Mißstand abzuhelfen, kann das Tischrechnermodell um einen
Speicher erweitert werden.

Ein solcher Speicher kann etwa aus einer Anzahl von Registern
aufgebaut werden, die anstelle des oberen Registers wahlweise
an das Rechenwerk angeschlossen werden können:

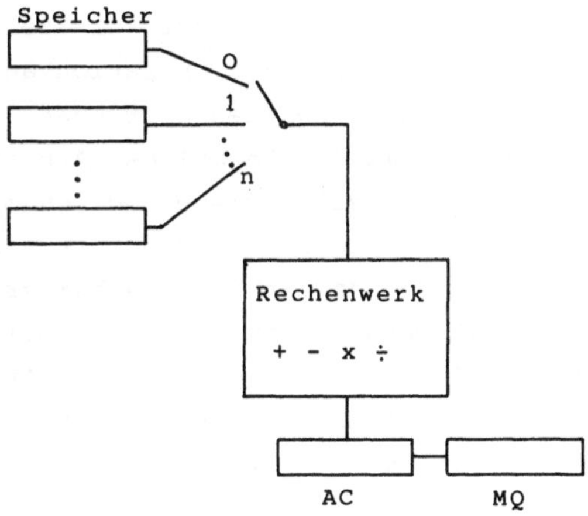

Jede dieser Speicherzellen (Register) soll in der Lage sein,
ein Wort zu speichern. Weiters erhält jede Speicherzelle eine
Nummer - die sogenannte Adresse - auf Grund derer die richtige
Verbindung mit dem Rechenwerk hergestellt werden kann.

Zu jeder arithmetischen Operation muß jetzt die Adresse (Nummer)
jener Speicherzelle angegeben werden, in der der Operand gespeichert ist. Weiters muß das Rechnermodell in der Lage sein,
außer den arithmetischen Operationen auch noch den Datentransfer
zwischen den Arbeitsregistern (AC und MQ) und den Speicherzellen durchzuführen. Auch dazu ist die Angabe der Adresse der
jeweiligen Speicherzelle notwendig.

Zur Bedienung des Rechnermodells muß somit ein komplizierter
Rechenvorgang in Einzelschritte - sogenannte <u>Befehle</u> oder
<u>Instruktionen</u> - zerlegt werden, wobei in jedem Befehl die Art
der Operation und die Adresse des Operanden angegeben wird.
Typische Befehle sind etwa

"Addiere zum Inhalt des Akkumulators den Inhalt der
Speicherzelle a"

oder

"Übertrage den Inhalt des MQ-Registers auf die Speicherzelle y"

Da sich manche Operationen auf den Akkumulator, andere auf das
MQ-Register beziehen, ist es vorteilhaft, das verwendete
Arbeitsregister (AC oder MQ) aus der Operation auszuklammern
und im Befehl - sozusagen als zweiten Operanden - getrennt
anzugeben. Gleichzeitig soll die Anzahl der Arbeitsregister
auf 7 erhöht werden. Die Arbeitsregister sollen mit Großbuchstaben (A, B, C, ..., G) bezeichnet und untereinander gleichberechtigt sein, das heißt, daß in jedem Arbeitsregister
addiert und subtrahiert werden kann. Bei Multiplikationen und
Divisionen ist immer ein benachbartes Paar von Arbeitsregistern
beteiligt, von denen das linke als Akkumulator und das rechte
als MQ-Register dient;im Befehl wird nur das linke Register angegeben.

A 1.5.1 <u>MASCHINENBEFEHLE</u>

Da alle Befehle einheitlich aus Angaben über die Art der
Operation, das verwendete Register und die Adresse der Speicherzelle aufgebaut sind, lassen sich die einzelnen Befehle in einer
einfachen symbolischen Kurzform anschreiben. Dabei dient eine
aus drei Buchstaben gebildete Abkürzung als Bezeichnung der
Operation <u>(Operationscode)</u>, ein Buchstabe als Bezeichnung des
Arbeitsregisters (allgemein R), und ein symbolischer Variablen-
name als Bezeichnung der Adresse des Operanden (allgemein a).
Das Rechnermodell soll in der Lage sein, folgende Befehle auszuführen:

Befehl	Bedeutung	Kommentar
ADD R a	$R := R + a$	Der Inhalt des Registers R wird um den Inhalt der Speicherzelle a erhöht.
SUB R a	$R := R - a$	Der Inhalt des Registers R wird um den Inhalt der Speicherzelle a erniedrigt.
MPY R a	$\overset{\frown}{R}\ R+1 := R+1*a$	Der Inhalt des Registers R + 1 wird mit dem Inhalt der Speicherzelle a multipliziert. Ergebnis in Register R und R+1 gemeinsam.
DIV R a	$R+1 := R+1 \div a$ $R := R+1 \bmod a$	Der Inhalt des Registers R+1 wird durch den Inhalt der Speicherzelle a dividiert. Register R+1 enthält den Quotienten, Register R den Rest der Division.
CLA R a	$R := a$	Der Inhalt der Speicherzelle a wird in das Register R übertragen (clear and add)
STO R a	$a := R$	Der Inhalt des Registers R wird auf die Speicherzelle a übertragen (store)

Anmerkung:

In der Spalte "Bedeutung" wird die Wirkung des Befehls auf symbolische Weise beschrieben. Das Zeichnen := (Ergibtzeichen) soll dabei eine Wertzuweisung symbolisieren, das heißt, der rechts stehende Formelausdruck wird berechnet und auf das links angegebene Register oder Speicherzelle abgespeichert. Das Ergibtzeichnen (:=) unterscheidet sich ganz wesentlich vom Gleichheitszeichnen (=) der Mathematik und zwar in den folgenden Punkten:

a) Während das Gleichheitszeichen eine statische Beziehung (nämlich die Gleichheit) zweier Formelausdrücke widerspiegelt, gibt das Ergibtzeichen eine dynamische Aktion an (die der Wertzuweisung).

b) Während das Gleichheitszeichen symmetrisch bezüglich seiner beiden Operanden ist; (a = b bedeutet dasselbe wie b = a); ist das Ergibtzeichen extrem unsymmetrisch.

Zur Berechnung einer einfachen Formel durch das Rechnermodell muß eine ganze Folge von Einzelbefehlen - ein sogenanntes Programm - durchgeführt werden.

z.B. Berechnung von y = a*b + c ÷ d

Es wird angenommen, daß die Zahlenwerte für a, b, c und d
bereits vor Durchführung des Programms in entsprechenden
Speicherzellen gespeichert sind. Ebenso soll das Ergebnis y
in eine Speicherzelle übertragen werden. Die Variablennamen
a, b, c, d und y sollen dabei symbolisch für die Adressen
(Nummern) der einzelnen Speicherzellen stehen.

```
CLA  B  a        B := a

MPY  A  b        B := a*b        (Register A dient als Akkumulator)

STO  B  y        y := a*b

CLA  B  c        B := c

DIV  A  d        B := c ÷ d    (Register A dient als Akkumulator)

ADD  B  y        B := c ÷ d + a*b

STO  B  y        y := c ÷ d + a*b
```

Zur Erläuterung der Wirkungsweise des Programms ist rechts
neben jedem Befehl ein kurzer Kommentar in symbolischer Schreibweise angegeben. Die Speicherzelle y wird zur Speicherung des
Zwischenresultates a*b verwendet. Es wird weiters angenommen,
daß das Ergebnis der Multiplikation in einem einzigen Register
(B) Platz findet.

Man beachte, daß das angegebene Programm völlig unabhängig von
den speziellen Zahlenwerten ist, mit denen der Rechenvorgang
tatsächlich ausgeführt wird.

Damit das nunmehr verbesserte Rechnermodell in der Lage ist, ein
solches Programm durchzuführen, muß für jede unterschiedliche
Operation eine getrennte Ansteuerung an das Rechenwerk erfolgen.
Weiters müssen die Adresse der Speicherzelle und die Nummer
(Buchstabe) des verwendeten Registers eingestellt werden
können. Das verbesserte Rechnermodell hat somit die folgende
Struktur:

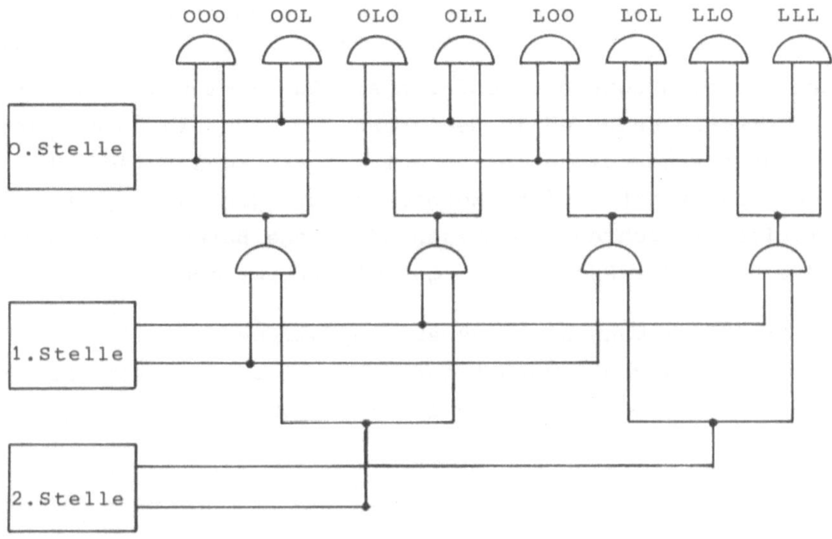

An den Eingängen der gestrichelt gezeichneten Bauelemente soll
es möglich sein, die Operation, das verwendete Arbeitsregister
bzw. die Adresse der Speicherzelle einzustellen. Soll diese
Einstellung elektronisch (d.h. ohne bewegte Bauteile) erfolgen,
so kann eine sogenannte Decodierschaltung zur Auswahl der
richtigen Verbindung verwendet werden.

z.B. <u>Decodierschaltung zur Auswertung einer Adresse</u>

Die Adresse soll als dreistellige Dualzahl in einem
Register gespeichert sein.

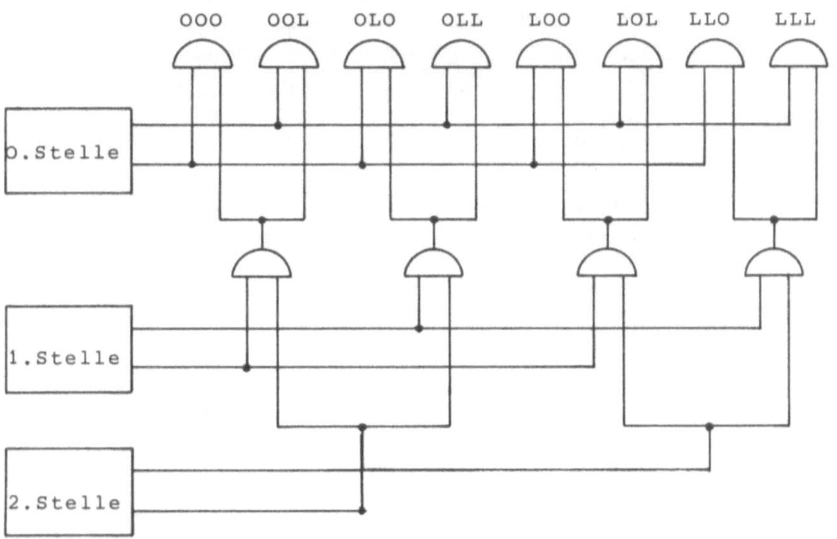

Mittels einer Decodierschaltung kann eine als Dualzahl gespeicherte Adresse zur Ansteuerung der entsprechenden Verbindung
verwendet werden. Verschlüsselt man die Operation und das verwendete Arbeitsregister ebenfalls als Dualzahl und speichert
diese Verschlüsselungen in Registern, so kann ein solcherart
verschlüsselt gespeicherter Befehl auf einfache Weise automatisch ausgeführt werden. Möchte man ein ganzes Programm
automatisch ausführen, so müssen sämtliche Befehle - ähnlich
wie die Daten des Programms - gespeichert werden.

Zu diesem Zweck kann ein eigener Programmspeicher dienen.
Innerhalb eines Programmspeicherwortes sind Operation, Registernummer und Adresse als Dualzahlen gespeichert.

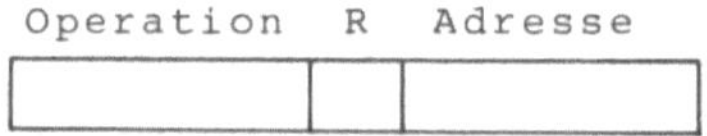

Weiters muß das Rechnermodell zur Steuerung des Programmablaufs
um ein sogenanntes <u>Steuerwerk</u> (Leitwerk, engl. control unit)
erweitert werden.

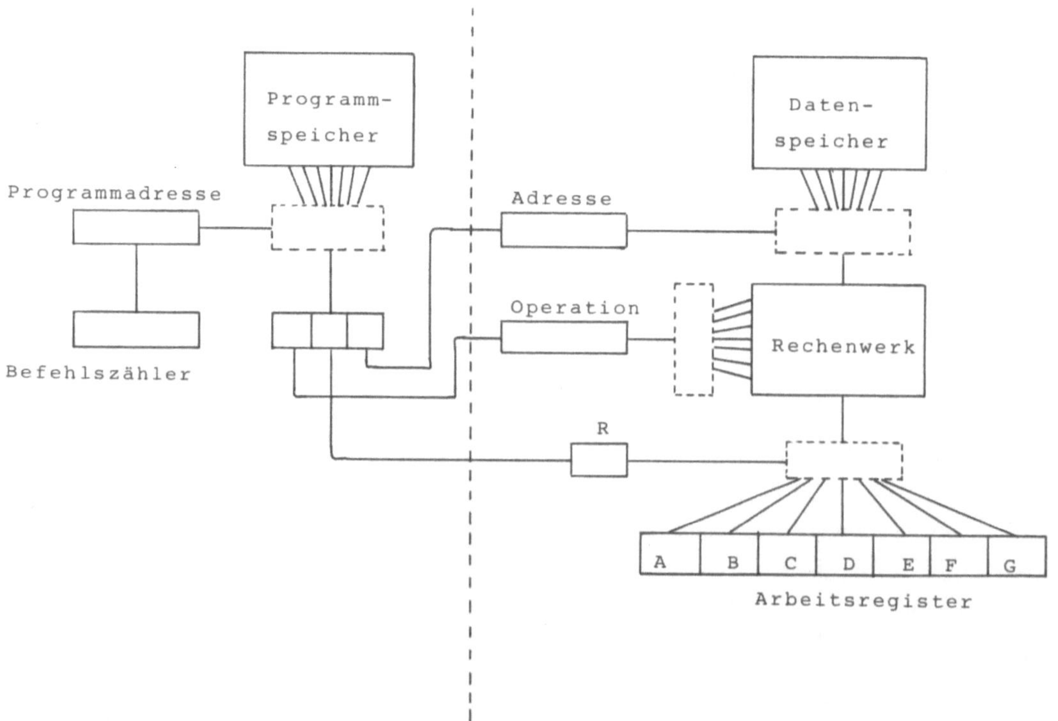

Aufgabe des Steuerwerkes ist es, den jeweils nächsten verschlüsselten Befehl aus dem Programmspeicher zu lesen, in
Operationsteil, Registernummer und Adressteil zu trennen und
an die entsprechenden Decodierschaltungen weiterzuleiten. Sind
die einzelnen Befehle eines Programms in aufeinanderfolgenden
Speicherzellen des Programmspeichers gespeichert, so kann die
Adresse des jeweils nächsten Befehls einfach aus einem Zähler
entnommen werden, der mit jedem Befehl um 1 erhöht wird.
Dieser Zähler wird als Befehlszähler (engl. instruction
counter) bezeichnet.

Die automatische Abwicklung eines Befehls erfolgt somit in
zwei Phasen. In der ersten Phase - der Instruktionsphase
(engl. instruction cycle) - wird der Befehl aus dem Programmspeicher gelesen, und decodiert.
Weiters wird der Befehlszähler erhöht. In der zweiten Phase -
der Ausführungsphase (engl. execution cycle) - wird der
decodierte Befehl ausgeführt.

Bei der automatischen Abwicklung eines ganzen gespeicherten
Programms wechseln Instruktions- und Ausführungsphase in un-
unterbrochener Reihenfolge. Da während der Instruktionsphase
nur das Steuerwerk mit dem Programmspeicher und während der
Ausführungsphase nur das Rechenwerk mit dem Datenspeicher
benötigt werden, können Bauelemente, die in Steuer- und
Rechenwerk doppelt vorhanden sind, eingespart werden. Eine
wesentliche Vereinfachung besteht darin, daß Programm und Daten
in ein und demselben Speicher gespeichert werden, der dann auch
nur eine einzige Adressiereinrichtung benötigt. Dieselbe
Adressiereinrichtung kann dann während der Instruktionsphase
zur Auswertung der Befehlsadresse und während der Ausführungsphase zur Ansteuerung des jeweiligen Operanden dienen. Das
Rechnermodell hat damit die folgende Struktur:

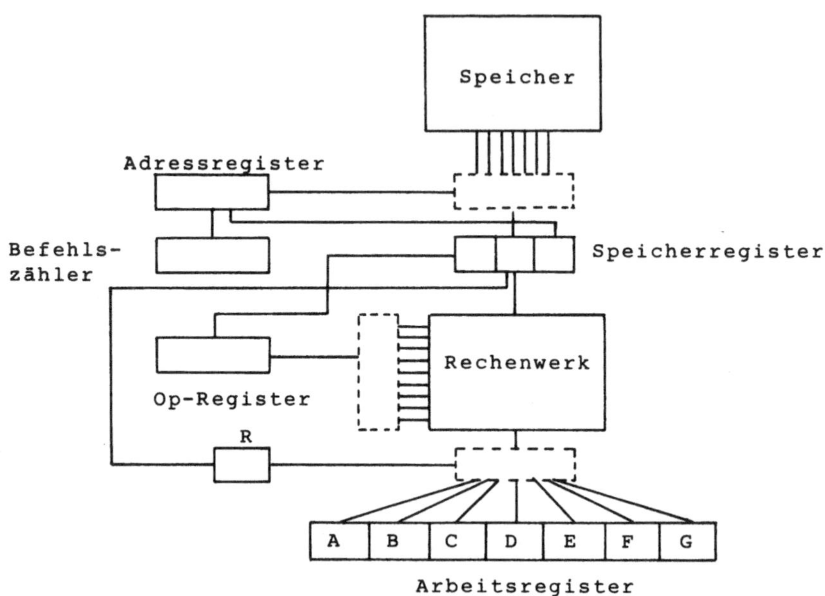

Während der __Instruktionsphase__ wird der Inhalt des Befehlszählers in das Adressregister übertragen und zur Adressierung
des nächsten im Speicher gespeicherten Befehls verwendet. Der
nächste Befehl wird vom Speicher in das Speicherregister übertragen (gelesen) und geteilt. Gleichzeitig wird der Befehlszähler um 1 erhöht. Der Operationsteil wird in das Operations-
Register übertragen und dient zur Auswahl der gewünschten
Operation. Der Registerteil wird zur Ansteuerung des Arbeitsregisters weitergeleitet, und der Adressteil wird in das
Adressregister geladen.

In der _Ausführungsphase_ wird der decodierte Befehl mit jenem
Operanden, dessen Adresse im Adressregister steht, durchgeführt.

Vor Durchführung des Programms müssen die binär verschlüsselten
Programmbefehle und die Daten in den Speicher gebracht werden.
Dabei ist wichtig, daß die Programmbefehle in aufeinanderfolgende Speicherzellen gespeichert werden - die Daten können
in beliebigen Speicherzellen stehen. Weiters muß die Anfangsadresse des Programms in den Befehlszähler geladen werden. Dann
kann das Programm vollautomatisch, d.h. ohne manuelle Eingriffe,
durchgeführt werden. Um den automatischen Programmablauf am
Ende des Programms abzubrechen, kann ein eigener Stop-Befehl
(STP) verwendet werden.

Eine solche _programmgesteuerte_ Rechenanlage bietet den Vorteil,
daß ein und dasselbe Gerät - die _Hardware_ - für die Durchführung unterschiedlichster Aufgaben verwendet werden kann,
wenn nur das geeignete Programm - die _Software_ - in den Speicher
geladen wird.

Selbstverständlich hat das entworfene Modell einer programmge-
steuerten Rechenanlage noch eine Reihe von Mängeln. Offen ist
vor allem noch die Frage, wie das Programm und die Daten in den
Speicher gelangen und wie die berechneten Ergebnisse sichtbar
gemacht werden. Auch das Verschlüsseln der Programmbefehle und
der zugehörigen Adressen in die binäre Form ist eine eher
mühsame Angelegenheit. Auf diese Schwierigkeiten soll jedoch
erst später eingegangen werden. Aus Gründen der besseren Über-
sicht werden die Programme hier ausschließlich in symbolischer
Form angegeben, das heißt, die Operationen durch eine _mnemotech-_
nische Abkürzung (z.B. ADD, STO), die Register durch Buchstaben
und die Adressen durch Variablennamen (symbolische Adressen).

A 1.5.2 _DIREKTE UND INDIREKTE OPERANDEN_

Durch die gewählte Form des Befehlsaufbaues wurde erreicht, daß
sämtliche Zahlenwerte (Variable), mit denen eine Berechnung
durchgeführt wird, in Speicherzellen gespeichert sind. Dadurch
ist es möglich, ein Programm unabhängig von den speziellen
Werten der Daten zu erstellen. Es muß jedoch in Kauf genommen

werden, daß auch sämtliche Konstanten - das sind jene Zahlenwerte, die bei jeder Durchführung des Programms gleich sind -
wie die Variablen in Speicherzellen gespeichert werden müssen.

z.B.   Programm zur Berechnung von y := a ÷ 2 + b

```
CLA B  a        B := a
DIV A  zwei    B := B ÷ zwei
ADD B  b        B := B + b
STO B  y        y := B
```

In dem Programm wird außer den Speicherzellen für die Variablen
a, b und y eine Speicherzelle mit dem symbolischen Namen zwei
verwendet, deren Inhalt die Konstante 2 ist.

Für die Verwendung von konstanten Zahlenwerten als Operanden
wäre zweifellos eine Befehlsform günstiger, bei der anstelle
der Adresse des Operanden unmittelbar der Wert des Operanden
- also die Konstante selbst - im Operandenteil (Adressteil)
des Befehls angegeben wird. Um beide Befehlsvarianten verwenden zu können, muß in jedem Befehl gekennzeichnet werden,
welche Form der Adressierung des Operanden verwendet wird.
Im symbolischen Befehlscode wird zu diesem Zweck vor jeden
Operanden der Buchstabe D gesetzt, falls der Operand <u>direkt</u>
im Befehl enthalten ist. Der Buchstabe I soll hingegen bedeuten,
daß der Operand <u>indirekt</u> durch einen Speicherzugriff erreicht
wird und im Befehl (wie bisher) die Adresse des Operanden steht.

Das obige Programmbeispiel würde mit diesen Erweiterungen die
Form

```
CLA B   I   a
DIV A   D   2
ADD B   I   b
STO B   I   y
```

annehmen. Die Verwendung der Speicherzelle zwei hat sich
dadurch erübrigt.

Die Möglichkeit, den Operanden direkt im Befehl anzugeben
kann für jede Instruktion mit Ausnahme eines STO-Befehls verwendet werden. Da sich bei direkten Operanden ein Speicherzugriff erübrigt, werden solche Instruktionen in der Regel
auch schneller ausgeführt.

Selbstverständlich muß auch im binärverschlüsselten Befehl
durch Setzen eines Bits angegeben werden, ob der Operand direkt
oder indirekt angegeben ist. Der verschlüsselte Befehl hat
somit die Form

$$\begin{array}{|c|c|c|} \hline \text{Op-Code} & R \quad ^{D/I} & \text{Adresse} \\ \hline \end{array}$$

Jener Teil des Befehls, in dem der Operand beziehungsweise die
Adresse des Operanden gespeichert ist, wird als <u>Adressteil</u>
bezeichnet. Man beachte, daß dieser Adressteil meist nur halb
so lang ist wie eine ganze Speicherzelle und daher nur Konstante
mit einer geringeren Stellenanzahl aufnehmen kann.

A 1.5.3   PROGRAMMWIEDERHOLUNGEN

Soll ein und dasselbe Programm - eventuell mit anderen Daten -
ein zweites Mal ausgeführt werden, so genügt es, die Anfangsadresse des Programms erneut in den Befehlszähler zu laden
und die Anlage wieder zu starten. Auch dieser Vorgang läßt
sich leicht automatisieren. Man benötigt nur einen weiteren
Befehl, dessen Wirkung darin besteht, den Befehlszähler neu
zu laden. Ein solcher Befehl wird als <u>Sprungbefehl</u> bezeichnet
und kann in der Form

$$\text{JMP} \quad R \quad a \qquad\qquad BZ := a$$

angeschrieben werden. Da das Sprungziel meist eine konstante
Befehlsadresse ist, kann der Operand des Sprungbefehls meist
<u>direkt</u> im Befehl angegeben werden.

Da die Angabe eines Registers R für den Sprungbefehl im
Moment sinnlos zu sein scheint, eine einheitliche Struktur
sämtlicher Instruktionen jedoch wünschenswert ist, wird in den
Befehl der Buchstabe L anstelle einer Registerbezeichnung eingetragen

    z.B.   JMP   L D   a

Während die Register A bis G intern von 1 bis 7 numeriert sind,
bedeutet L die Verwendung keines Registers, was durch die
Nummer 0 verschlüsselt wird. Der Registerteil einer binärverschlüsselten Instruktion kann somit innerhalb von drei Bits
die Dualzahlen von 0 bis 7 zum Inhalt haben.

Wird das nicht existierende Register L in anderen Instruktionen
verwendet, so soll damit der folgende Effekt verbunden sein:

- Jede in das Register L abgespeicherte Information
  geht verloren.

- Der Inhalt des Registers L wird immer als Null
  angenommen.

Ein Befehl

    CLA L I   a

ist somit wirkungslos, während der Befehl

    STO L I   a

den Inhalt der Speicherzelle a Null setzt. Eine Rechenoperation
der Form

    ADD L I   a
oder

    MPY L I   a

ist sinnlos.

Mit Hilfe eines Sprunges zu einem weiter   unten im Programm
befindlichen Befehl kann ein Programmteil übersprungen werden
(Vorwärtssprung), während durch einen Sprung zu einem bereits
durchgeführten weiter oben liegenden Befehl ein Programmteil -

oder auch das gesamte Programm - wiederholt werden kann (Rück-
wärtssprung, Schleife). In beiden Fällen ist jedoch die Verwendung
des Sprungbefehls nur dann sinnvoll, wenn die Durchführung des
Sprungbefehles von einer Bedingung abhängig gemacht werden kann
(bedingter Sprung). Zum Beispiel wäre es oft wünschenswert,
einen Sprung nur dann auszuführen, wenn ein Ergebnis gleich Null
ist, oder allgemein, ein Registerinhalt kleiner, gleich oder
größer irgendeinem Vergleichswert ist.

Der Vergleich zweier Zahlenwerte kann mittels eines Vergleichs-
werkes leicht durchgeführt werden. Das Ergebnis eines solchen
Vergleiches - kleiner, gleich oder größer - wird in einem
dreistelligen Register, dem sogenannten Anzeigeregister
(engl. condition register) angezeigt.

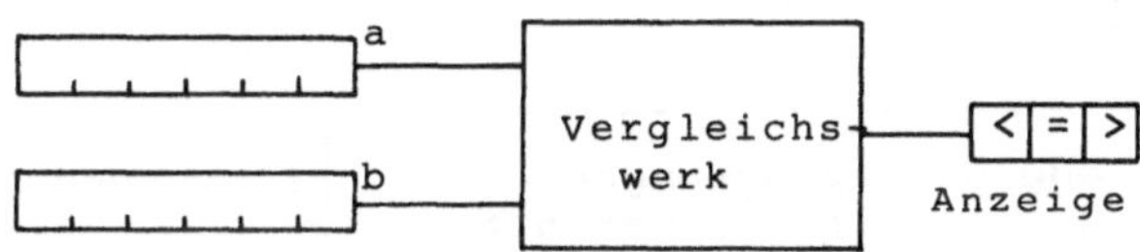

Um den Vergleich auszulösen, muß eine weitere Instruktion
definiert werden:

        CMP R I a

Die Wirkung dieses Befehls ist das Setzen des Anzeigeregisters
entsprechend dem Vergleich des Registerinhaltes R mit dem
Inhalt der Speicherzelle a

R < a	L	Ø	Ø
R = a	Ø	L	Ø
R > a	Ø	Ø	L

Um nun einen Sprungbefehl von einer bestimmten Stellung des
Anzeigeregisters abhängig zu machen, wird zu dem Sprungbefehl

eine dreistellige Maske in einem <u>Maskenregister</u> gespeichert
und bitweise mit dem Anzeigeregister konjunktiv verknüpft.

z.B.

Anzeige | L | Ø | Ø |

Maske | L | L | Ø |

Anzeige ∧ Maske | L | Ø | Ø |

Enthält das Ergebnis der Konjunktion eine L, so wird der
Sprung durchgeführt, besteht die Konjunktion ausschließlich
aus Nullen, so wird der Sprung nicht durchgeführt. Im obigen
Beispiel wird der Sprung dann durchgeführt, wenn das Anzeigeregister kleiner oder gleich gesetzt ist.

Da das dreistellige Maskenregister prinzipiell mit acht unterschiedlichen Bitmustern belegt werden kann, sind acht Sprung-
befehle möglich:

Maske	Code	Der Sprungbefehl wird ausgeführt	Bedeutung
Ø Ø Ø	NOP	nie	No Operation
Ø Ø L	JGT	falls die Anzeige größer gesetzt ist	Jump on Greater Than
Ø L Ø	JEQ	falls die Anzeige gleich gesetzt ist	Jump on Equal
Ø L L	JGE	falls die Anzeige größer oder gleich gesetzt ist	Jump on Greater or Equal
L Ø Ø	JLT	falls die Anzeige kleiner gesetzt ist	Jump on Less Than
L Ø L	JNE	falls die Anzeige nicht gleich gesetzt ist	Jump on Not Equal
L L Ø	JLE	falls die Anzeige kleiner oder gleich gesetzt ist	Jump on Less or Equal
L L L	JMP	immer	Jump

Der Befehl NOP (No Operation) scheint sinnlos zu sein, leistet
jedoch gute Dienste, falls eine Lücke im gespeicherten Programm
durch eine gültige, aber wirkungslose Instruktion gefüllt
werden soll. Bei einer günstigen Wahl der internen binären

Verschlüsselung des Befehls können die letzten drei Bits des Operationscodes zum Setzen des Maskenregisters verwendet werden.

Beispiel: **Programm zur Berechnung von n!**

Es soll ein Programm geschrieben werden, welches die Faktoriellen einer positiven ganzen Zahl n innerhalb einer Schleife berechnet.

$$n! = 1*2*3*...*(n-1)*n$$

Die Multiplikationen werden in den beiden Registern A und B durchgeführt. Im Register C werden der Reihe nach die ganzen Zahlen 2, 3, ..., n-1, n gebildet, damit in jedem Schleifendurchlauf der neue Multiplikand zur Verfügung steht.

Die zu wiederholenden Befehle müssen daher die folgende Wirkung haben:

$$B := B * C$$
$$C := C + 1$$

Da der Multiplikator aber nicht in einem Register (C), sondern in einer Speicherzelle enthalten sein muß, ist eine Abspeicherung des Inhaltes von Register C auf eine Speicherzelle (help) vor der Multiplikation unumgänglich. Der Programmteil, der in der Schleife wiederholt wird, lautet somit:

```
STO  C I  help      help := C
MPY  A I  help      B := B*help      help [      ]
ADD  C D  1         C := C + 1
```

Dieser Programmteil soll für die Werte 2, 3, ..., n-1, n in Register C wiederholt werden - also so lange wiederholt werden, als der Inhalt von Register C kleiner oder gleich n ist. Durch Vergleich des Inhaltes von Register C mit dem Inhalt der Speicherzelle n und anschließendem bedingten Rücksprung kann dies bewerkstelligt werden:

```
again  STO  C  I   help        again: help := C
       MPY  A  I   help               B := B * help
       ADD  C  D   1                  C := C + 1
       CMP  C  I   n                  if C ≤ n
       JLE  L  D   again              then goto again
       STO  B  I   y                  y := B
```

Falls nach Durchlaufen der Schleife der Inhalt von Register C kleiner oder gleich n ist, erfolgt ein Rücksprung zum Schleifen-anfang (again) - andernfalls wird das Programm mit dem nächsten Befehl fortgesetzt, der das Ergebnis auf die Speicherzelle y abspeichert.

Ebenso, wie für die Adressen der Daten-Speicherzellen im Programm symbolische Namen eingesetzt werden (z.B. n, y, help), können auch die Adressen der Programmbefehle (Sprungziele) symbolisch benannt werden (z.B. again). Damit klar ist, welche Programmadresse gemeint ist, wird der symbolische Name links neben den Befehl geschrieben. Bei der binären Verschlüsselung des Programms müssen sämtliche symbolische Adressen durch die dualen Speicheradressen ersetzt werden.

Der rechts neben dem Programm stehende Kommentar gibt die Wirkung der einzelnen Befehle in einer übersichtlichen symbolischen Schreibweise wieder. Die exakte Bedeutung dieser Schreibweise soll an dieser Stelle der Intuition des Lesers überlassen bleiben und wird erst in einem späteren Kapitel genau definiert. Um den prinzipiellen Programmablauf für den menschlichen Leser noch übersichtlicher zu gestalten, wird für Schleifen eine eigene Symbolik der folgenden Form verwendet,

```
while  Bedingung
do begin
       :
       :          Schleifenbefehle
end
```

Diese Symbolik soll bedeuten, daß die Schleifenbefehle solange wiederholt werden, als die Bedingung erfüllt ist. Die Symbole

<u>begin</u> und <u>end</u> kennzeichnen den Anfang und das Ende der zu
wiederholenden Befehle.

z.B.   <u>while</u> C ≤ n
        <u>do</u> <u>begin</u>
            help := C
            B := B * help
            C := C + 1
        <u>end</u>

Zur Vervollständigung des Programms müssen die Register B und
C noch vor dem Schleifenbeginn Anfangswerte erhalten:

```
      CLA   B  D   1            B := 1
      CLA   C  D   2            C := 2
again STO   C  I   help   again: help := C
      MPY   A  I   help         B := B*help
      ADD   C  D   1            C := C + 1
      CMP   C  I   n            if C ≤ n
      JLE   L  D   again        then goto again
      STO   B  I   y            y := B
      STP
```

Unterzieht man das Programm einer nochmaligen Überprüfung,
so findet man, daß die Faktoriellen für alle Werte von
n ≥ 2 richtig berechnet werden. Im Fall n = 1 wird allerdings
das falsche Resultat 2 geliefert! Der Grund dafür liegt darin,
daß die Schleife in allen Fällen mindestens einmal durchlaufen
wird. Um diesen Fehler zu beseitigen, muß die Überprüfung, ob
die Schleife wiederholt werden soll, <u>vor</u> dem ersten Schleifendurchlauf erfolgen. Die einfachste Möglichkeit dazu besteht
darin, durch einen weiteren Sprungbefehl die Schleife mit dem
Vergleich zu beginnen:

```
        CLA  B D  1           B := 1            B := 1
        CLA  C D  2           C := 2            C := 2
        JMP  L D  test        goto test         while C ≤ n
again   STO  C I  help  again: help := C        do begin
        MPY  A I  help        B := B*help         help := C
        ADD  C D  1           C := C + 1          B := B*help
test    CMP  C I  n     test: if C ≤ n           C := C + 1
        JLE  L D  again       then goto again    end
        STO  B I  y           y := B            y := B
        STP
```

Der gekennzeichnete Programmteil dient zur Schleifenorganisation
und kann als Modell für ähnliche Schleifen verwendet werden. Er
enthält Anfangswertzuweisung an eine Zählgröße (Register C),
Sprung zur Abfrage (test), Erhöhung der Zählgröße, Vergleich
der Zählgröße und bedingten Rücksprung. Es empfiehlt sich zum
Zweck der übersichtlichen Programmgestaltung sämtliche Schleifen
in dieser oder ähnlicher einheitlicher Form zu programmieren.

Das Beispiel zeigt unter anderem, daß mit der Verwendung von
Sprungbefehlen der Anwendungsbereich der Rechenanlage enorm
erweitert werden kann - andererseits aber auch die Komplexität
der Programme erheblich vergrößert wird. Die Hauptschwierigkeit
für den Programmierer liegt darin, daß die dynamische Reihenfolge
der Befehlsausführungen nicht mehr der statischen Aufeinander-
folge der Befehle im Programm entspricht. Falsch programmierte
Rücksprünge bergen außerdem die Gefahr von endlosen Schleifen-
wiederholungen.

Beispiel: Berechnung des größten gemeinsamen
            Teilers zweier Zahlen a und b

Der größte gemeinsame Teiler zweier positiver ganzer Zahlen
a und b kann nach dem EUKLID-Algorithmus auf folgende Weise
berechnet werden:

Man dividiere die beiden Zahlen ganzzahlig und
betrachte den Rest.
Ist dieser Null, so ist der Divisor der größte
gemeinsame Teiler.
Andernfalls wird der Divisor zum Dividenden und
der Rest zum Divisor und der gesamte Vorgang wird
wiederholt.

z.B. a = 24, b = 18   24 : 18 = 1   Rest = 6
                      18 : 6 = 3   Rest = 0
                              Der größte gemeinsame
                              Teiler von 24 und 18 ist 6.

Das zugehörige Programm lautet

```
        CLA  B I  a                   B := a
again   DIV  A I  b          again:   B := B ÷ b,   A := Rest
        CLA  B I  b                   B := b
        STO  A I  b                   b := A
        CMP  A D  0                   if A ≠ 0
        JNE  L D  again               then goto again
        STO  B I  y                   y := B
        STP
```

Nach Durchführung des Programms enthält die Speicherzelle y
den größten gemeinsamen Teiler, der Inhalt der Speicherzelle b
ist zerstört. Diese Schleife muß - auf Grund der Problemstellung -
mindestens einmal durchlaufen werden. Schleifen, die mindestens
einmal durchlaufen werden, können symbolisch in der Form

$$\left.\begin{array}{l} \underline{repeat} \\ \quad\vdots \\ \underline{until}\ \text{Bedingung} \end{array}\right\} \text{Schleifenbefehle}$$

angeschrieben werden. Die Schleife wird solange - mindestens
jedoch einmal - durchlaufen, bis die Bedingung erfüllt ist.

Der EUKLID-Algorithmus kann symbolisch auf folgende Weise
festgelegt werden:

```
B := a
repeat B := B ÷ b,   A := Rest
        B := b
        b := A
until  A = 0
y := B
```

A 1.5.4 PROGRAMMVERZWEIGUNGEN

Mit Hilfe von bedingten Vorwärtssprüngen können Programmteile
in Abhängigkeit von Bedingungen alternativ ausgeführt werden.
Dies soll an einem weiteren Beispiel gezeigt werden.

Beispiel: Berechnung des Maximums von drei Zahlen a, b und c

Die Berechnung kann anhand des folgenden Programmablaufplans
(Flußdiagramm, engl. flow-chart) vorgenommen werden:

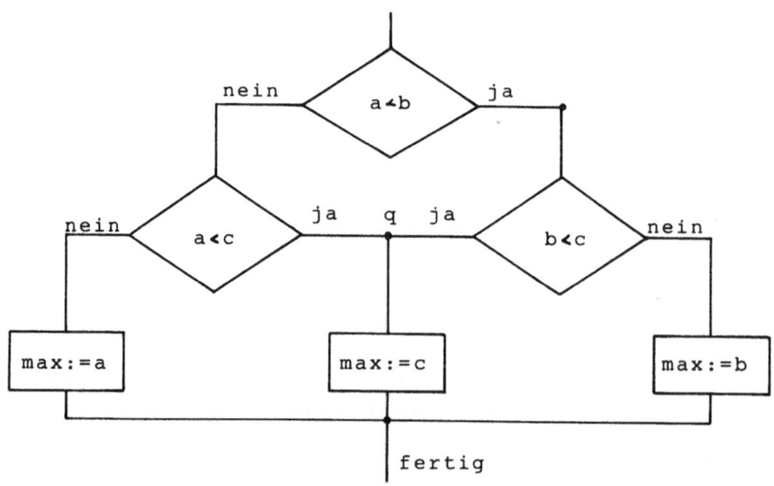

Das zugehörige Programm lautet unter Verwendung von Register A
für den Vergleich

```
        CLA    A   I   a              A := a
        CMP    A   I   b              if A < b
        JLT    L   D   p              then goto p
        CMP    A   I   c              if A < c
        JLT    L   D   q              then goto q
        STO    A   I   max            max := A
        JMP    L   D   fertig         goto fertig
   p    CLA    A   I   b           p: A := b
        CMP    A   I   c              if A < c
        JLT    L   D   q              then goto q
        STO    A   I   max            max := A
        JMP    L   D   fertig         goto fertig
   q    CLA    A   I   c           q: A := C
        STO    A   I   max            max := A
fertig STP                         fertig:
```

Sämtliche Programmverzweigungen sind so programmiert, daß der
Nein-Zweig zuerst behandelt wird und zum Ja-Zweig über einen
bedingten Sprungbefehl gesprungen wird. Das Programm kann
vereinfacht werden, indem einer der gekennzeichneten doppelt
vorhandenen Programmteile durch einen Sprungbefehl zum anderen
Programmteil ersetzt wird. Weiters braucht die Abspeicherung
des Ergebnisses auf die Speicherzelle max nur ein einziges
Mal am Ende des Programms durchgeführt zu werden.

Ein wesentlich einfacheres Programm erhält man jedoch, wenn
man einen anderen Algorithmus verwendet. Der verbesserte
Algorithmus löst dieses Problem durch stufenweise Zurückführung
auf einfachere Aufgaben. So wird die Bestimmung des Maximums
von drei Zahlen auf die Bestimmung des Maximums von zwei Zahlen
und dieses auf die Bestimmung des Maximums einer einzigen Zahl
zurückgeführt. Das Maximum einer einzigen Zahl a kann jedoch
nur die Zahl selbst sein.

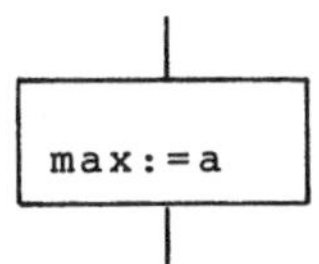

Vergleicht man dieses triviale Ergebnis mit der zweiten Zahl b, so erhält man das Maximum von zwei Zahlen a und b.

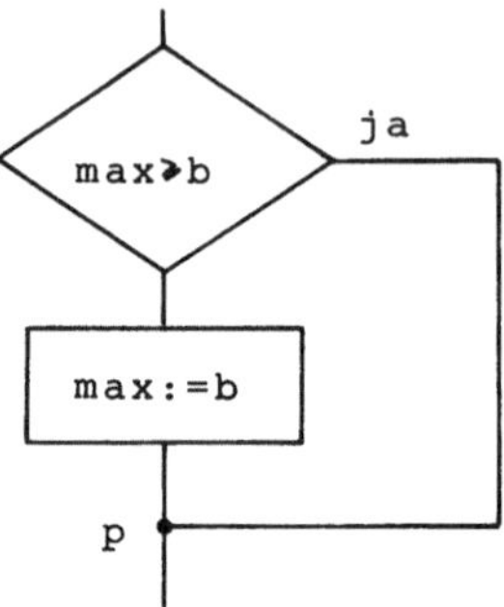

Vergleicht man dieses Maximum mit der dritten Zahl c, so erhält man das Maximum von drei Zahlen:

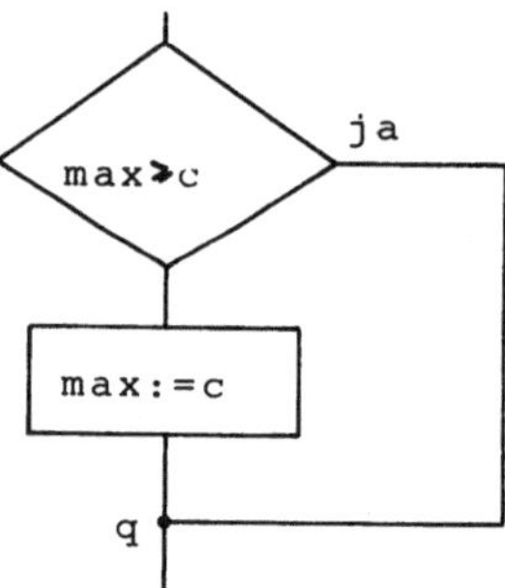

Dieser Algorithmus hat nicht nur den Vorteil leichter Programmierbarkeit (es wird immer nur _ein_ Programmteil übersprungen, sondern kann auch leicht auf beliebig viele Zahlen erweitert werden. Das zugehörige Programm verwendet wieder das Register A für das Zwischenresultat:

```
        CLA  A I   a                    A := a
        CMP  A I   b                    if A ≥ b
        JGE  L D   p                    then goto p
        CLA  A I   b                    A := b
    p   CMP  A I   c                p:  if A ≥ c
        JGE  L D   q                    then goto q
        CLA  A I   c                    A := c
    q   STO  A I   max              q:  max := A
        STP                            STP
```

Das Beispiel zeigt unter anderem, daß für die Güte eines
Programms die Wahl des geeigneten Algorithmus wesentlich
größeren Einfluß hat als der Versuch lokaler Optimierung
einzelner Befehle.

A 1.5.5 INDIZIERUNG

Wie bereits erwähnt, kann der im vorigen Beispiel verwendete
Algorithmus leicht zur Bestimmung des Maximums einer beliebig
langen Zahlenfolge erweitert werden.Für jede weitere Zahl wird
das Programm einfach um die stereotype Befehlsfolge

```
        CMP  A I   zahl                 if A ≥ zahl
        JGE  L D   marke                then goto marke
        CLA  A I   zahl                 A := zahl
    marke   .                       marke:   .
            .                                .
```

erweitert, in die immer nur die jeweilige Adresse der nächsten
Zahl und des Sprungziels eingesetzt werden müssen. Insbesonders,
wenn die Werte der Zahlenfolge auf aufeinanderfolgenden
Speicherzellen gespeichert sind, drängt sich der Wunsch auf,
diese immerwiederkehrende Befehlsfolge im Programm nur ein
einziges Mal anzugeben und in Form einer Schleife zu wiederholen.
In jedem Schleifendurchlauf muß allerdings die Adresse der
jeweiligen Zahl berechnet werden. Numeriert (indiziert) man die
einzelnen Zahlen

$$a_0,\ a_1,\ a_2,\ \ldots,\ a_n$$

so ist die Adresse einer beliebigen Zahl a_i gleich der Adresse
der ersten Zahl a_0 plus dem Index i. Da solche Zahlenfolgen -
sogenannte <u>Felder</u> (engl. array) - häufig verarbeitet werden,
ist es gerechtfertigt, die Hardware unseres Rechnermodells um
die Möglichkeit der Indizierung (Adressmodifikation) zu erweitern.
Am zweckmäßigsten ist es, den Index in einem der Arbeitsregister (Indexregister) zu speichern und vor der Adressauswertung zur im Befehl angegebenen Adresse zu addieren. Jenes
Register, welches als Indexregister benutzt wird, wird im Befehl
hinter dem Operanden in Klammern angegeben,

z.B.   CMP   A I   a (B)

Verzichtet man auf die Indizierung, so kann das Register L
als Indexregister angegeben werden - oder einfach der Operand
allein angeschrieben werden. In der binären Verschlüsselung
der Befehle muß ein weiterer Teil für die Nummer des Indexregisters (x) vorgesehen werden:

Op-Code	R	D/I	x	Adresse

Im Falle einer <u>indirekten Adressierung</u> wird die angegebene
Adresse des Operanden um den Inhalt des Indexregisters erhöht.
Wendet man diese Modifikation des Adressteiles konsequent auch
für <u>direkte Adressierung</u> an, so würde das bedeuten, daß der
Operand selbst um den Inhalt des Indexregisters erhöht wird.
Dadurch wird es aber gleichzeitig möglich, den Operand selbst
im Indexregister zu halten falls der Adressteil Null enthält.
Der Befehl

        MPY   A D   0 (C)

zum Beispiel bewirkt die Multiplikation B := B*C
(siehe Beispiel n!), während

        CLA   A D   (B)

den Inhalt von Register B in das Register A überträgt (die
Null kann im symbolischen Befehlscode weggelassen werden).

Unter Verwendung eines Indexregisters (B) kann die Berechnung
des Maximums einer Zahlenfolge auf folgende Weise programmiert
werden:

```
      CLA   A I   a              A := a₀
      CLA   B D   1              B := 1
      JMP   L D   test           goto test
again CMP   A I   a(B)     again: if A ≥ a_B
      JGE   L D   p              then goto p
      CLA   A I   a(B)           A := a_B
   p  ADD   B D   1          p:  B := B + 1
test  CMP   B I   n         test: if B ≤ n
      JLE   L D   again           then goto again
      STO   A I   max           max := A
      STP
```

In diesem Programm wird vorausgesetzt, daß die Zahlenfolge
a_0, a_1, ..., a_n in n+1 aufeinanderfolgenden Speicherzellen
gespeichert ist, deren erste die symbolische Adresse a hat.

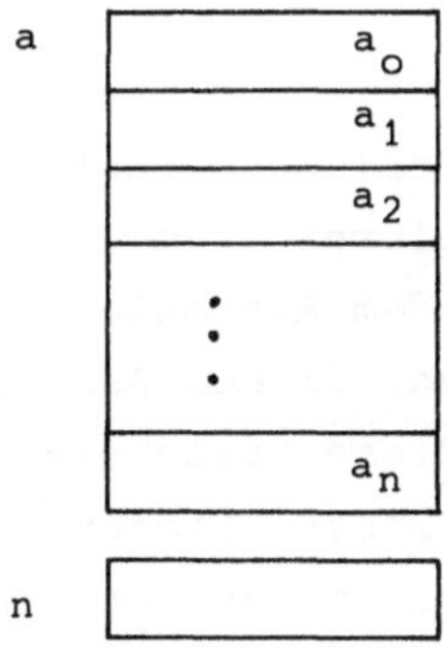

Weiters wird angenommen, daß der Wert des größten Index n
ebenfalls in einer Speicherzelle mit der symbolischen Adresse
n gespeichert ist.

A 1.5.6 ASSEMBLERANWEISUNGEN

Bevor ein solches Programm in den Speicher geladen wird, muß
es - vorerst händisch vom sogenannten <u>Assembler</u> - von der
symbolischen in die binärverschlüsselte Form gebracht werden.
Die symbolische Form wird als <u>Assemblerprogramm</u>, die binärverschlüsselte als <u>Maschinenprogramm</u> bezeichnet. Bei diesem
Vorgang der <u>Assemblierung</u> müssen die folgenden Schritte
durchgeführt werden:

* Umwandlung des symbolischen (mnemotechnischen)
  Operationscodes in die Binärverschlüsselung.

* Umwandlung der Registerbezeichnungen in die
  entsprechenden Registernummern (dual).

* Setzen des D/I - Bits.

* Umwandlung von dezimalen Konstanten in das Dualsystem.

* Zuweisung der Variablen an bestimmte Speicherzellen
  (Adressen).

* Umwandlung der symbolischen Adressen in die Adressen
  (dual) jener Speicherzellen, in die die entsprechenden
  Programmbefehle oder Daten (Variable) geladen werden.

Insbesonders die beiden letzten Punkte verdienen genauere
Betrachtung. Während symbolische Programmadressen (Sprungziele)
am linken Rand des Assemblerprogramms definiert sind, ist es
bei den Daten vorderhand dem Assembler überlassen, welche
Adressen zugeordnet werden. Um dem Assembler nun genaue Anweisungen zu geben, wie diese Speicherzuordnung erfolgen soll,
können zusätzlich zu den Instruktionen in das Programm sogenannte <u>Assembleranweisungen</u> eingefügt werden. Diese werden <u>nicht</u>
in das Maschinenprogramm übersetzt sondern dienen ausschließlich
zur Steuerung der Assemblierung. Aus Gründen der Einheitlichkeit
haben Assembleranweisungen eine ähnliche Form wie die Instruktionen.

Zur Reservierung eines ganzen Blockes von k aufeinanderfolgenden Speicherzellen dient eine Assembleranweisung der Form

        a   BSS   k

Diese Anweisung hat ebenso wie eine Assemblerinstruktion einen
aus drei Buchstaben gebildeten mnemotechnischen Code (BSS =
Block Starting Symbol). Links daneben kann - ebenso wie vor
Instruktionen - ein symbolischer Adressname a stehen. Der
Operand k ist eine dezimale Konstante, die angibt, wieviele
aufeinanderfolgende Speicherzellen reserviert werden sollen.
Der ersten Adresse wird der angegebene symbolische Name zuge-
ordnet.

z.B.   feld   BSS   5

reserviert 5 aufeinanderfolgende Speicherzellen.

            feld

Mit Hilfe von BSS 1 können auch einzelne Speicherzellen reserviert werden. Häufig wünscht man jedoch eine zusätzliche
Anfangswertzuweisung (Initialisierung) dieser Speicherzelle,
so daß zu diesem Zweck eine weitere Assembleranweisung eingeführt wird:

        a   DEC   k

Durch diese Anweisung (DEC = Define Constant) wird eine einzige
Speicherzelle mit der symbolischen Adresse a reserviert und mit
der dezimalen Konstanten k initialisiert.

Das vorige Programm kann somit durch die folgenden Assembleranweisungen ergänzt werden (die Zahlenfolge soll aus $n = 16$

Elementen bestehen):

```
  a     BSS     16
  n     DEC     15
max     BSS      1
```

Diese Anweisungen zur Speicherzuordnung werden am günstigsten
nach dem STP-Befehl an das Assemblerprogramm angefügt.
Dadurch wird bewirkt, daß zuerst das Programm und im Anschluß
daran die Daten in den Speicher geladen werden. Der STP-Befehl
stellt sicher, daß der Inhalt der Datenspeicherzellen bei der
Ausführung des Programms nicht irrtümlich als Instruktionen
interpretiert wird.

Um das Ende eines Assemblerprogramms klar zu kennzeichnen,
wird eine weitere Assembleranweisung

```
      END
```

eingeführt. Diese END-Anweisung hat gänzlich andere Bedeutung
als der STP-Befehl. Während der STP-Befehl eine Instruktion
darstellt, die den dynamischen Programmablauf beendet, kenn-
zeichnet die END-Anweisung dem Assembler das statische Ende
des Programms.

Beispiel: **Berechnung des Polynomwertes** $y = \sum\limits_{i=0}^{n} a_i x^i$

Um zur Auswertung des Polynoms

$$\sum_{i=0}^{n} a_i x^i = a_0 + a_1 x + a_2 x^2 + \ldots + a_n x^n$$

die Berechnung der Potenzen von x zu vermeiden, kann das Polynom
in der Form

$$\sum_{i=0}^{n} a_i x^i = (\ldots (a_n x + a_{n-1})x + \ldots + a_1)x + a_0$$

berechnet werden. Der Algorithmus zur Auswertung (HORNER-Schema)
lautet in symbolischer Form

```
C := n
B := a
     c
while C > 0
do begin
   B := B * x
   C := C - 1
   B := B + a
              c
   end
y   := B
```

Dabei werden die Register A und B für die Multiplikation mit x
und das Register C für den Index verwendet. Das zugehörige
Programm (für n = 20) lautet

```
        CLA  C  I  n              C := n
        CLA  B  I  a(c)           B := a
                                       c
        JMP  L  D  test           goto test
again   MPY  A  I  x       again: B := B * x
        SUB  C  D  1              C := C - 1
        ADD  B  I  a(c)           B := B + a
                                           c
test    CMP  C  D  0        test:if C > 0
        JGT  L  D  again          then goto again
        STO  B  I  y              y := B
        STP
   a    BSS        21
   n    DEC        20
   x    BSS         1
   y    BSS         1
        END
```

Anmerkung: In diesem Beispiel wurde die symbolische Schreib-
            weise des Algorithmus nicht nur zur Erklärung,
            sondern auch zur Entwicklung des Assemblerprogramms
            benutzt - eine Vorgangsweise, die besonders bei
            umfangreichen Programmen empfehlenswert ist. Liegt
            der prinzipielle Programmablauf einmal fest, so
            erfordert die Umformung in das Assemblerprogramm
            sowie die nachfolgende Assemblierung keinen nennens-
            werten intellektuellen Aufwand mehr.

A 1.5.7 UNTERPROGRAMME

Beim Entwurf des Rechnermodells wurden die vier arithmetischen
Grundrechenoperationen in Form elektronischer Schaltungen
(Hardware) implementiert. Diese Vorgangsweise ist deswegen
gerechtfertigt, weil diese Operationen bei fast allen Anwendungen des Rechners benötigt werden. Für spezielle Anwendungen
werden jedoch oft weitere mathematische Funktionen - wie Quadratwurzel, Logarithmen, Winkelfunktionen, etc. - benötigt. Da für
unterschiedliche Anwendungen des Rechners jedoch nur spezielle
Funktionen benötigt werden, die Hardware des Rechners aber
universell konzipiert sein soll, werden diese Funktionen durch
Programme (Software) berechnet.

Beispiel: **Berechnung von** $\sqrt{a}$

Die Quadratwurzel einer Zahl kann nach dem NEWTON-Iterations-
verfahren auf folgende Weise berechnet werden. Aus einem
beliebigen positiven Näherungswert x (z.B. x = 1) wird ein
verbesserter Näherungswert $\bar{x}$ nach der Vorschrift

$$\bar{x} := (a \div x + x) \div 2$$

berechnet. Das Verfahren wird für $x := \bar{x}$ solange wiederholt
(iteriert), bis zweimal hintereinander dasselbe Ergebnis
berechnet wird. Der letzte Wert von x ist dann der ganzzahlige
Anteil von $\sqrt{a}$.

Der prinzipielle Programmablauf hat die Form

```
x̄ := 1
repeat x := x̄
       x̄ := (a ÷ x + x) ÷ 2
until  x = x̄
```

Verwendet man die Register A und B für die Berechnung der
verbesserten Näherung $\bar{x}$, so erhält man das folgende
Assemblerprogrammstück:

```
        CLA  B  D   1              B := 1
again   STO  B  I   x        again: x := B
        CLA  B  I   a              B := a
        DIV  A  I   x              B := B ÷ x
        ADD  B  I   x              B := B + x
        DIV  A  D   2              B := B ÷ 2
        CMP  B  I   x              if B ≠ x
        JNE  L  D   again          then goto again
```

Das Programm kann verbessert werden, wenn der Wert von x
statt in einer Speicherzelle in einem Register (z.B.
Register C) gespeichert wird. Das Programm hat dann die Form

```
        CLA  B  D   1              B := 1
again   CLA  C  D   (B)      again: C := B
        CLA  B  I   a              B := a
        DIV  A  D   (C)            B := B ÷ C
        ADD  B  D   (C)            B := B + C
        DIV  A  D   2              B := B ÷ 2
        CMP  B  D   (C)            if B ≠ C
        JNE  L  D   again          then goto again
```

Das Ergebnis der Berechnung ist in Register B gespeichert.

Soll innerhalb eines Programms die Quadratwurzel einer Zahl
berechnet werden, so genügt es, den soeben beschriebenen
Programmteil an die entsprechende Stelle des Programms einzu-
fügen. Falls die Quadratwurzel einer Zahl an mehreren Stellen
des Programms benötigt wird, so wäre eine mehrmalige Kopierung
dieses Programmteiles nötig. Wesentlich günstiger wäre es, den
Programmteil für die Quadratwurzel nur ein einziges Mal im
Speicher zu speichern und durch einen Sprungbefehl immer dann
anzuspringen, wenn die Quadratwurzel benötigt wird.

Einen solchen abgeschlossenen Programmteil bezeichnet man im
Gegensatz zum normalen Programm (Hauptprogramm) als Unterprogramm (engl. subroutine). Der Sprung zum Unterprogramm
wird als Unterprogrammaufruf (engl. subroutine-call), der
erste Befehl des Unterprogramms als Eingangsstelle (engl. entry)
der Sprungbefehl in das Hauptprogramm zurück, als Rücksprung
(engl. return) bezeichnet.

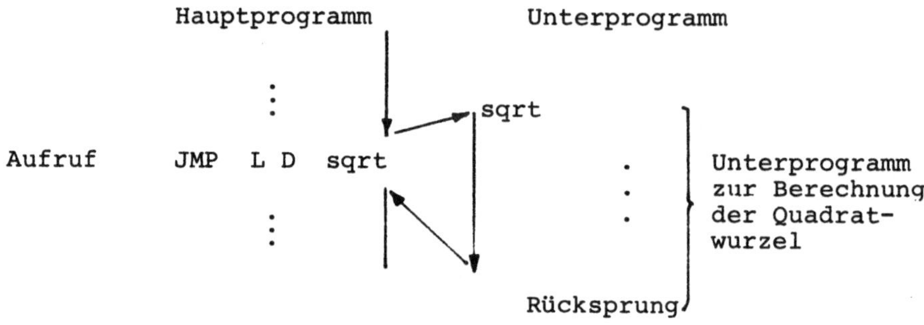

Eine Schwierigkeit besteht darin, daß nach Durchführung des
Unterprogramms das Hauptprogramm mit dem auf den Aufruf folgenden Befehl fortgesetzt werden soll. Erfolgt der Unterprogrammaufruf von mehreren Stellen des Hauptprogramms, so muß auch der
Rücksprung zu unterschiedlichen Stellen erfolgen.

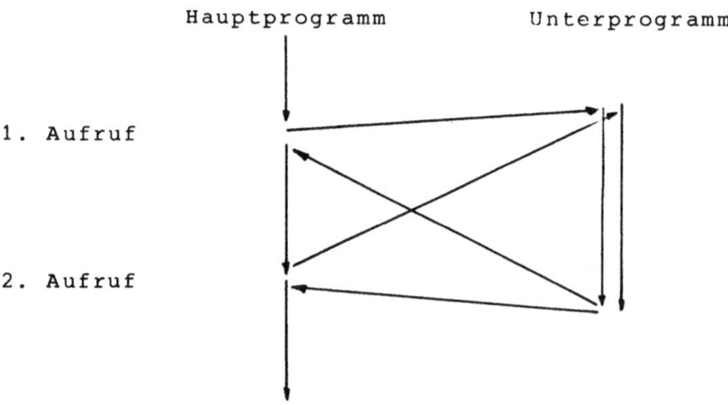

Damit im Unterprogramm das Rücksprungziel bekannt ist, muß
dieses vor jedem Unterprogrammaufruf abgespeichert werden. Die
Rücksprungadresse, das ist die Adresse des auf den Aufruf
folgenden Befehls, ist gleich dem Inhalt des Befehlszählers
vor dem Sprung in das Unterprogramm. Um die Abspeicherung des
Befehlszählers vor dem Sprung zu ermöglichen, wird die Wirkung
eines Sprungbefehls dahingehend erweitert, daß der Inhalt des
Befehlszählers, <u>nachdem</u> dieser um 1 erhöht wurde und <u>bevor</u>
er durch das Sprungziel überschrieben wird, auf jenes Register
übertragen wird, welches im Sprungbefehl angegeben ist. Wird
auf die Abspeicherung des Befehlszählers verzichtet, so kann
- wie bisher - das Register L angegeben werden.

Ein Unterprogrammaufruf zur Berechnung der Quadratwurzel kann
somit durch den Sprungbefehl

        JMP   G   D   sqrt

erfolgen. Der Name des Unterprogramms sqrt ist gleichzeitig
die symbolische Adresse des ersten Befehls im Unterprogramm.
Wird der Inhalt von Register G während der Durchführung des
Unterprogramms nicht verändert, so kann der Rücksprung zum
nächsten Befehl des Hauptprogramms durch

        JMP   L   D   (G)

erfolgen. (Eine Abspeicherung des Befehlszählers ist beim
Rücksprung aus einem Unterprogramm nicht erforderlich.)

Die Daten (Parameter), aus denen im Unterprogramm Ergebnisse
berechnet werden, sowie diese Ergebnisse selbst, können in
Registern enthalten sein, um das Unterprogramm möglichst
universell verwendbar zu machen.

<u>Beispiel</u>: Unterprogramm zur Berechnung von x^n

Die Berechnung von x^n kann im einfachsten Fall durch n-maliges
Multiplizieren mit x durchgeführt werden. Werden die Register A
und B für die Multiplikation, D für den Wert von x und F
für den Wert von n verwendet, so kann der Algorithmus folgendermaßen formuliert werden:

```
B := 1              power CLA  B  D  1        power: B := 1
while F > 0               JMP  L  D  test            goto test
do begin            again MPY  A  D  (D)      again: B := B*D
   B := B*D               SUB  F  D  1               F := F-1
   F := F-1         test  CMP  F  D  0        test:  if F > 0
   end                    JGT  L  D  again            then goto again
                          JMP  L  D  (G)              return
```

Für große Werte von n kann die Berechnung von x^n mit wesentlich
weniger als n Multiplikationen durchgeführt werden. Betrachtet
man zum Beispiel n = 6, so kann die Berechnung von x^6 durch

$$x^6 = x^4 * x^2$$
$$x^4 = x^2 * x^2$$
$$x^2 = x*x$$

durchgeführt werden. Es werden somit nur drei (anstelle von
sechs) Multiplikationen benötigt.

Allgemein kann dieser Algorithmus auf folgende Weise formuliert
werden:

Man berechne der Reihe nach die Potenzen x, x^2, x^4, x^8, ...
und multipliziere jene Potenzen auf, für die die Summe
der Exponenten n ergibt.

Es muß also n in die Potenzen von 2 zerlegt werden, was - ebenso
wie die Umwandlung von n in das duale Zahlensystem - durch fortlaufende Division durch zwei und Betrachtung der Reste durchgeführt werden kann. Ist der Rest 1, so ist die entsprechende
Potenz von 2 enthalten (Dualziffer L), ist der Rest 0, so ist
die Potenz nicht enthalten (Dualziffer Ø). Verwendet man wieder
die Register A und B für die Multiplikation., C und D für die
Berechnung der Potenzen von x und E und F für die Zerlegung von
n, so erhält man das folgende Programm:

```
B := 1                    power CLA B D 1      power: B := 1
while F > 0                     JMP L D test          goto test
do begin                  again DIV E D 2      again: F:=F÷2,E:= rest
    F :=F÷2, E:=Rest            CMP E D 0             if E = 0
    if E ≠ 0                    JEQ L D p             then goto p
    then B := B*D              MPY A D (D)           B := B*D
    D := D * D              p  MPY C D (D)      p:   D := D*D
    end                   test CMP F D 0       test: if F > 0
                               JGT L D again         then goto again
                               JMP L D (G)           return
```

Wie das Beispiel zeigt, stellen Unterprogramme ein wertvolles
Hilfsmittel bei der schrittweisen Programmentwicklung dar
- sie gestatten es, die Details in einem komplexen Algorithmus
von der groben Struktur zu lösen, indem diese in Unterprogrammen
vom Gesamtproblem (Hauptprogramm) getrennt, programmiert werden.
Immer wiederkehrende Aufgaben - wie etwa die Berechnung
mathematischer Funktionen - brauchen nur einmal als Unterprogramm programmiert zu werden und können in unterschiedlichen
Hauptprogrammen verwendet werden. Eine Sammlung solcher
Standard-Unterprogramme wird als Programmbibliothek bezeichnet.

Wird ein Unterprogramm von mehreren Stellen eines Hauptprogramms
aufgerufen, so ermöglicht die Unterprogrammtechnik in den
meisten Fällen eine Verringerung des Programmtextes und damit
des Speicherbedarfes für das Programm (das Unterprogramm
braucht nur einmal gespeichert zu werden). Die Rechenzeit wird
durch die Verwendung von Unterprogrammen nur unwesentlich
erhöht.

Soll von einem Unterprogramm up1 ein weiteres Unterprogramm up2 aufgerufen werden, so muß die Rücksprungadresse in das Hauptprogramm gerettet werden, bevor sie durch einen neuerlichen Unterprogrammaufruf überschrieben wird. Dadurch sind beliebig tiefe Schachtelungen von Unterprogrammen möglich.

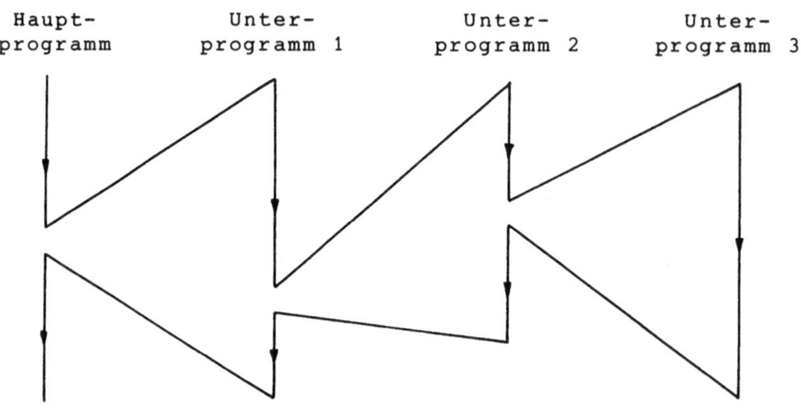

Interessant ist der Sonderfall, daß sich ein Unterprogramm selbst aufruft:

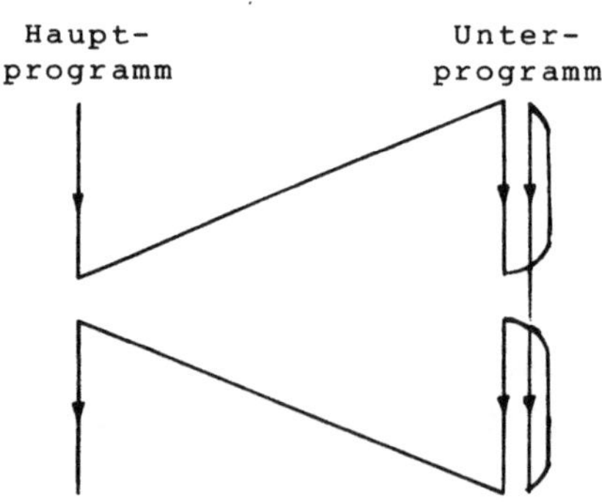

Solche sogenannten <u>rekursiven</u> Unterprogramme erlauben in bestimmten Fällen die Berechnung komplizierter Algorithmen

durch verblüffend einfache Programme. Selbstverständlich muß
bei der Programmierung rekursiver Unterprogramme streng darauf
geachtet werden, daß die rekursiven Aufrufe nicht endlos fort-
geführt werden, sondern abbrechen.
Eine Rekursion kann auch dadurch zustande kommen, daß sich
mehrere Unterprogramme zyklisch aufrufen:

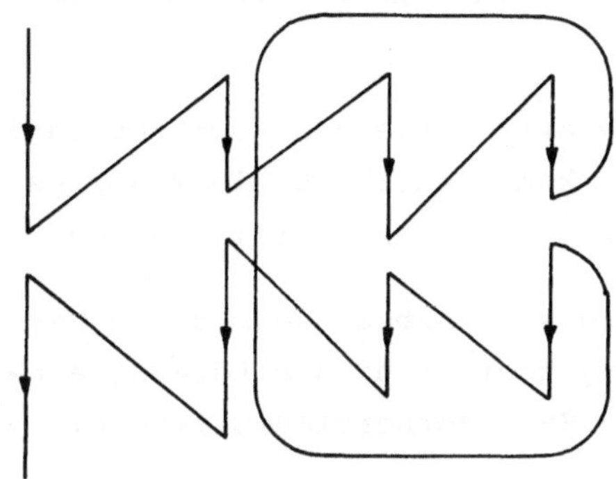

Mit Hilfe eines Sprungbefehls unter Abspeicherung des Befehlszählers können auch gleichberechtigte Programmteile- sogenannte
<u>Co-Routinen</u> - abwechselnd durchgeführt werden.

z.B.

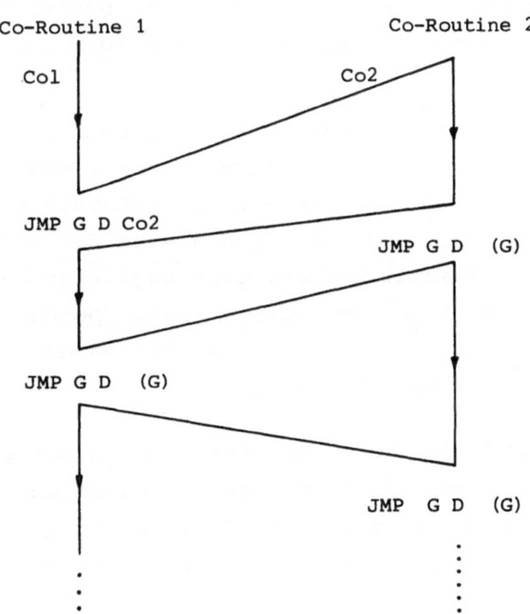

A 1.5.8 PROGRAMMUNTERBRECHUNGEN

Während des automatischen Programmablaufes können gewisse
Sonderfälle auftreten, die eine Fortsetzung des Programms in
Frage stellen und eine Unterbrechung des Programmablaufes
(engl. trap) notwendig machen. Solche Sonderfälle sind
zum Beispiel

* Überlauf nach arithmetischen Rechenoperationen
  (das Ergebnis kann innerhalb eines Wortes nicht
  dargestellt werden) oder Division durch Null.

* Ungültige Adresse (insbesonders durch Verwendung
  eines Indexregisters kann die Adresse eines Operanden
  außerhalb des Speicherbereiches liegen).

* Ungültige Operationsschlüssel (besonders,falls Daten
  fälschlich als Programmbefehle interpretiert werden,
  kann es zu völlig sinnlosen Befehlen kommen).

Auch Hardwarefehler oder Störungen und Meldungen von angeschlossenen Geräten können Programmunterbrechungen verursachen.
Solche Programmunterbrechungen von außen werden als <u>interrupt</u>
bezeichnet.

In vielen Fällen ist es notwendig, das Programm abzubrechen,
manchmal kann es aber auch wünschenswert sein, das Programm
nach Behandlung des Sonderfalles wieder fortzusetzen. Nach
einem Überlauf kann das Ergebnis etwa gleich der größten
darstellbaren Zahl gesetzt werden, eine ungültige Adresse kann
durch Ignorieren der führenden Bits (modulo Speicherkapazität)
abgeschnitten werden, etc. Gleichzeitig können Meldungen über
die Art des Fehlers ausgegeben werden.

In jedem Fall macht eine Programmunterbrechung die Durchführung
bestimmter Aktionen erforderlich, die am besten durch ein
eigenes Programmstück festgelegt werden, welches - ähnlich wie
ein Unterprogramm - beim Auftreten einer Unterbrechungsursache
ausgeführt wird. Der Aufruf dieses Programmstückes erfolgt
allerdings nicht durch einen programmierten Sprungbefehl, sondern
durch die Hardware, die die Programmunterbrechung einleitet.
Nach Behandlung der Programmunterbrechung soll es möglich sein,
das Programm mit dem nächsten Befehl fortzusetzen. Dazu ist es
notwendig, den <u>Programmstatus</u> - das sind die Inhalte sämtlicher

Arbeitsregister, Anzeigeregister, Befehlszähler, etc. - in
derselben Form wiederherzustellen, in der er vor Auftreten der
Unterbrechungsursache war.

Bei Eintritt einer Unterbrechungsursache muß daher der Programmstatus abgespeichert werden und zu einem Programmteil gesprungen
werden, der die weitere Behandlung der Programmunterbrechung
übernimmt. Soll danach das Programm wieder fortgesetzt werden,
so kann der ursprüngliche Programmstatus wiederhergestellt
werden. Während der Behandlung einer Programmunterbrechung
kann es notwendig sein, die Einleitung weiterer Programmunterbrechungen zu unterbinden, um rekursive Programmunterbrechungen
zu vermeiden.

Die Programmteile zur Behandlung von Programmunterbrechungen
müssen - unabhängig von den speziellen Benützerprogrammen -
ständig an einer bestimmten Stelle des Arbeitsspeichers geladen
sein. Sie dienen - sozusagen als Erweiterung der Hardware -
der internen Organisation des Computers und bilden einen
Bestandteil des sogenannten <u>Betriebssystems</u>. Das Betriebssystem umfaßt organisatorische Programme, die die Benutzung des
Computers vereinfachen. Es wird meist von der Herstellerfirma
gemeinsam mit der Computerhardware entwickelt und vertrieben.

A 2 HARDWARE

Prinzipiell zeigen fast alle Computer den folgenden Aufbau:

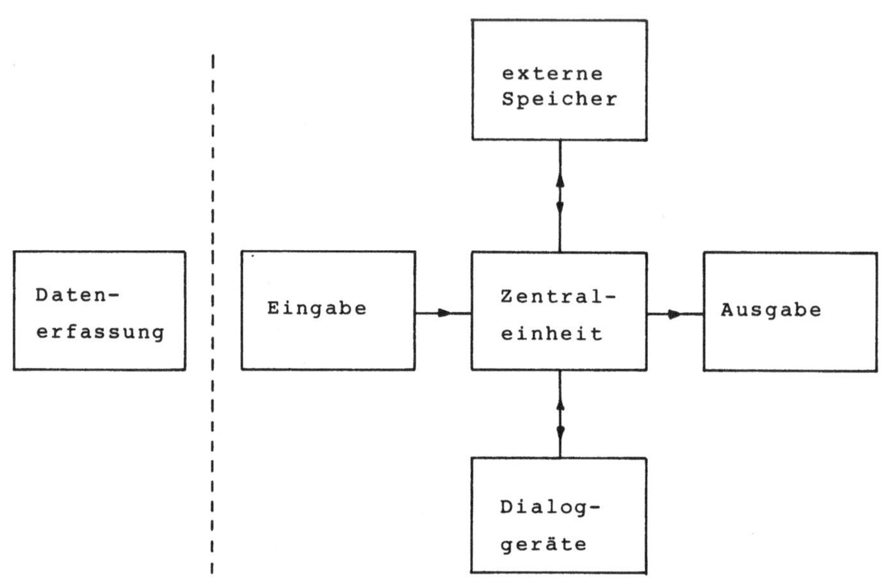

Die <u>Zentraleinheit</u> (engl. central processing unit, CPU) umfaßt
<u>Arbeitsspeicher</u>, <u>Steuerwerk</u> und <u>Rechenwerk</u> und bildet den
Computerkern. Steuerwerk und Rechenwerk werden oft gemeinsam
als <u>Prozessor</u> bezeichnet. Zur Kommunikation mit der Umwelt sind
<u>Eingabe-</u>, <u>Ausgabe-</u> und <u>Dialoggeräte</u> direkt mit der Zentralein-
heit verbunden. Zur Zwischenspeicherung großer Datenmengen sind
<u>externe Speicher</u> - ebenfalls direkt - an die Zentraleinheit
angeschlossen. Diese <u>peripheren Geräte</u> sind unmittelbar (über
Kabelverbindungen) mit der Zentraleinheit verbunden und werden
daher als <u>On-Line-Geräte</u> bezeichnet. Da die Eingabegeräte nur
maschinell lesbare Information verarbeiten können, dienen
<u>Datenerfassungsgeräte</u> zur Aufbereitung der Daten auf maschinell
lesbaren Datenträger. Da diese Geräte nicht mit der Zentraleinheit verbunden sind, werden sie als <u>Off-Line-</u> bzw. <u>Stand-
Alone</u>-Geräte bezeichnet.

A 2.1. ZENTRALEINHEIT

A 2.1.1   ARBEITSSPEICHER

Der Arbeitsspeicher (engl. storage, memory) dient zur Aufnahme
von Programm und Daten und soll daher große Kapazität haben.
Gleichzeitig fordert man eine hohe Zugriffsgeschwindigkeit
zu den einzelnen Speicherzellen. Eine Speicherzelle ist jene
adressierbare Einheit, die durch Angabe einer Adresse als
ganzes übertragen werden kann. Die Übertragung des Inhalts
einer Speicherzelle in den Prozessor wird als Lesen, die
Übertragung in umgekehrter Richtung als Schreiben bezeichnet.
Der Inhalt einer Speicherzelle wird nur beim Schreiben verändert,
bei einem Lesevorgang soll der Inhalt der gelesenen Speicherzelle unverändert bleiben.

Die Auswahl einer bestimmten Speicherzelle auf Grund ihrer
Adresse heißt Zugriff (engl. access). Eine Speicherzelle hat
meist dieselbe Anzahl von Bits wie ein Maschinenwort. (Typische
Wortlängen sind 16, 24, 32, 48, 60 Bit). Für numerische Berechnungen ist eine große Wortlänge wegen der damit verbundenen
höheren Genauigkeit der dargestellten Zahlen wünschenswert.
Um ein Zeichen (Buchstabe oder Ziffer, etc.) darzustellen,
genügen 6 bis 8 Bit. Um eine ökonomische Speicherung von Zeichen
zu ermöglichen, wird ein Wort häufig in mehrere kleinere Teile
unterteilt, die als Byte bezeichnet werden und die Speicherung
eines Zeichens ermöglichen.

z.B.

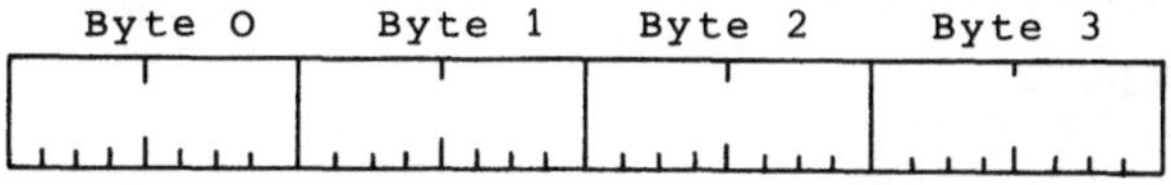

Um ein einzelnes Byte zu verarbeiten, erfolgt meist ein Speicherzugriff zum gesamten Wort, aus dem das gewünschte Byte unter
Angabe seiner Nummer herausgegriffen wird. Häufig werden die
einzelnen Bytes des Speichers getrennt adressiert, so daß die
letzten Bits einer Adresse die Nummer des Bytes und die führenden Bits die Nummer des Wortes angeben.

z.B.

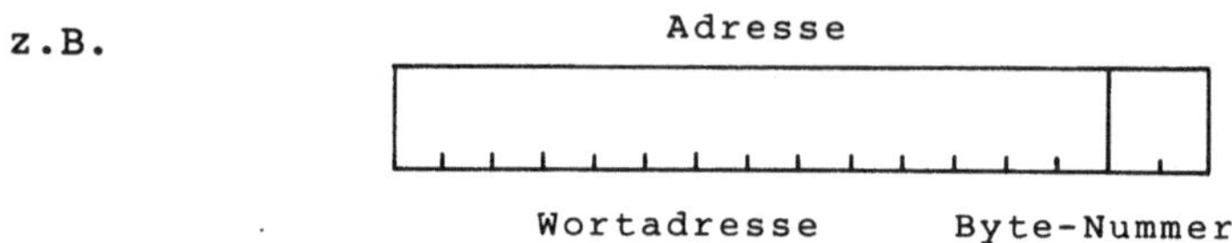

Die Kapazität des Arbeitsspeichers, das ist die Anzahl der
Speicherzellen, wird in Worten oder Bytes angegeben und ist
aus Gründen des technischen Aufbaus und der leichteren
Adressierbarkeit meist eine Zweierpotenz. Als Abkürzung wird
häufig der Buchstabe k (Kilo) für den Faktor 1000 beziehungsweise K für den Faktor 1024 = 2^{10} und M (Mega) für den Faktor
2^{20} ($\sim$1 Million) verwendet.

z.B.

16 384 Bytes	=	16 KB	$\sim$	16 kB
32 768 Bytes	=	32 KB	$\sim$	32 kB
65 536 Bytes	=	64 KB	$\sim$	65 kB
131 072 Bytes	=	128 KB	$\sim$	131 kB
262 144 Bytes	=	256 KB	$\sim$	262 kB

Die folgenden Angaben erlauben einen groben Vergleich der
Speicherkapazität

Schreibmaschinenseite	$2*10^3$	Zeichen
Buch (300 Seiten)	10^6	Zeichen
Wiener Telefonbuch (Namensverzeichnis)	$20*10^6$	Zeichen
Großcomputer (CDC Cyber 74 Arbeitsspeicher)	10^6	Zeichen

Große Speicherkapazitäten bringen den Nachteil langer Adressen
mit sich, wodurch jeder einzelne Befehl und damit das ganze
Programm wieder mehr Speicherplatz benötigt (zur Adressierung
von 64 KB sind bereits 16 Bit-Adressen nötig). Um den Adressteil im Befehl möglichst kurz zu halten, kann man sich eines
zusätzlichen Registers - des <u>Basisadressregisters</u> - bedienen,
dessen Inhalt - ähnlich dem Inhalt eines Indexregisters - vor
Auswertung einer Adresse zur angegebenen Adresse addiert wird.

In einzelnen Programmsegmenten können die Adressen dann relativ
(z.B. bezüglich des Anfangs des jeweiligen Segmentes) angegeben
werden. Vor Durchführung dieses Programmsegmentes wird die
Basisadresse (Anfangsadresse) in das Basisadressregister geladen. Bei jedem Speicherzugriff wird die tatsächliche (absolute)
Adresse als Summe der relativen Adresse plus Basisadresse berechnet. (Ein weiterer Vorteil dieser Methode liegt darin, daß
zum Zeitpunkt der Assemblierung noch nicht festgelegt werden
muß, auf welchen Bereich des Speichers das Programmsegment mit
den Daten tatsächlich geladen wird).

Um die Absicherung gegen Hardwarefehler zu erreichen, wird pro
Speicherzelle (Wort oder Byte) ein zusätzliches <u>Prüfbit</u>
(Paritybit) gespeichert. Dieses Prüfbit wird bei jedem Schreibvorgang automatisch so gesetzt, daß die Anzahl der gespeicherten
Einsen ungerade wird (ungerade Parität), dadurch wird erreicht,
daß mindestens ein Bit Eins gesetzt ist. Bei jedem Lesevorgang
wird durch die Hardware überprüft, ob das Prüfbit richtig gesetzt war. Ist das nicht der Fall, so liegt ein Paritätsfehler
vor, der z.B. eine Programmunterbrechung einleiten kann.

<u>Anmerkung</u>:

Das Prüfbit wird so gesetzt, daß eine Störung eines einzelnen Bits erkannt
werden kann. Die Überprüfung der Antivalenz der einzelnen Bits gewährleistet
die Erkennung eines solchen Fehlers, da das Ergebnis der Antivalenz mit jeder
Änderung eines einzelnen Bits seinen Wert ändert. Die Antivalenz aller Bits
kann auch als Ziffernsumme der dargestellten Dualzahl modulo 2 interpretiert
werden. Liefert die Antivalenz als Ergebnis L, so ist auch die Anzahl der
verknüpften Einsen ungerade.

Um Teile des Speichers gegen unbefugtes Lesen oder Schreiben
abzusichern, können diese geschützten Teile mit einer Lese-
und/oder Schreibsperre versehen werden. Ein unbefugter Zugriff
zu solchen Speicherbereichen kann ebenfalls eine Programmunterbrechung auslösen.

Speicher, die sowohl gelesen als auch beschrieben werden können, bezeichnet man als RAM (random access memory), Festspeicher, deren Inhalt nur gelesen, jedoch nicht verändert werden kann, als ROM (read only memory).

Der Speicherinhalt eines ROM's wird bereits bei der Herstellung festgelegt. Bei sogenannten PROM's (programmierbare ROM's) kann der Speicherinhalt nach der Herstellung 'eingebrannt' werden, während bei EPROM's (erasable programmable read only memory) auch ein Löschen des gesamten Speicherinhaltes mittels UV-Licht oder hoher Spannung und anschließendes Schreiben möglich ist.

Die Zeit, die für die Ansteuerung (Adressierung) und Übertragung des Speicherinhaltes benötigt wird, wird als Zugriffszeit bezeichnet. Die minimale Zeitdifferenz zwischen zwei aufeinanderfolgenden Speicherzugriffen heißt Zykluszeit.

Als Maß für die Betriebssicherheit eines Arbeitsspeichers dient die mittlere fehlerfreie Zeit (engl. mean time between failure MTBF).

Mit fortschreitender Entwicklung der MOS-Technik (Schichtfolge Metall-Oxyd-Semiconductor) haben Halbleiterspeicher an Bedeutung gewonnen. Auf einem Speicherbaustein (Chip) von 12 mm^2 lassen sich 256 k Bit samt zugehöriger Ansteuerung (Decodierung) unterbringen. Halbleiterspeicher bieten den Vorteil eines nicht zerstörenden Lesens, so daß die Zykluszeit annähernd gleich der Zugriffszeit ist. Mit bipolaren Halbleiterspeichern lassen sich Zykluszeiten unter 30 ns erreichen, durchschnittliche Zykluszeiten liegen zwischen 100 und 300 ns.

A 2.1.2 PROZESSOR

Rechenwerk (engl. arithmetic unit) und Steuerwerk (engl.control unit) werden gemeinsam als Prozessor bezeichnet. Während das Steuerwerk zur Steuerung des Instruktionsablaufes dient, werden die Instruktionen selbst im Rechenwerk ausgeführt. Da beide Funktionen jedoch sehr verflochten sind, sollen Rechen- und Steuerwerk hier gemeinsam besprochen werden.

Die Durchführung jeder Instruktion kann in eine Folge von Einzelschritten zerlegt werden, die - ähnlich einem ganzen Programm - aufeinanderfolgend durchgeführt werden (man denke etwa an eine Multiplikation oder Division). Ein solcher Einzelschritt wird als Mikrobefehl, die zu einer Instruktion gehörige Mikrobefehlsfolge als Mikroprogramm bezeichnet. Um den Hardwareaufbau zu vereinfachen, können die zu den einzelnen Instruktionen gehörigen Mikroprogramme in einem schnellen Festspeicher (Read-Only-Memory, ROM) gespeichert werden. Bei der Durchführung einer Instruktion werden dann die entsprechenden Mikrobefehle aus dem Festspeicher gelesen und ausgeführt. Festspeicher für Mikroprogramme haben eine Kapazität von 10^3 bis 10^5 bit und Zykluszeiten unter 30 ns.

Die Steuerung des Instruktionsablaufes durch ein Mikroprogramm bietet den Vorteil, daß durch ein- und dieselbe Hardware ein anwendungsspezifisch unterschiedlicher Instruktionssatz implementiert werden kann, wenn nur das richtige Mikroprogramm "eingeschaltet" ist. Tatsächlich werden die Mikroprogrammspeicher oft auswechselbar ausgeführt. Dadurch besteht unter anderem die Möglichkeit, auf einer Rechenanlage eine andere Hardware zu simulieren (z.B. bei Umstellung von einer Anlage auf eine andere).

Da eine Steigerung der Rechengeschwindigkeit - die Zeitdauer der Ausführung eines Befehls liegt im Mikrosekundenbereich - technologisch nur schwer möglich ist, versucht man möglichst viele Einzelschritte zeitlich zu überlappen. Auf unterster Ebene ist ein solches Überlappen (engl. interleave) zwischen Instruktions- und Ausführungszyklus der Instruktionen möglich.

Anstatt Instruktions- und Ausführungszyklus zeitlich aufeinander-
folgen zu lassen, kann der Instruktionszyklus der nächsten
Instruktion bereits begonnen werden, während die vorhergehende
Instruktion ausgeführt wird.

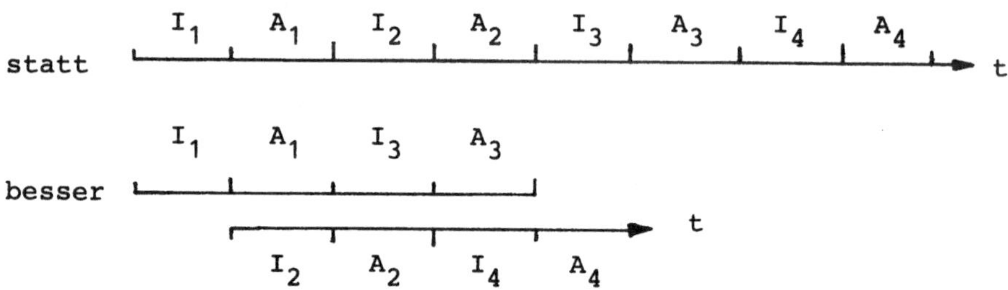

Da für jeden Instruktionszyklus und für viele Ausführungszyklen
ein Speicherzugriff nötig ist, bildet die Zykluszeit des Arbeitsspeichers eine Grenze für eine weitere Erhöhung der Rechengeschwindigkeit. Durch Aufteilung des Arbeitsspeichers in mehrere
<u>Speicherbänke</u> mit getrennter Adressiereinrichtung können auch
die Speicherzugriffe überlappt werden. Verwendet man zum Beispiel
eine Speicherbank für gerade und eine für ungerade Adressen,
so ist die Wahrscheinlichkeit groß, daß aufeinanderfolgende
Speicherzugriffe zu unterschiedlichen Speicherblöcken erfolgen.

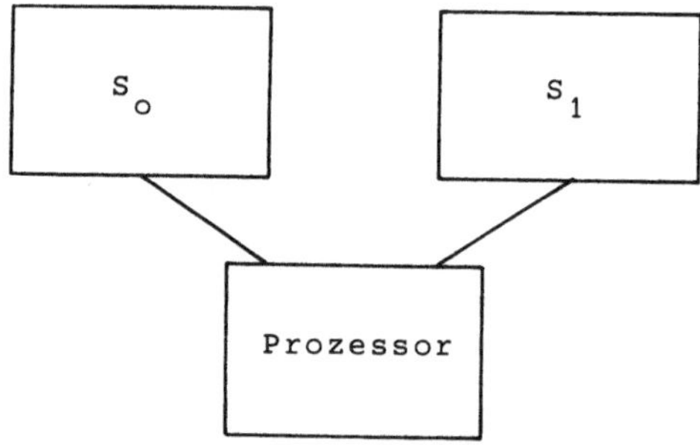

Man nennt diese Art der Speicheraufteilung <u>verschränkter Speicher</u>.
Die Ansteuerung der Speicherbank kann auf Grund des letzten Bits
der Wortadresse erfolgen.

Da hohe Speicherkapazität und kurze Zykluszeit antinomische
Zielsetzungen sind, besteht eine andere Möglichkeit zur Erhöhung
der Rechengeschwindigkeit in der Verwendung von Speicherhierar-
chien. (Eine rudimentäre Form einer Speicherhierarchie besteht
bereits in der Verwendung weniger schneller Register und eines
großen - vergleichsweise langsamen - Arbeitsspeichers). Man kann
nun eine zusätzliche Speicherebene - das sogenannte <u>Cache-Register</u>
- einführen, die eine Kopie jenes Teils des Arbeitsspeichers
enthält, der gerade benötigt wird. Da sowohl die Zugriffe für
Instruktionen (engl. instruction fetch) als auch die Zugriffe
zu Daten innerhalb einer kurzen Zeitspanne meist nur einen
kleinen Bereich des Arbeitsspeichers betreffen, ist es gerechtfertigt, eine Kopie dieses Speicherbereiches in das schnelle
Cache-Register zu laden und alle weiteren Zugriffe nur in
diesem Cache-Register durchzuführen. Wird ein Zugriff zu einer
Speicherzelle außerhalb des Cache-Registers benötigt, so muß
dieses neu geladen werden. Da das Cache-Register nur wesentlich
geringere Kapazität hat als der gesamte Arbeitsspeicher, erfolgt
der Zugriff zum Cache-Register wesentlich rascher. Die Übertragung des gesamten Cache-Register-Inhaltes vom und zum
Arbeitsspeicher erfolgt in einem Zug und daher ebenfalls rasch.

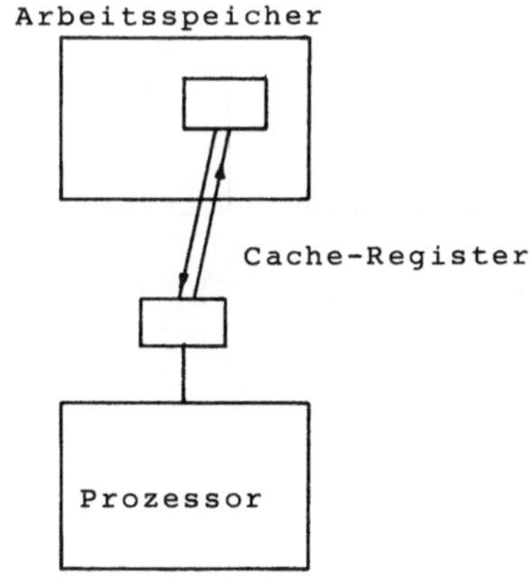

<u>Anmerkung:</u>

Ein ähnliches Prinzip der Speicherhierarchie verwendet das menschliche Gehirn.
Ein Kurzzeitgedächtnis mit einer Kapazität von $10^2 - 10^3$ bit gestattet die
kurzfristige Speicherung der gerade aktuellen Information. Nach wiederholter
Speicherung im Kurzzeitgedächtnis kann Information ins Langzeitgedächtnis
übertragen werden. Dieses hat eine wesentlich höhere Kapazität (10^{12} bit)
und dafür langsamere Zugriffszeit (10^{-1}s). Die Zugriffszeit hängt stark von
der Häufigkeit eines Zugriffs ab. Der Zugriff erfolgt assoziativ durch
Vergleich mit dem Inhalt des Kurzzeitgedächtnisses. Die Speicherdichte im
Langzeitgedächtnis beträgt 10^6 bit/mm^3, die hohe Lesegeschwindigkeit von
10^7 bit/s wird hauptsächlich zur Regelung der Körperfunktion benötigt.

Falls die Zykluszeit des Arbeitsspeichers durch solche organisatorische Maßnahmen keinen Engpaß für die Rechengeschwindigkeit
darstellt, können an einen Arbeitsspeicher mehrere Prozessoren
angeschlossen werden. Dadurch können mehrere Programme oder
Teile ein und desselben Programms gleichzeitig ausgeführt
werden (<u>Multiprocessing</u>).

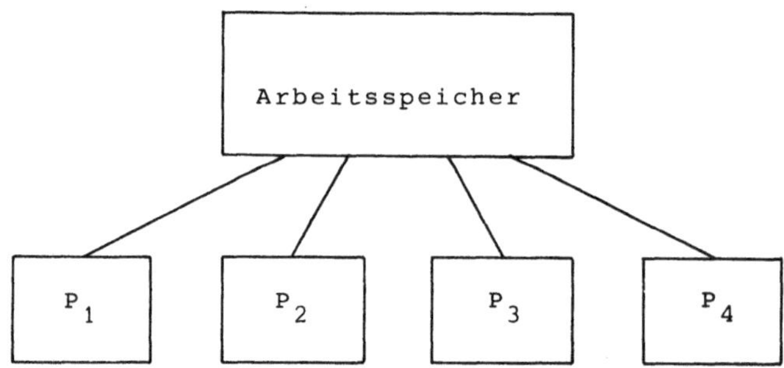

A 2.1.3 MIKROPROZESSOR

Bei Mikroprozessoren sind Rechen-, Steuerwerk und Mikroprogrammspeicher auf einem einzigen Chip integriert. Gelegentlich sind
auf diesem Chip sogar Speicherbausteine und Ein-/Ausgabeports
vorhanden.

Der interne Informationsaustausch erfolgt mittels eines <u>Bus-
systems</u>, wobei zwischen Datenbus (zur bitparallelen Übertragung eines Datenwortes), Adressbus (zur Auswahl der gewünschten
Speicherzelle) und Steuerbus (zur Übermittlung von Signalen)
unterschieden wird.

Der Anschluß peripherer Geräte erfolgt über sogenannte <u>Ports</u>,
die durch <u>Interfaces</u> an das Bussystem angeschlossen sind. Das
folgende Bild zeigt den Aufbau eines typischen Mikroprozessor-
systems.

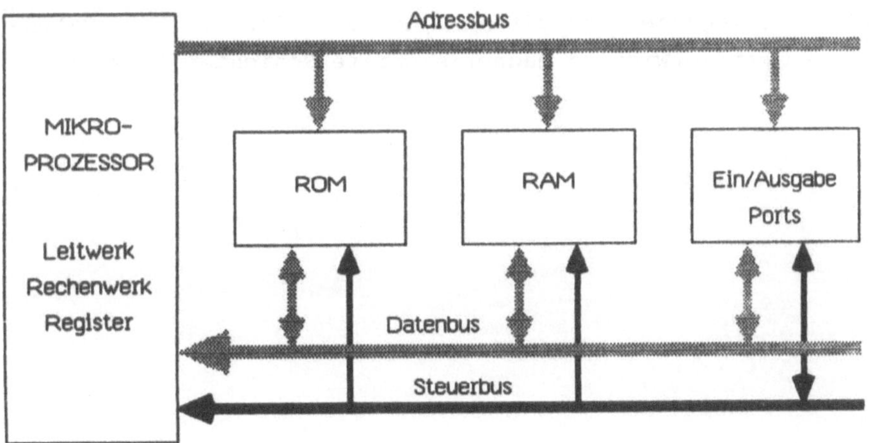

Typische Mikroprozessoren haben eine Wortlänge von 8 Bit
(z.B. Z-80 von Zilog oder 6502 von Rockwell), 16 Bit (z.B.
Intel 8086 oder Motorola 68 000) oder 32 Bit.

Mikroprozessoren werden in der Meß- und Regeltechnik, zur
Steuerung technischer Anlagen oder - ergänzt durch entsprechen-
de periphere Geräte - zum Aufbau von Kleincomputern verwendet.
Auch zur Steuerung peripherer Geräte selbst (z.B. Drucker,
Bildschirm) werden Mikroprozessoren eingesetzt.

A 2.2   EXTERNE SPEICHER

Da der Inhalt des Arbeitsspeichers bei Spannungsabfall verloren-
geht und die Kosten für Halbleiterspeicher relativ hoch sind,
verwendet man für die langfristige Speicherung größerer Datenmengen externe Speicher. Diese bilden eine weitere Stufe in
der Speicherhierarchie und umfassen Kapazitäten von 10^5 bis
10^9 Byte bei Zugriffszeiten von 1 ms bis 100 s.

Meist sind zum Zugriff zu einem bestimmten Datenelement mechanische Bewegungen des Datenträgers erforderlich. Als Datenträger kommen vorwiegend magnetisierbare Schichten in Frage.

A 2.2.1 MAGNETBANDSPEICHER

Als Datenträger wird ein Kunststoffband (38 µm stark) mit
magnetisierbarer Schicht (15 µm stark) mit einer Breite von
1/2 Zoll (12,7 mm) verwendet, das auf Spulen zu 2400 Fuß (730 m),
1200 Fuß (365 m) bzw. 300 Fuß (91 m) gewickelt ist. Zum Auf-
zeichnen und Lesen der Information wird das Band in Längs-
richtung an 9 nebeneinanderliegenden Schreib- bzw. Leseköpfen
vorbeigeführt.

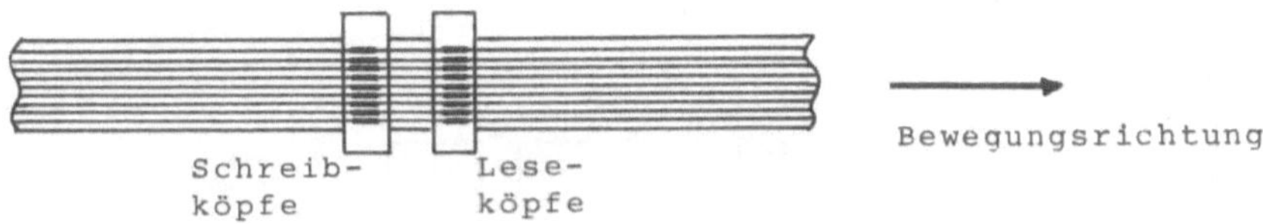

Entsprechend den 9 Schreibköpfen wird das Band (engl. tape)
in 9 Spuren (engl. track) beschrieben, wodurch jeweils ein Byte
(8 Bit + 1 Prüfbit) gleichzeitig aufgezeichnet wird. Die Aufzeichnung erfolgt blockweise im Start-Stop-Prinzip, das heißt
das stillstehende Band wird vor der Aufzeichnung auf die
konstante Lese/Schreibgeschwindigkeit von 200 Zoll/s (5 m/s)
beschleunigt, dann erfolgt die Aufzeichnung einer zusammenge-
hörigen Datenmenge (Block), und danach wird das Band wieder
abgebremst.

Durch das Beschleunigen und Abbremsen am Beginn und am Ende
jedes Blockes entstehen informationslose Blockzwischenräume
(engl. gap) zwischen den Blöcken.

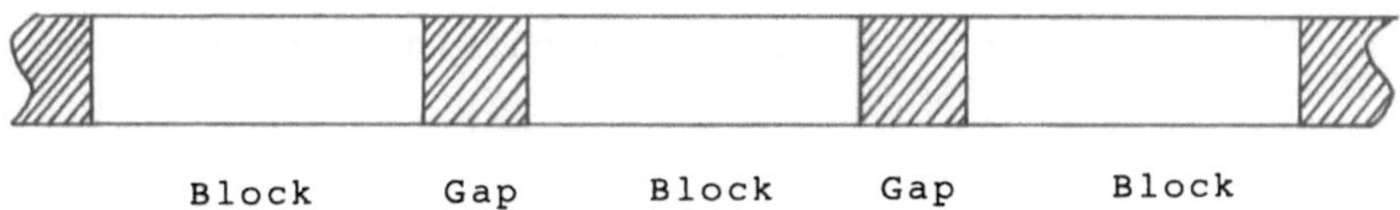

Ein Block besteht aus 9 bis 2400 Zeichen. Mit den üblichen
Zeichendichten von 800 Byte/Zoll (800 bpi entspricht
32 Zeichen/mm) beziehungsweise 1600 Byte/Zoll (64 Zeichen/mm)
ist die maximale Blocklänge 3 bis 1,5 Zoll. Der Blockzwischenraum beträgt 15 mm, die Start-Stop-Zeit 10 ms.

Innerhalb einer Spur wird die Information durch Wechsel der
Magnetisierungsrichtung aufgezeichnet. Bei der <u>Wechselschrift</u>
(Nonreturn to Zero, NRZ) wird jede binäre Eins durch einen
Magnetisierungswechsel dargestellt.

z.B.

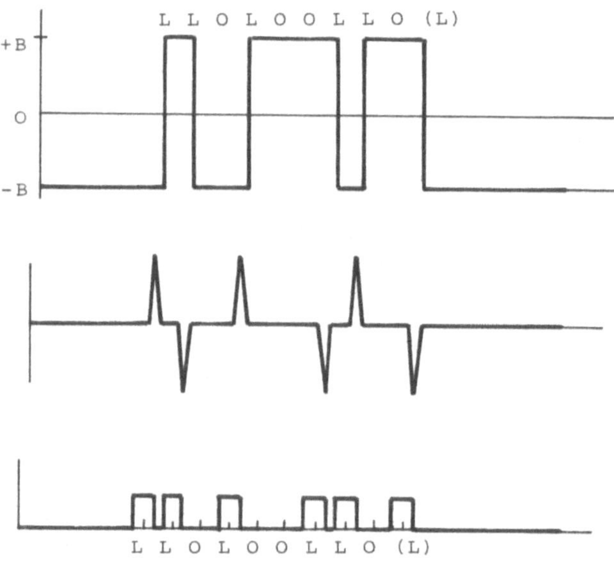

Wird das Band beim Lesen am Lesekopf vorbeibewegt, so wird
in diesem bei jedem Magnetisierungswechsel ein Spannungsimpuls
induziert, der nach Gleichrichtung und Regenerierung weiterverarbeitet werden kann. Da bei der Wechselschrift eine binäre

Null durch einen fehlenden Magnetisierungswechsel dargestellt
ist, muß die Position der einzelnen Zeichen durch einen Takt
festgelegt werden. Um eine eigene Taktspur zu vermeiden, wird
gefordert, daß pro Zeichen mindestens ein Magnetisierungswechsel
(d.h. mindestens eine binäre Eins) auftritt, der den Takt aus-
löst. Diese Forderung wird durch die ungerade Parität (Anzahl der
Einsen ungerade) des Prüfbits pro Zeichen erfüllt. Dieses Prüfbit wird bei Bandaufzeichnungen auch als Querparität (engl.
vertical redundancy check) bezeichnet. Um am Ende eines Blockes
die gleiche Magnetisierungspolarität wie am Anfang zu erreichen,
muß die Anzahl der Magnetisierungswechsel pro Spur durch ein
zusätzliches Zeichen am Ende des Blockes geradzahlig gemacht
werden. Dieses Zeichen wird als Längsparität (engl.longitudinal
redundancy check character) bezeichnet. Es stellt sicher, daß
die Anzahl der Einsen jeder Spur eines Blockes geradzahlig ist
und kann ebenso wie das Querparitätsbit zur Überprüfung von
Aufzeichnungsfehlern herangezogen werden. Ein einfacher Fehler
(ein einziges Bit gestört) kann durch die Quer- und Längs-
paritätskontrolle sogar lokalisiert und damit korrigiert werden.

Ein anderes Aufzeichnungsverfahren, die Richtungstaktschrift
(Phase Encoding, PE), verwendet für jedes Bit einen Magnetisierungswechsel

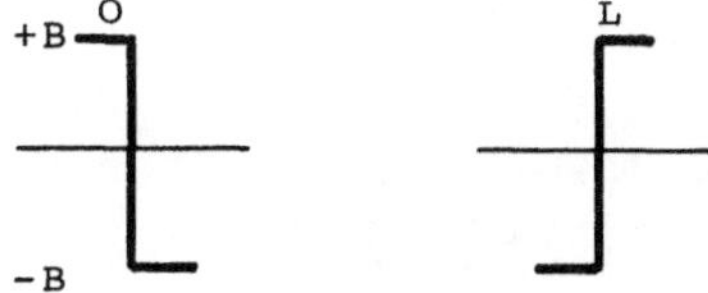

und ist daher auf Kosten einer höheren Anzahl von Magnetisierungswechseln für jede einzelne Spur selbsttaktierend.

z.B.

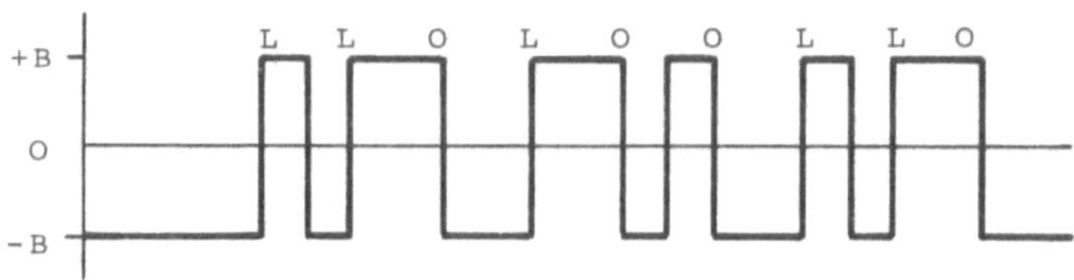

Folgen mehrere Nullen oder Einsen aufeinander, so sind zusätzliche
Hilfsmagnetisierungswechsel erforderlich, die beim Lesen durch
einen Taktimpuls ausgeblendet werden müssen. Dieser Takt wird
von einem Schwungrad-Oszillator generiert, der durch eine Folge
von zusätzlichen Magnetisierungswechseln am Beginn jedes Blockes
in Schwung gebracht und durch die weiteren Magnetisierungswechsel
(unabhängig von der Bandgeschwindigkeit) synchronisiert wird.

Um das Magnetband in möglichst kurzer Zeit auf die konstante
Lese/Schreibgeschwindigkeit beschleunigen und wieder abbremsen
zu können, ist der Transport des Bandes vom Wickelmechanismus
der Spulen getrennt.

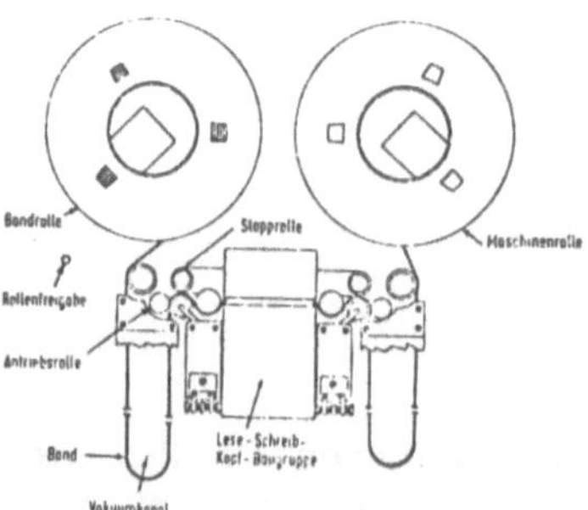

Vor und hinter den Lese/Schreibköpfen wird eine Bandschlaufe
erzeugt, deren Länge durch eine elektronische Abtastvorrichtung
reguliert wird. Beim Lesen oder Schreiben eines Blockes braucht
daher nur der zwischen den Schlaufen liegende Teil des Bandes
beschleunigt zu werden. Ein Unterdruck im unteren Teil der
pneumatischen Pufferkammer bewirkt die notwendige Spannung der
Bandschlaufe. Auch das Andrücken des Bandes an die Transport-
rollen kann pneumatisch erfolgen.

Das Magnetband wird immer von einer auswechselbaren Spule auf
eine fest montierte Leerspule gewickelt. Nach der Verarbeitung
muß das Bank zurückgespult werden. Der Anfang (Ladepunkt) und
das Ende des Magnetbandes sind durch reflektierende Marken auf
der Bandrückseite gekennzeichnet, die mittels Photozellen abgetastet werden.

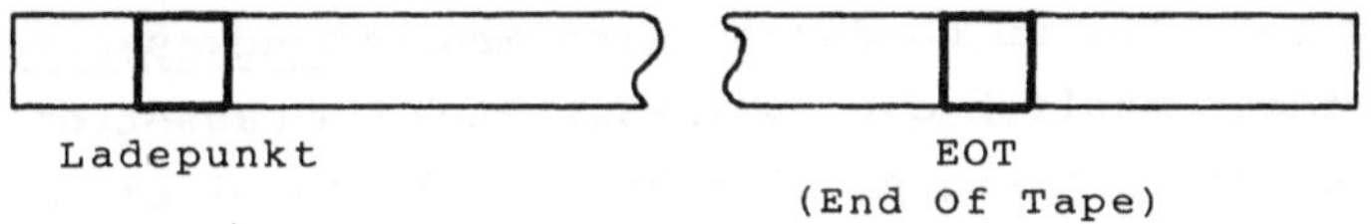

Unmittelbar hinter dem Schreibkopf ist ein Lesekopf angeordnet,
der ein Kontrollieren nach jedem Schreibvorgang gestattet.
Falls die Kontrolle - bei der wesentlich schärfere Anforderungen
an die Aufzeichnung gestellt werden als beim normalen Lesevorgang - nicht zufriedenstellend ist, wird das Band zurückge-
setzt und der Block aufs neue geschrieben. Bei jedem neuen Schreibvorgang wird der Zwischenraum (Gap) vor dem Blockanfang etwas
vergrößert, so daß schadhafte Stellen des Bandes übergangen
werden.

Da der Lesekopf hinter dem Schreibkopf angeordnet sein muß, um
ein Kontrollesen zu ermöglichen, kann das Band meist nur in
einer Richtung beschrieben werden.

Das Lesen ist unter Umständen in beiden Richtungen möglich.
Da die Länge eines Blockes variieren kann, ist es nicht möglich,
inmitten einer Bandaufzeichnung Korrekturen durchzuführen. Nur
am Ende der Aufzeichnung können Blöcke angefügt werden. Zur
Sicherung gegen irrtümliches Überschreiben wichtiger Daten
enthält das Gerät eine Schreibsperre, die nur durch bewußtes
Einlegen eines <u>Schreibringes</u> auf der Rückseite der abnehmbaren
Spule aufgehoben wird.

Die Datenkapazität eines Magnetbandes hängt außer von der Länge
des Bandes und von der Aufzeichnungsdichte auch in hohem Maße
von der Blocklänge ab (z.B. 2400 Fuß, 800 bpi und maximaler
Blocklänge 20 MByte.)

Billiger und leichter zu handhaben sind <u>Magnetbandkassetten</u>
(engl. cartridge) ähnlich den Musikkassetten für Kassetten-
recorder. Die Aufzeichnung erfolgt bitseriell in einer oder
mehreren Spuren.

A 2.2.2 MAGNETPLATTENSPEICHER

Beim Magnetplattenspeicher (engl.disk) besteht der Datenträger
aus einem Stapel auf einer Achse übereinander angeordneter kreis-
runder Aluminiumplatten mit magnetisierbaren Oberflächen.

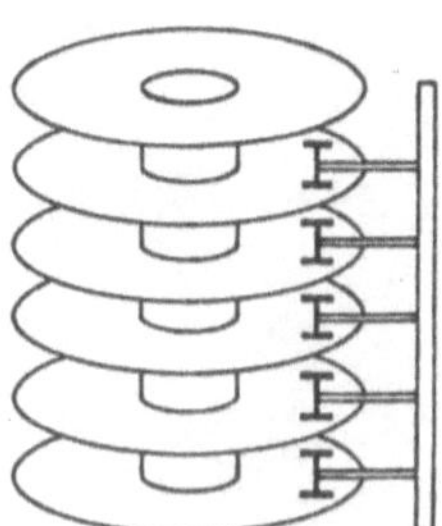

Die Platten rotieren mit konstanter Drehzahl, so daß die wenige
Mikrometer über der Plattenoberfläche positionierten Lese/Schreib-
köpfe die Daten in kreisförmigen konzentrischen Spuren auf-
zeichnen. Die Aufzeichnung der Daten erfolgt bitseriell innerhalb einer Spur nach einem Verfahren, welches innerhalb einer
Spur selbsttaktierend ist (meist Richtungstaktschrift). Pro
Plattenoberfläche werden - je nach Gerät - zwischen 100 und 400
Spuren aufgezeichnet. Die Datenkapazität jeder Spur ist konstant,
so daß in der innersten Spur die höchste Aufzeichnungsdichte
(bis 4000 bpi) erreicht wird. Meist wird der Inhalt einer ganzen
Spur in einem Arbeitsgang übertragen.

Bei Plattenspeichern mit <u>festen Magnetköpfen</u> ist jeder Spur
genau ein Lese/Schreibkopf zugeordnet. Um die Spuren enger
aneinanderlegen zu können,als es der mechanischen Ausdehnung
der Magnetköpfe entspricht, werden die Magnetköpfe über den
Plattenumfang versetzt angeordnet.

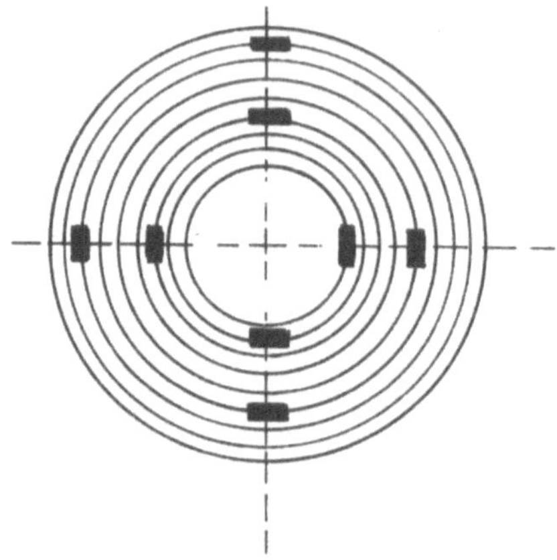

Für die Übertragung eines Datenblockes muß gewartet werden, bis
der Anfang der Spur unter dem Magnetkopf erscheint. Diese
Wartezeit beträgt im Mittel eine halbe Plattenumdrehung (bei
200 U/s zum Beispiel 2,5 ms). Festkopf-Plattenspeicher erreichen
Kapazitäten bis 20 MByte.

Plattenspeicher mit <u>positionierbaren Köpfen</u> sind aufgrund der
geringeren Anzahl von Magnetköpfen (z.B. pro Plattenoberfläche
ein einziger Kopf) billiger, benötigen jedoch aufgrund der
mechanischen Positionierung des Kopfes über die gewünschte
Spur höhere Zugriffszeiten (z.B. 100 ms). Sämtliche Magnetköpfe
sind auf einem Kamm angeordnet, der sie gemeinsam radial zur
Drehachse bewegt. Jeweils untereinanderliegende Spuren, die
somit durch eine einzige Positionierung des Kammes zugegriffen
werden können, bilden einen sogenannten Zylinder. Ein Platten-
turm enthält soviele Zylinder wie Spuren pro Plattenoberfläche,
die Anzahl der Spuren pro Zylinder ist gleich der Anzahl der
Plattenoberflächen. Um die Zugriffszeiten gering zu halten, ist
es vorteilhaft, die Daten zylinderweise zu verarbeiten.

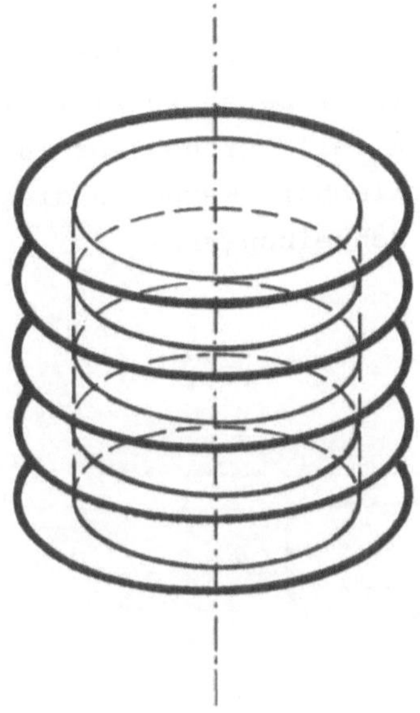

Zur Positionierung des Kammes können auf einer Plattenoberfläche sogenannte Servospuren aufgezeichnet sein, die von
einem Servokopf gelesen werden und es gestatten, die Köpfe
mit Toleranzen von wenigen Mikrometern zu positionieren.
Plattenspeicher mit positionierbaren Köpfen erreichen Kapazitäten
bis zu 350 MByte.

Plattenspeicher mit auswechselbaren Magnetplatten gestatten es,
die Plattentürme - ähnlich Magnetbändern - zu archivieren. Dabei
müssen besondere Vorkehrungen getroffen werden, um Verschmutzun-
gen der Plattenoberflächen zu vermeiden (ständige Filterung der
Luft innerhalb des Gerätes, meist werden die äußeren Plattenoberflächen nicht benutzt).

A 2.2.3   DISKETTEN

Ähnlich wie ein Plattenspeicher, aber nur mit einer einzigen auswechselbaren flexiblen Kunststoffplatte versehen, sind Diskettenstationen aufgebaut.

Die Disketten (engl. floppy disk) bestehen aus einer runden, meist beidseitig magnetisierbaren Kunststoffplatte mit 3 1/2 Zoll, 5 1/4 Zoll oder 8 Zoll Durchmesser in einer quadratischen Hülle. Eine überklebbare Kerbe in dieser Hülle dient zur Kennzeichnung der Schreibsperre.

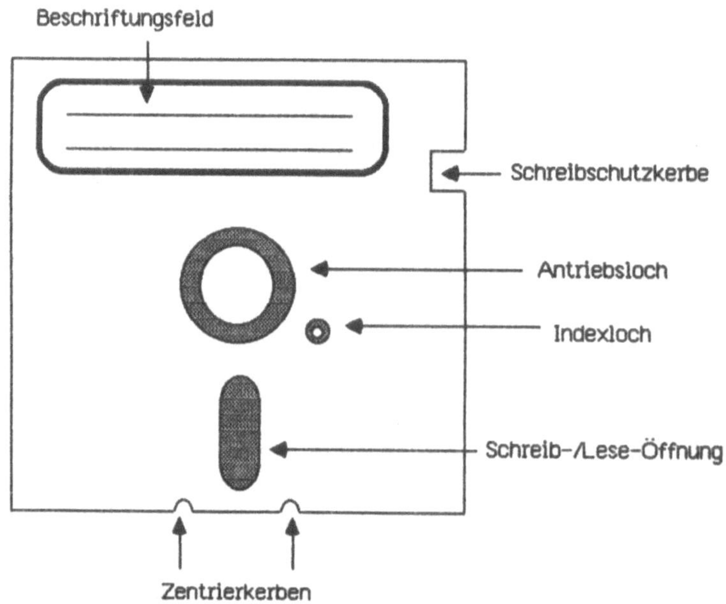

Auf einer Diskettenoberfläche können 35 bis 96 Spuren aufgezeichnet werden. Wie bei Plattenspeichern kann eine Spur in
mehrere Sektoren unterteilt sein. Diese Unterteilung kann entweder hardwaremäßig (hard-sektoriert) erfolgen, wobei der Beginn jedes Sektors durch ein Loch in der Diskette markiert ist,
oder die Anfänge der einzelnen Sektoren können aufgrund der
magnetischen Aufzeichnung (soft-sektoriert) erkannt werden.
In jedem Fall ist der Anfang der Spuren durch ein Indexloch
gekennzeichnet.

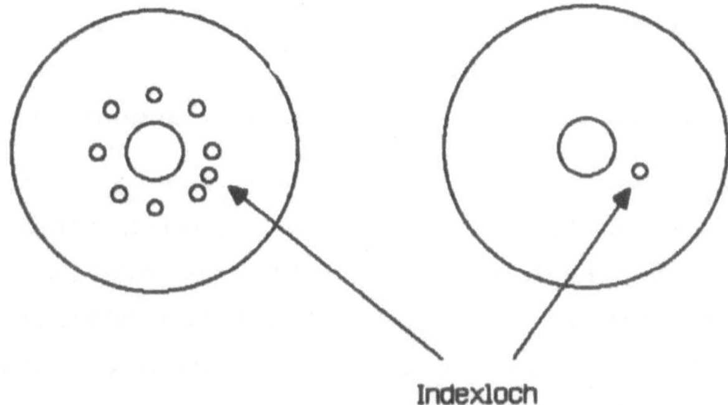

hard-sektorierte Diskette   soft-sektorierte Diskette

Je nach Aufzeichnungsdichte - bpi (bits per inch) und tpi
(tracks per inch) - beträgt die Kapazität einer Diskette bis
zu 2 MByte.

In der gleichen Größe wie Disketten nur mit fester Platte
(hard disk) sind <u>Winchester-Platten</u> mit Speicherkapazitäten
von 5-160 MByte verfügbar. Um Kopf- und Plattenabnützung möglichst gering zu halten, schwebt der Lese- / Schreibkopf auf
einem Luftpolster über der permanent rotierenden Plattenoberfläche.

A 2.2.4 OPTISCHE SPEICHER

Um die durch die mechanischen Bewegungen bei Magnetschicht-
speichern erzwungenen langsamen Zugriffszeiten zu vermeiden,
sind optische Speicher in Entwicklung, bei denen die Auswahl
des gewünschten Bits mit Hilfe eines abgelenkten Lichtstrahls
(Laserstrahl) erfolgt.

Auf einer **Bildplatte** in der Größe einer Langspielplatte können
ca. 10^{10} Zeichen gespeichert werden. Das entspricht dem Inhalt
von ca. 100 000 Büchern. Die Speicherdichte ist ca. 100 x
größer als beim magnetischen Speicher.
Auf einer 30 cm-Platte sind ca. 54 000 Spuren angeordnet.

Beim thermomagnetischen Verfahren wird das Speichermedium beim
Einschreiben durch den Lichtstrahl punktförmig erwärmt, wodurch
eine Magnetisierung mit so geringen Feldstärken möglich ist, daß
der restliche Teil des Datenträgers nicht ummagnetisiert wird.
Beim Auslesen wird das Speichermedium mit linear polarisiertem
Licht beleuchtet, wobei die Polarisationsebene entsprechend
der Magnetisierungsrichtung verdreht ist. Die Aufzeichnungsdichte ist durch die Wäremeleitung der Speicherschicht bei der
Aufzeichnung begrenzt ($5*10^7$ bit/cm²), wird jedoch durch den
Adressierungsmechanismus nicht zur Gänze ausgenützt. Die Aufzeichnung erfolgt zeilenweise durch zweidimensionale Ablenkung
des Lichtstrahles, wobei bei jedem Zugriff eine ganze Zeile
in einem Arbeitsgang sequentiell gelesen oder beschrieben wird.
Die mittlere Zugriffszeit zu einer Zeile beträgt etwa 1 ms, die
Gesamtkapazität 10^8 bit.

Beim holographischen Verfahren wird die Information nicht
punktweise gespeichert, sondern es werden mehrere tausend Bit
durch Amplituden- und Phasenlage eines gemeinsam kohärenten
Lichtwellenfeldes auf einer größeren Fläche des Speichermediums
verteilt gespeichert. Dieses Verfahren ist gegen lokale Stör-
stellen relativ unempfindlich.

Mit holographischen Festspeichern werden Kapazitäten bis 10^7
bit pro Speicherplatte bei Zugriffszeiten von einigen µs
erreicht.

A 2.2.5 VERGLEICH

Ein Vergleich der verschiedenen peripheren Speicher zeigt, daß
hohe Speicherkapazität und rasche Zugriffsgeschwindigkeit (bei
gleichzeitig geringen Kosten) mit den heute verwendeten
Technologien nicht erreichbar sind. Man verwendet daher je nach
Verwendungszweck eine Hierarchie verschiedener Speicher.

	Kapazität in Byte	mittlere Zugriffszeit in sec	Preis pro Byte *)
Magnetband	10^8	100	0.01
Magnetplatte	10^8	0.01	1
Diskette	10^6	0.03	1
Optische Speicher (löschbar)	10^7	10^{-3}	?
Optische Speicher (nicht löschbar)	10^{10}	5	0.005
Halbleiterspeicher	10^6	10^{-7}	100

Charakteristische Kenngrößen peripherer Speicher sind die Art
des Zugriffes - sequentiell oder wahlfrei, die Auswechselbar-
keit des Datenträgers sowie die Möglichkeit, Information wieder
zu löschen.

---

*) Der Preis ist auf die Kosten eines Magnetplattenspeichers bezogen.

A 2.3 DIALOGGERÄTE

Dialoggeräte werden für die unmittelbare On-Line-Kommunikation zwischen Mensch und Maschine verwendet.

Als Dialoggeräte werden häufig Bildschirmgeräte, elektrische Schreibmaschinen oder Fernschreiber verwendet. Bei Großrechnern dienen sie entweder zur Steuerung und Überwachung des Rechenablaufs durch den Operator (Konsolschreibmaschine, Bedienungsblattschreiber) oder bilden - über Telefonleitungen angeschlossen - eine Datenstation (engl. terminal) für räumlich vom Rechenzentrum entfernte Benutzer.

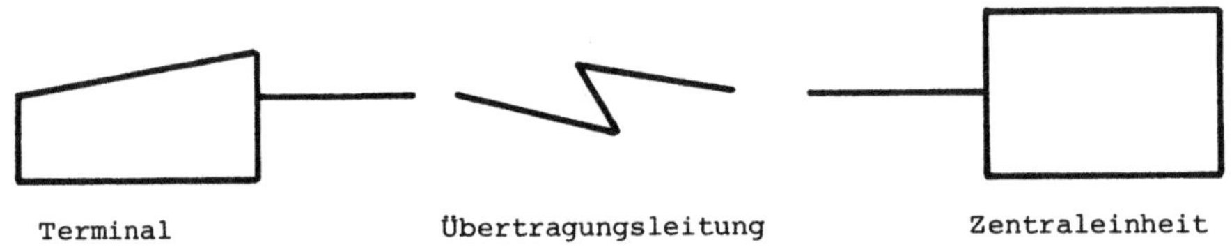

Bei Kleincomputern sind Bildschirm und Tastatur zumeist im Gehäuse integriert.

Für die Übertragung werden die einzelnen Zeichen in einem bestimmten Code (z.B. ASCII, American Standard Code of Information Interchange) bitseriell verschlüsselt und durch eine Impulsfolge dargestellt.

b_7	b_6	b_5	b_4	b_3	b_2	b_1	Spalte / Zeile	0	1	2	3	4	5	6	7
								0	0	0	0	1	1	1	1
								0	0	1	1	0	0	1	1
								0	1	0	1	0	1	0	1
0	0	0	0	0	0	0	0	NUL	(TC 7)DLE	SP	0	@(§)	P	`	p
			0	0	0	1	1	(TC 1)SOH	DC 1	!	1	A	Q	a	q
			0	0	1	0	2	(TC 2)STX	DC 2	"	2	B	R	b	r
			0	0	1	1	3	(TC 3)ETX	DC 3	#(£)	3	C	S	c	s
			0	1	0	0	4	(TC 4)EOT	DC 4	$	4	D	T	d	t
			0	1	0	1	5	(TC 5)ENQ	(TC 8)NAK	%	5	E	U	e	u
			0	1	1	0	6	(TC 6)ACK	(TC 9)SYN	&	6	F	V	f	v
			0	1	1	1	7	BEL	(TC 10)ETB	'	7	G	W	g	w
			1	0	0	0	8	FE 0(BS)	CAN	(	8	H	X	h	x
			1	0	0	1	9	FE 1(HT)	EM	)	9	I	Y	i	y
			1	0	1	0	10	FE 2(LF)	SUB	*	:	J	Z	j	z
			1	0	1	1	11	FE 3(VT)	ESC	+	;	K	[(Ä)	k	{(ä)
			1	1	0	0	12	FE 4(FF)	IS 4(FS)	,	<	L	\(Ö)	l	|(ö)
			1	1	0	1	13	FE 5(CR)	IS 3(GS)	–	=	M	](Ü)	m	}(ü)
			1	1	1	0	14	SO	IS 2(RS)	.	>	N	^	n	‾(ß)
			1	1	1	1	15	SI	IS 1(US)	/	?	O	_	o	DEL

Der ASCII Code ist ein 7-Bit Code, der durch ein 8.Prüfbit
ergänzt werden kann. Außer den Schriftzeichen (Groß- und Kleinbuchstaben, Ziffern und Sonderzeichen) enthält der Code Übertragungssteuerzeichen, Formatsteuerzeichen, Gerätesteuerzeichen
und Informationstrennzeichen.

Übertragungssteuerzeichen:

SOH	Start of Heading	Anfang eines Kennsatzes (z.B. Adresse)
STX	Start of Text	Anfang des Textes
ETX	End of Text	Ende des Textes
EOT	End of Transmission	Ende der Übertragung (von einem oder mehreren Texten)
ENQ	Enquiry	Anforderung einer Antwort
ACK	Acknowledge	Positive Rückmeldung
NAK	Negative Acknowledge	Negative Rückmeldung
DLE	Date Link Escape	Umschaltung zu außerhalb des Codes liegenden Übertragungssteuerbefehlen
SYN	Synchronous Idle	Synchronisierungszeichen
ETB	End of Transmission Block	Ende eines Datenübertragungsblockes

Formatsteuerzeichen:

(bestimmen die Anordnung der Daten)

SP	Space	Zwischenraum (Vorwärtsschritt)
BS	Backspace	Rückwärtsschritt
HT	Horizontal Tabulation	Horizontal-Tabulator
VT	Vertical Tabulation	Vertikal-Tabulator
LF	Line Feed	Zeilenvorschub (kann mit Wagenrücklauf kombiniert sein)
CR	Carriage Return	Wagenrücklauf (auf den Anfang der Zeile)
FF	Form Feed	Formularvorschub (auf die erste Zeile des nächsten Formulars)

Gerätesteuerzeichen:

(zur Steuerung von Zusatzgeräten, z.B. Lochstreifengeräte.)

DC	Device Control	Bedeutung nach besonderer Vereinbarung

<u>Informationstrennzeichen:</u>

(zur logischen Gliederung der Daten)

US	Unit Separator	Teilgruppen-Trennung
RS	Record Separator	Untergruppen-Trennung
GS	Group Separator	Gruppen-Trennung
FS	File Separator	Hauptgruppen-Trennung

<u>Steuerzeichen zur Code-Erweiterung:</u>

ESC	Escape	Umschaltung (verändert die Bedeutung des nächstfolgenden Zeichens nach besonderer Vereinbarung)
SO	Shift-Out	Dauerumschaltung (verändert die Bedeutung aller nachfolgenden Zeichen bis zur Rückschaltung)
SI	Shift-In	Rückschaltung (nach Dauerumschaltung)

<u>Sonstige Steuerzeichen:</u>

NUL	Null	Nil (Füllzeichen, bewirkt keinen Vorwärtsschritt)
BEL	Bell	Klingel
CAN	Cancel	Ungültig (die vorangehenden Zeichen enthalten Fehler)
EM	End of Medium	Ende der Aufzeichnung (auf einem Datenträger)
SUB	Substitute Character	Ersetzen eines fehlerhaften Zeichens durch ein anderes
DEL	Delete	Löschen (zum Überschreiben fehlerhafter Zeichen)

Bei der <u>asynchronen Übertragung</u> wird jedes Zeichen getrennt übertragen, der zeitliche Abstand zwischen den einzelnen Zeichen ist beliebig. Vor jedem Zeichen wird ein Startsignal (Startbit) und nach jedem Zeichen ein Stopsignal übertragen.

Bei <u>synchroner Übertragung</u> wird ein ganzer Datenübertragungs-block auf einmal übertragen. Sender und Empfänger verfügen jeweils über einen Taktgeber, der durch einige Synchronisierungs-zeichen (SYN) synchronisiert wird. Das Ende eines Blocks wird durch ein eigenes Zeichen (ETB) gekennzeichnet.

SYN	SYN	SYN	SYN	Datenübertragungsblock	ETB

Die synchrone Übertragungsform erlaubt eine höhere Übertragungs-geschwindigkeit, benötigt jedoch bei manueller Eingabe einen Pufferspeicher für die Aufnahme des Datenübertragungsblockes (z.B. eine Zeile).

Um Telefonverbindungen (sowohl Leitungen als auch Richtfunknetze) als Übertragungskanal für die Datenübertragung verwenden zu können, werden die Binärzeichen Ø und L zum Zweck der Übertragung durch zwei unterschiedliche Tonfrequenzen dargestellt (z.B. Ø durch 1180 Hz und L durch 980 Hz, der Mittelwert 1080 Hz ist die Trägerfrequenz). Die Umwandlung von Gleichspannungsimpulsen in Tonfrequenz wird als <u>Modulation</u>, die Rückwandlung als <u>Demodulation</u> bezeichnet, die entsprechenden Geräte heißen <u>Modem</u> (Modulator-Demodulator).

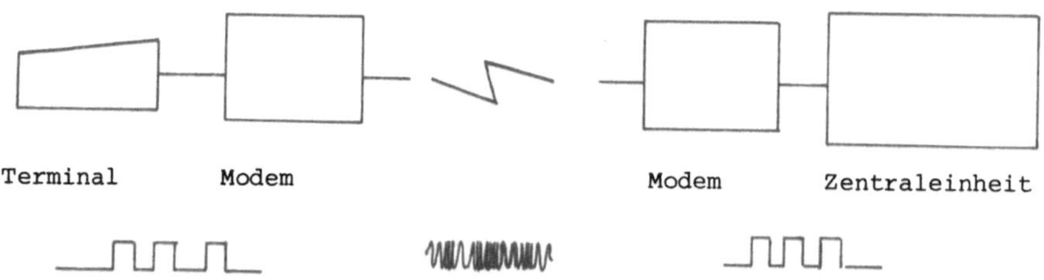

Da über Übertragungskanäle Signale nur innerhalb eines bestimmten
Frequenzbereiches (3100 Hz Bandbreite bei Telefonleitung) über-
tragen werden können, sind der Übertragungsgeschwindigkeit
Grenzen gesetzt. In der Telegraphie wird die Länge eines
Signalimpulses als Schrittdauer, der Kehrwert der Schrittdauer,
als Schrittgeschwindigkeit bezeichnet. Die Schrittgeschwindig-
keit wird in Baud (Bd) gemessen (Anzahl der Schritte pro
Sekunde, bit/s). Das Telex-Fernsprechnetz arbeitet mit einer
Schrittgeschwindigkeit von 50 Bd, bei Verwendung von Telefon-
Wählleitungen sind 2400 Bd, bei Standleitungen bis zu 9600 Bd
möglich.

Erfolgt die Übertragung prinzipiell nur in eine Richtung
(z.B. nur Sendebetrieb oder nur Empfangsbetrieb), so spricht
man von einer Simplex-Übertragung. Im Wechselbetrieb oder
Halbduplex kann abwechselnd gesendet und empfangen werden.
Eine Übertragung, die gleichzeitiges Senden und Empfangen
erlaubt, bezeichnet man als Gegenbetrieb oder Vollduplex. Eine
Vollduplex-Übertragung benötigt entweder eine 4-Draht-Leitung
(pro Übertragungsrichtung ein Leitungspaar) oder zwei unterschiedliche Trägerfrequenzen (z.B. 1080 Hz bzw. 1750 Hz).

Unterschiedliche Trägerfrequenzen können auch dazu verwendet werden, um
über einen einzigen Übertragungskanal genügend großer Kapazität (z.B. Richt-
funkstrecke) mehrere Terminals anzuschließen. Dieses Verfahren wird als
Frequenzmultiplex bezeichnet. Eine andere Möglichkeit, eine einzige Über-
tragungseinrichtung zwischen mehreren Teilnehmern aufzuteilen, besteht darin,
den Übertragungskanal den einzelnen Benutzern zyklisch für sehr kurze
äquidistante Zeitabschnitte zur Verfügung zu stellen (Zeitmultiplex).

Falls der Empfänger einen Übertragungsfehler erkennt, so kann
beim Halbduplexbetrieb nach der Übertragung eines Zeichens
bzw. eines Datenblocks eine Wiederholung des fehlerhaften
Zeichens (Blocks) angefordert werden. Im Vollduplexbetrieb
ist eine Fehlerprüfung im Echomode weitverbreitet. Dabei wird das
vom Terminal gesendete Zeichen vom Rechner zurückgesendet und
erst das empfangene Echo am Terminal ausgedruckt - im Falle
einer ungültigen Verschlüsselung wird ein Schmierzeichen ausgegeben.

A 2.4 DRUCKER

Beim <u>Matrixdrucker</u> (engl. dot-matrix-printer oder impact
printer) werden die einzelnen Zeichen aus einer Punktmatrix
(z.B. 5 x 8 Punkte) zusammengesetzt. Die einzelnen Punkte
werden entweder mit einer oder mehreren Nadeln erzeugt, die
gegen ein Farbband geschlagen werden, durch elektrostatische
Aufladung - wie bei Kopiergeräten - gebildet oder mittels
eines Tintenstrahls auf das Papier gespritzt(Ink-Jet-Drucker).
Es werden Druckgeschwindigkeiten von 50-500 Zeichen/Sekunde
erreicht.

Beim Matrixdrucker kann das Schriftbild softwaremäßig festgelegt werden. Er ist häufig auch zum Ausdrucken von Graphiken
geeignet.

Der <u>Typenraddrucker</u> (engl. daisy-wheel-printer) verwendet ein
Typenrad, auf dessen Umfang die einzelnen Druckzeichen angeordnet sind. Durch Positionierung des Typenrades kann ein be-
stimmtes Zeichen ausgewählt werden und mittels eines Hammers
gedruckt werden. Die Druckqualität ist ähnlich der einer
Schreibmaschine. Pro Sekunde können zwischen 20 bis 60 Zeichen
gedruckt werden.

<u>Laserdrucker</u> sind die zur Zeit schnellsten und hochwertigsten
Drucker. Entsprechend dem gewünschten Druckbild wird der Inhalt einer ganzen Seite mittels eines Laserstrahls in elektro-
statischen Aufladungen einer Trommel abgebildet, von wo
er wie bei Kopiergeräten auf das Papier aufgebracht wird.
Pro Sekunde können etwa 6 Seiten gedruckt werden.

Der _Zeilendrucker_ (engl. line-printer) dient für die Ausgabe
von Daten in Klartext auf Endlospapier (gegebenenfalls mit
Formularaufdruck). Pro Arbeitsgang wird eine Zeile (bis zu
160 Zeichen) gedruckt. Wegen seiner geringeren mechanischen
Trägheit wird das Papier gegen die Typen bewegt und nicht umgekehrt. Bei _Trommeldruckern_ stehen auf einer rotierenden Trommel
für jede Zeichenposition alle Druckzeichen zur Verfügung. Für
jede Zeichenposition gibt es einen Hammer, der das Papier in
dem Moment gegen die Trommel schleudert, in dem das gewünschte
Zeichen die Druckstelle passiert. _Kettendrucker_ arbeiten nach
einem ähnlichen Prinzip. Hier werden die Typen auf einer Druck-
kette angeordnet in horizontaler Richtung am Papier vorbeibewegt.
Sowohl Trommel- als auch Kettendrucker benötigen einen Pufferspeicher, der den Inhalt einer Zeile aufnimmt. Pro Minute können
bis zu 1200 Zeilen gedruckt werden. Der Papiervorschub kann
mittels eines Vorschublochstreifens gesteuert werden, der einen
automatischen Vorschub bis zu einer Lochung in einem bestimmten
Kanal ermöglicht.

A 2.5 GRAPHISCHE EIN-/AUSGABE

Die graphische Eingabe von Informationen kann mittels eines
Lichtgriffels am Bildschirm oder einem Graphik-Tablett erfolgen.
Auch mit Hilfe einer Rollkugel können die x- und y-Koordinaten
eines Zeigers (cursor) am Bildschirm eingegeben werden. Nach
dem gleichen Prinzip funktioniert die 'Maus', bei der eine
umgestülpte Rollkugel am Tisch bewegt wird.

Für die graphische Ausgabe dienen Zeichengeräte (engl. plotter).
Je nach Modell wird Endlospapier an einem quer zur Verschub-
richtung beweglichen Schreibstift vorbeigezogen oder der Schreibstift über ruhendem Papier in x- und y-Koordinatenrichtung bewegt (gegebenenfalls auch abgehoben). Meist erfolgt die Bewegung
in kleinen diskreten Einzelschritten, so daß ein zackiger
Kurvenverlauf entsteht. Die Schrittlänge ist einstellbar - kleine
Schrittlänge ermöglicht eine höhere Genauigkeit auf Kosten eines
längeren Zeitbedarfes. Die Strichstärke ist - im Gegensatz zu
Matrixdruckern - konstant und es kann in verschiedenen Farben
gezeichnet werden.

In elektronischen Zeichengeräten zeichnet ein Elektronenstrahl
auf Mikrofilm. Die Zeichnung wird erst sichtbar, nachdem der
Film entwickelt ist.

A 2.6 BELEGLESER

Um eine Datenerfassung ohne maschinelle Einrichtungen zu ermöglichen, können auf <u>Markierungsbelegen</u> an vorgezeichneten
Positionen von Hand aus Strichmarkierungen angebracht werden,
die mit Hilfe eines <u>Markierungslesers</u> verarbeitet werden
können.

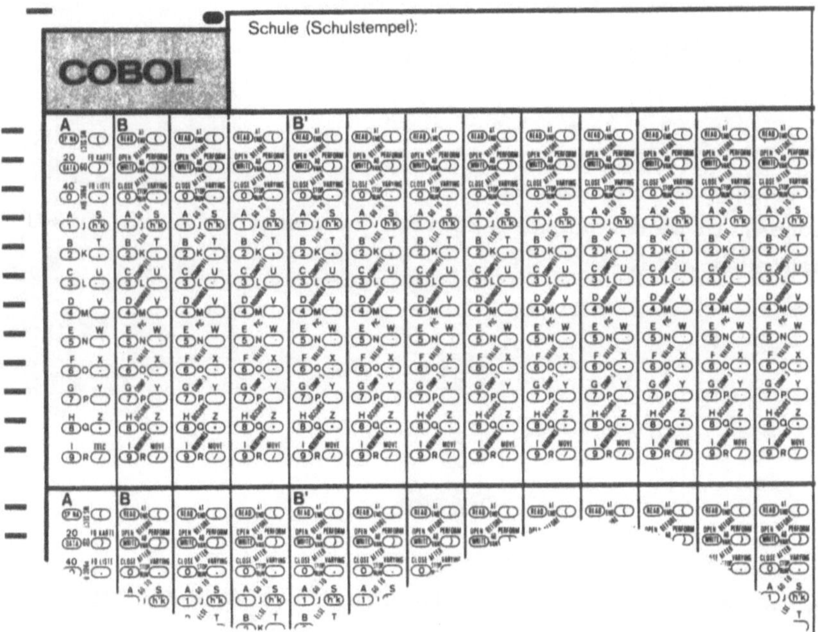

Oft ist es wünschenswert, Daten in einer Form darzustellen,
die sowohl von Menschen lesbar ist, als auch eine maschinelle
Verarbeitung erlaubt. Zu diesem Zweck sind verschiedene Schriften
genormt, die optisch oder magnetisch von einem <u>Klarschriftleser</u>
gelesen werden können.

Eine genormte Digitalschrift ist die <u>Schrift A</u> für die
maschinelle optische Zeichenerkennung (OCR A, Font A for Optical
Character Recognition). Der Zeichenvorrat umfaßt die 10 Ziffern,
4 Hilfszeichen, 26 Großbuchstaben und 7 Sonderzeichen.

0123456789
ſЧ╗|
ABCDEFGHIJKLM
NOPQRSTUVWXYZ
• ⌐ = + − / *

Die Erkennung der Zeichen erfolgt durch ein Raster mit 8*5
Positionen, in denen photoelektrisch zwischen hell und dunkel
unterschieden wird.

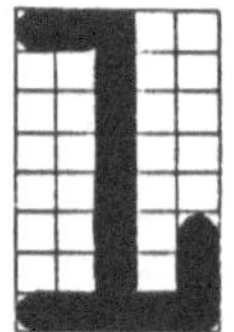

Ebenfalls optisch gelesen wird die Schrift B (OCR B), die im
Bankwesen Verwendung findet.

ZENTRALSPARKASSE DER GEMEINDE WIEN
HAUPTANSTALT
TEL 72 92 276/285
ZAHLEN SIE AN DEN INHABER DIESES SCHECKS

SCHILLING

S

REST WIE OBEN

DIE WIEDERHOLUNG IN WORTEN KANN FÜR BETRAGS- ODER BETRAGSTEILE UNTER S 1000.— ENTFALLEN   FREIES FELD BITTE STREICHEN

AUSSTELLUNGSORT UND DATUM   UNTERSCHRIFT DES AUSSTELLERS
   BRIG   KUCZEWSKI PORAY   98

21301704< 00797173440+ 00020151> 99999999999< 80+
   SCHECK-NR.   KONTONUMMER   KENN-NR.

A 2.7   VERBINDUNG ZWISCHEN PERIPHERIE UND ZENTRALEINHEIT

Bei der Verbindung zwischen den einzelnen peripheren Geräten
und der Zentraleinheit sind folgende Gesichtspunkte zu beachten:

* Für die Zentraleinheit soll die Datenübertragung
  möglichst unabhängig vom speziellen Gerätetyp erfolgen.

  Außer der Übertragung der Daten sind je nach Gerät
  spezifische Steuerfunktionen nötig (z.B. Steuerung
  des Transports des Datenträgers, Kontrolle eines
  Schreibvorganges durch anschließendes Lesen, Auslösung
  des Hammers synchron mit dem Umlauf der Druckerstelle
  etc.), die nicht von der Zentraleinheit wahrgenommen
  werden können.

* Die Zentraleinheit soll durch die Durchführung der
  Ein/Ausgabe möglichst nicht gebremst werden.(Die
  Ein/Ausgabe eines Zeichens benötigt meist um ein
  Vielfaches mehr Zeit als die interne Verarbeitung).

* Die einzelnen peripheren Geräte sollen sich nicht
  gegenseitig bremsen (da die Ein/Ausgabe meist den
  größten zeitlichen Engpaß beim Betrieb eines Computers
  darstellt, soll es möglich sein, mehrere periphere
  Geräte gleichzeitig zu betreiben).

Der ersten Anforderung wird durch eigene Steuereinheiten, den
beiden letzten durch Verwendung eigener peripherer Prozessoren
für die Ein/Ausgabe Rechnung getragen.

A 2.7.1 STEUEREINHEIT

Bei peripheren Geräten unterscheidet man zwischen dem Gerät
selbst, welches die mechanischen Bewegungen durchführt (z.B.
Bewegung des Datenträgers, Positionierung des Kammes, Stanzen
der Löcher, etc.) und der zugehörigen _Steuereinheit_ (engl.
control unit), die die mechanischen Funktionen des Gerätes
elektronisch steuert. Zumeist ist die Steuereinheit unmittelbar in das Ein/Ausgabegerät eingebaut, gelegentlich sind
auch beide getrennt.

Eine Steuereinheit ist auf die speziellen Eigenschaften des
zugehörigen Gerätes abgestimmt. Mehrere gleichartige Geräte
können zwar gleichzeitig an ein- und dieselbe Steuereinheit
angeschlossen sein, zum gleichen Zeitpunkt können jedoch nur
von einem Gerät Daten übertragen werden.

A 2.7.2 PERIPHERER PROZESSOR

Das extreme Mißverhältnis zwischen Ein/Ausgabegeschwindigkeit
und interner Rechengeschwindigkeit soll an einem Beispiel
illustriert werden:

Ein schneller Drucker druckt 200 Zeichen in der Sekunde,
das heißt das Drucken eines Zeichens dauert etwa 5 ms.
Die Übertragung dieses Zeichens aus dem Arbeitsspeicher benötigt einen Speicherzugriff, der etwa 1 µs dauert. Wird das
Lesen und Übertragen eines Zeichens durch einen eigenen Befehl der Zentraleinheit bewerkstelligt, so steht die Zentraleinheit 99,98% der Ausführungszeit dieses Befehls still.

Um die Zentraleinheit durch die wesentlich langsamere Ein/Ausgabe
nicht zu bremsen, verwendet man für die Durchführung der Ein/
Ausgabeoperationen eigene Satellitenrechner, sogenannte
periphere Prozessoren oder Datenkanäle (engl. data channel).
Diese peripheren Prozessoren sind programmierbare Computer, die
speziell für den Datentransfer und die Steuerung und Überwachung
der Ein/Ausgabe-Operationen geeignet sind. Nachdem sie von der
Zentraleinheit zur Durchführung einer Ein/Ausgabe-Operation auf-
gefordert wurden, führen sie die tatsächliche Ein/Ausgabe nach
einem eigenen Programm (Kanalprogramm) durch. In der Zwischenzeit kann die Zentraleinheit mit ihrem Programm fortfahren. Außer
zum Start einer Ein/Ausgabe-Operation enthält der Instruktions-
vorrat der Zentraleinheit meist noch einen weiteren Befehl, der
überprüft, ob der periphere Prozessor die Ein/Ausgabeoperation
erfolgreich abgeschlossen hat. Bei dieser Form der Kommunikation
zwischen Zentraleinheit und peripheren Prozessoren ist die
Zentraleinheit der aktive Teil, der den peripheren Prozessor
anstößt und abfragt. Eine andere Möglichkeit besteht darin, daß
der periphere Prozessor von sich aus den Rechenablauf der Zentraleinheit durch Auslösung eines Interrupts unterbricht, falls die
Ein/Ausgabe-Operation beendet ist oder bei der Übertragung ein
Fehler aufgetreten ist. Eine solche Programmunterbrechung kann
zum Beispiel auch ausgelöst werden, wenn von einem angeschlossenen
Terminal ein Zeichen eingegeben wird.

Um seine Aufgabe - nämlich die Übertragung von Zeichen zwischen
Arbeitsspeicher und peripheren Geräten - erfüllen zu können,
muß der periphere Prozessor die Möglichkeit haben, zum Arbeitsspeicher der Zentraleinheit zuzugreifen. Falls die Zentraleinheit gleichzeitig mit einem peripheren Prozessor zum Arbeitsspeicher zugreifen möchte, wird der Zugriff der Zentraleinheit
einfach um einen Speicherzyklus unterbunden. Dieses Verfahren
wird als <u>Cycle-Stealing</u> bezeichnet.

Da der periphere Prozessor notwendigerweise die Möglichkeit
besitzt, zum Arbeitsspeicher zuzugreifen, verzichtet man häufig
auch darauf, den peripheren Prozessor mit einem eigenen Speicher
auszustatten,und speichert sein Programm ebenfalls in den Arbeitsspeicher. Mittels Cycle-Stealing transferiert der periphere
Prozessor dann nicht nur die Daten vom und zum Arbeitsspeicher,
sondern holt auch seine eigenen Instruktionen aus dem Arbeitsspeicher.

Durch Verwendung peripherer Prozessoren können Ein/Ausgabe-
Operationen simultan zum Rechenablauf der Zentraleinheit und
- falls mehrere periphere Prozessoren gleichzeitig verwendet
werden - auch simultan untereinander durchgeführt werden. Falls
langsame Ein/Ausgabe-Geräte angeschlossen sind, kann sich jedoch
auch hier wieder ein Mißverständnis zwischen dem schnellen
peripheren Prozessor und dem langsamen Ein/Ausgabe-Gerät ergeben. Eine Möglichkeit der Abhilfe besteht darin, mehrere langsame Ein/Ausgabe-Geräte im Zeitmultiplexverfahren (Mehrpunkt-
betrieb) an ein und denselben peripheren Prozessor anzuschließen.
Der Prozessor bedient dann die einzelnen Geräte zyklisch, jedoch
immer nur für die Dauer einer kurzen Zeitspanne. Ein solcher
<u>Multiplexer</u> (auch Multiplexkanal im Gegensatz zum <u>Selektorkanal</u>)
wird insbesonders für den Anschluß vieler langsamer Terminals
an eine Rechenanlage verwendet.
Die Schnittstellen zwischen Zentraleinheit und den einzelnen
peripheren Geräten sind genormt (z.B. V 24 oder RS-232).

A 2.8 RECHNERNETZE

Rechnernetze erlauben die Verbindung von mehreren Prozessoren
und peripheren Geräten. Die einzelnen Knoten in einem solchen
Rechnernetz können sternförmig, ringförmig oder linear angeordnet sein. Bei sternförmiger Anordnung übernimmt ein zentraler Rechner die Funktion des Netzwerkmanagers, der die
Information gezielt an den jeweiligen Empfänger weitergibt
(aktiver Stern) oder die Information an alle angeschlossenen
Knoten aussendet (passiver Stern).

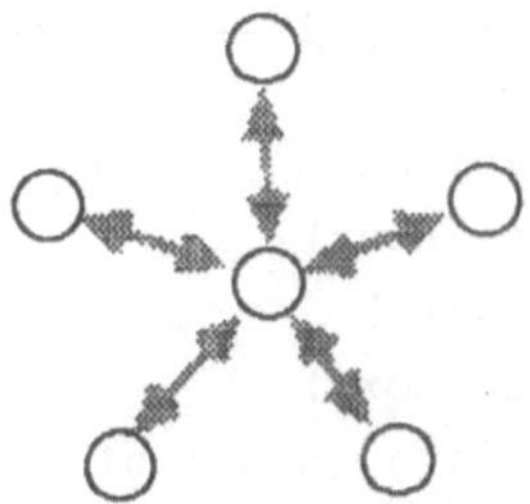

In einem Ring gibt jeder Knoten dem Nachbarknoten Information
weiter, nur die an den jeweiligen Empfängerknoten gerichtete
Information wird dem Netz entnommen.

Die lineare Anordnung entspricht einem Bus, an den alle Knoten
gleichberechtigt angeschlossen sind und mittels 'Broadcasting'
Information senden.

Rechnernetze müssen in der Lage sein, die gleichzeitige Inan-
spruchnahme des Netzwerks durch mehrere Sender (Kollision) zu
vermeiden.

Die Vorschriften für die Form der Übertragung sind durch ein
Protokoll festgelegt (z.B. X.25).

Das 7-Schichtenmodell der ISO (International Organization for
Standardization) definiert Standards zur Spezifikation von
Rechnernetzen in unterschiedlichen Abstraktionsebenen:

    1)   Bitübertragung (physical)
    2)   Übermittlung   (date link)
    3)   Vermittlung   (network)
    4)   Transport   (transport)
    5)   Kommunikationssteuerung (session)
    6)   Datendarstellung (presentation)
    7)   Anwendung   (application)

Entsprechend der Verwendung des Netzwerkes unterscheidet man
zwischen öffentlichen, privaten und lokalen Netzen.

Öffentliche Netze (z.B. Bildschirmtext - BTX) werden von der
Post zur Verfügung gestellt und bieten die Möglichkeit, Daten
über Telefonleitungen zu übertragen. Der Postrechner bildet
dabei das Zentrum eines aktiven Sterns.

Private Netze bieten zum Beispiel Banken, Polizei oder Kauf-
hausketten die Möglichkeit, Daten zwischen einzelnen Zweig-
stellen zu übertragen. Die Post stellt zu diesem Zweck
Leitungen zur Verfügung, wobei die Form der Übertragung genormt ist (DATEX).

Lokale Netze (engl. local area network - LAN) dienen zur Verbindung von Datenstationen innerhalb eines begrenzten Areals.
Für die Form der Übertragung sind verschiedene Standards
festgelegt (z.B. ETHERNET).

B   BETRIEBSSYSTEME

Beim Betrieb eines Computersystems treten immerwiederkehrende
organisatorische Aufgaben auf, die vom speziellen Benutzerproblem
unabhängig sind. Beispiele dafür sind

* Behandlung von Programmunterbrechungen durch entsprechende
  Unterprogramme (Interrupt Service Routinen)

* Steuerung der Ein/Ausgabeoperationen durch Ein/Ausgabe-
  Unterprogramme (Input/Output Control)

* Übersetzen, Assemblieren und Laden von Benutzerprogrammen
  durch Compiler, Assembler und Loader

* Übertragen von Datenbeständen von einem Speichermedium
  auf ein anderes sowie Sortieren und Mischen von Daten
  durch Dienstprogramme

* Buchführung über die durch die einzelnen Benutzer verbrauchten Betriebsmittel wie Rechenzeit, Speicherbedarf
  etc. durch Verrechnungsprogramme (Accounting)

Weiters benötigt man Steuerprogramme, die die richtige Aufein-
anderfolge mehrerer Programme steuern. Alle diese Aufgaben werden
durch ein System von Programmen - also durch geeignete Software -
gelöst, das als Betriebssystem (engl.operating system, monitor,
supervisor) bezeichnet wird. Das Betriebssystem soll eine ökonomische sowie komfortable Benutzung des Computers ermöglichen.

B 1   EIN/AUSGABEORGANISATION

B 1.1   PUFFERUNG

Trotz Ausschöpfung aller Hardwaremöglichkeiten - wie simultane
Ein/Ausgabe durch eigene Prozessoren - bildet die Ein/Ausgabe
oft einen Engpaß für die rasche Durchführung eines Programms.
Betrachten wir zum Beispiel ein Programm, welches Daten einliest,
verarbeitet und Ergebnisse ausgibt. Die eingelesenen Daten werden
in einem bestimmten Teil des Arbeitsspeichers - dem Eingabebereich - gespeichert. Nach der Verarbeitung der Eingabedaten
stehen die Ergebnisse in einem Ausgabebereich für die Ausgabe
zur Verfügung.

Für die Verarbeitung eines Datensatzes müssen somit die Schritte
Eingabe (E), Verarbeitung (V) und Ausgabe (A) entsprechend dem
Zeitdiagramm aufeinanderfolgend ausgeführt werden.

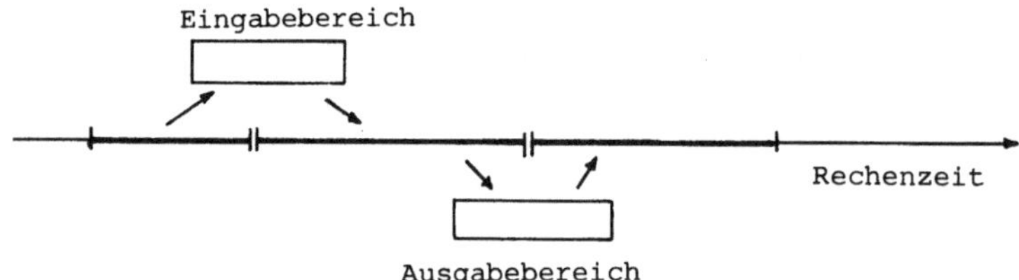

Sollen mehrere Datensätze durch dasselbe Programm nacheinander
verarbeitet werden, so kann - trotz simultaner Ein/Ausgabe -
mit der Eingabe des zweiten Datensatzes erst begonnen werden,
wenn die Verarbeitung des ersten Satzes abgeschlossen ist. (Die
Eingabedaten des ersten Datensatzes müssen bis zum Ende ihrer
Verarbeitung im Eingabebereich zur Verfügung stehen und dürfen
nicht durch die folgenden Eingabedaten überschrieben werden).
Ebenso darf mit der Verarbeitung des zweiten Satzes erst begonnen
werden, wenn dieser zur Gänze eingelesen ist und die Ergebnisse
des ersten Satzes ausgegeben sind. (Die Ergebnisse des ersten
Satzes dürfen nicht überschrieben werden, bevor sie ausgegeben
sind).

Aus diesen Bedingungen ergibt sich das folgende Zeitdiagramm:

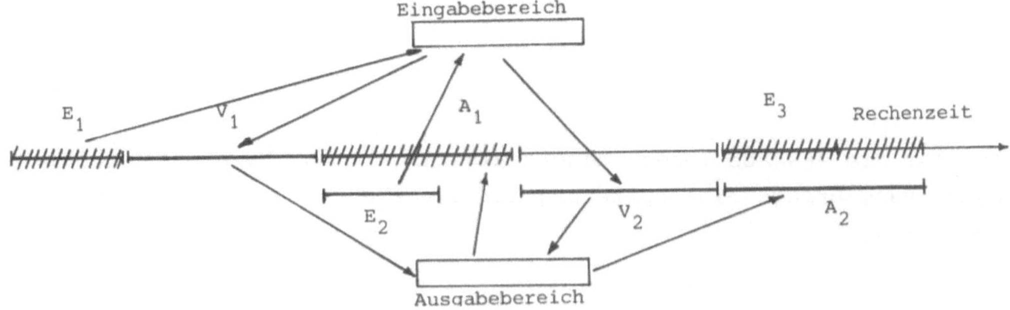

Obwohl die Ein/Ausgabe simultan zum Programmablauf der Zentraleinheit erfolgen könnte, ist die Zentraleinheit während der
gesamten Ein/Ausgabezeit unbenützt (schraffierter Bereich). Den
tatsächlichen Engpaß bilden hier die Ein/Ausgabebereiche, weil
sie von jeweils zwei aufeinanderfolgenden Prozessen - der Eingabe
und der Verarbeitung, bzw. der Verarbeitung und der Ausgabe -
gemeinsam benötigt werden. Eine Verbesserung kann dadurch erreicht werden, daß jeweils zwei Ein/Ausgabebereiche für aufeinanderfolgende Datensätze abwechselnd benützt werden:

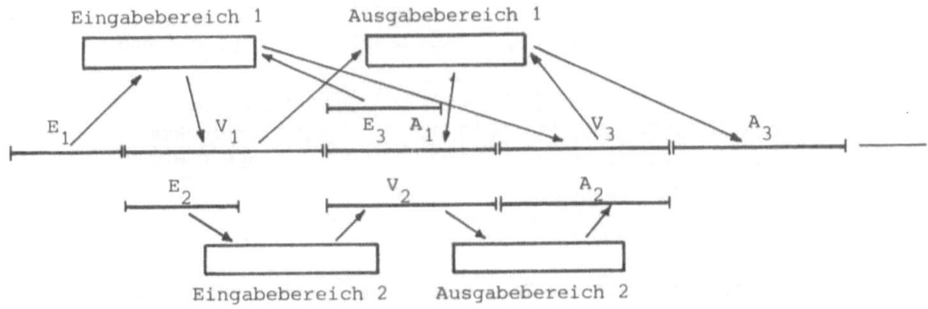

Diese organisatorische Maßnahme wird als __Pufferung__ bezeichnet.
Sie ermöglicht unter gewissen Umständen eine Verkürzung des
Rechenablaufes auf Kosten eines erhöhten Speicherbedarfs. Die
Pufferung der Ein/Ausgabedaten erfolgt meist automatisch (ohne

Beeinflussung durch den Programmierer) durch entsprechende Ein/
Ausgabeprogramme des Betriebssystems. Das folgende Beispiel zeigt,
daß eine Pufferung den Rechenablauf nicht immer beschleunigen muß:

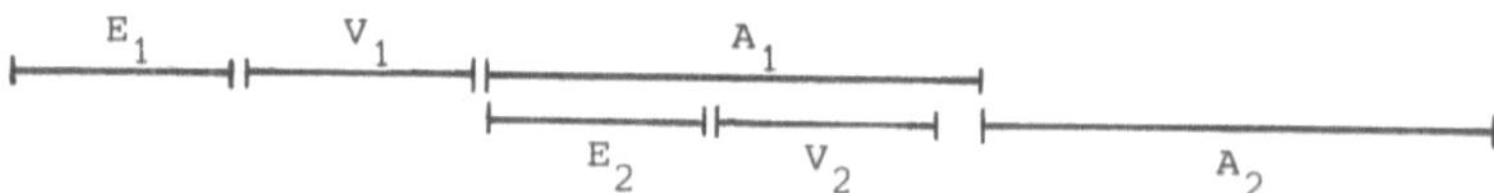

Da hier die Ausgabe länger dauert als Eingabe und Verarbeitung
gemeinsam, bringt eine Pufferung der Eingabe keine Rechenzeit-
ersparnis.

<u>B 1.2 BLOCKUNG</u>

Für manche Datenträger (z.B. Magnetband) ist es notwendig, eine
bestimmte Datenmenge gemeinsam als <u>Block</u> zu speichern und zu
übertragen. Aus Gründen der optimalen Ausnützung des Speichermediums sowie der Übertragungsgeschwindigkeit kann eine bestimmte
Anzahl von Zeichen pro Block - die sogenannte <u>Blocklänge</u> -
günstig sein. In vielen Fällen ist ein <u>Datensatz</u> (engl. record)
- das ist die zu einem Verarbeitungsschritt gehörige Datenmenge -
wesentlich kürzer als die optimale Blocklänge, man faßt daher
mehrere (logische) Sätze zu einem (physischen) Block zusammen.

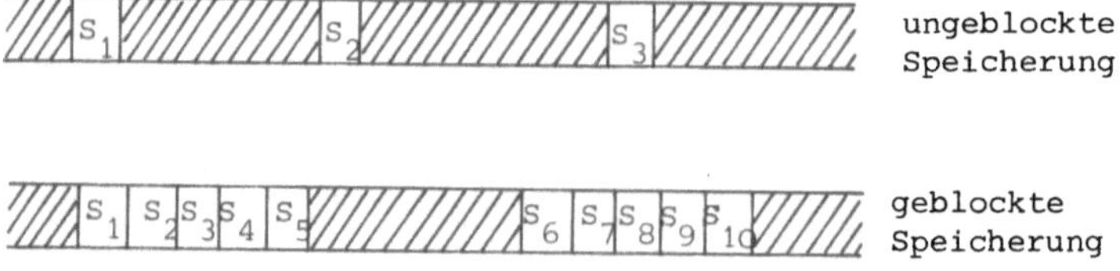

Als Beispiel betrachten wir die Speicherung von Lochkarteninhalten auf
Magnetband. Die Satzlänge beträgt hier 80 Zeichen. Wird pro Lochkarte ein
Block geschrieben, so beträgt die physische Länge eines Blockes bei 800 bpi
Zeichendichte 2.5 mm plus 15mm für den Blockzwischenraum. Pro Lochkarte
werden somit 17.5 mm Magnetband benötigt. Bei einer Lese/Schreibgeschwindig-
keit von 200 Zoll/s dauert die Übertragung einer Lochkarte 0.5 ms plus 10 ms
Start/Stopzeit. Faßt man dagegen zum Beispiel 10 Lochkarten zu einem Block
zusammen, so ist ein Block 25 + 15 = 40 mm lang und die Übertragung dieses
Blockes dauert 5 + 10 = 15 ms. Pro Lochkarte ist dadurch die benötigte Band-
länge von 17.5 auf 4 mm reduziert und die Übertragungsdauer von 10.5 ms auf
1.5 ms gesunken!

Die Anzahl der Sätze, die zu einem Block zusammengefaßt sind,
wird als Blockungsfaktor bezeichnet. Bei fester Satzlänge ist
die Blocklänge (BL) gleich dem Produkt der Satzlänge (SL) mal
Blockungsfaktor (BF).

$$BL = SL * BF$$

Sind die einzelnen Sätze unterschiedlich lang (variable Satzlänge),
so ist auch die Blocklänge variabel. Zu Kontrollzwecken kann
die Blocklänge am Anfang jedes Blockes in einem eigenen Kontroll-
wort mitgespeichert werden. Die Länge der einzelnen Sätze kann
bei variabler Satzlänge ebenfalls am Beginn jedes Satzes gespeichert sein

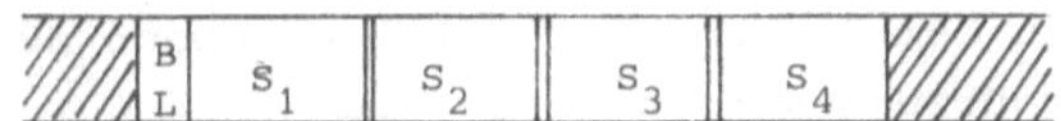

oder es wird ein eigenes Trennzeichen zum Trennen der einzelnen
Sätze verwendet.

Da ein Block als ganzes übertragen wird, muß im Arbeitsspeicher
ein Ein/Ausgabebereich für die Speicherung eines ganzen Blocks
reserviert sein. Bei variabler Blocklänge muß dieser Ein/Ausgabe-
bereich die Länge des größtmöglichen Blockes haben. Bei variabler
Satzlänge und festem Blockungsfaktor ist die maximale Blocklänge
durch die maximale Satzlänge bestimmt. Häufig wird jedoch eine
maximale Blocklänge vorgegeben und der Blockungsfaktor ebenfalls
variabel gehalten.

Das Zusammenfügen einzelner logischer Sätze zu einem Block bei
der Ausgabe, sowie das Trennen der einzelnen Sätze bei der
Eingabe wird von den Ein/Ausgabeprozeduren des Betriebssystems
organisiert. Die Blockung kann mit einer Pufferung der Ein/
Ausgabe kombiniert werden.

B 1.3 ORGANISATIONSFORMEN VON DATEIEN
____

Eine zusammengehörige Menge von Sätzen wird als Datei (engl.
file) bezeichnet. Das Herausgreifen eines Satzes aus einer
Datei bezeichnet man als Zugriff (engl. access). Entsprechend
der Organisationsform einer Datei unterscheidet man zwischen
sequentiellem und wahlfreiem Zugriff. Manche Datenträger erlauben
nur einen sequentiellen Zugriff (z.B. Magnetband). Der Zugriff
zu einem Satz einer Datei wird durch die Ein/Ausgabeprogramme des
Betriebssystems organisiert.

B 1.3.1 SEQUENTIELLER ZUGRIFF
____

Beim sequentiellen Zugriff (engl.sequential access) erfolgt die
Verarbeitung Satz für Satz in der Reihenfolge der Speicherung.
Wird jeder Satz durch einen bestimmten Schlüssel (engl. key)
- z.B. eine Nummer oder alphanumerische Zeichenfolge - identifi-
ziert, so können die einzelnen Sätze in der Sortierfolge ihrer
Schlüssel gespeichert und verarbeitet werden. Sollen in einer
sequentiellen Stammdatei einzelne Sätze verändert, hinzugefügt
oder entfernt werden, so müssen auch diese Veränderungen (engl.
update) in sequentieller Reihenfolge erfolgen. Dann müssen die
einzelnen Änderungssätze zuvor in einer eigenen Änderungsdatei
zusammengefaßt und ebenfalls nach Schlüssel sortiert werden. Der
folgende Datenflußplan zeigt die Vorgangsweise beim Hinzufügen
von Sätzen zu einer sortierten Stammdatei (die Stammdatei soll
auf Magnetband gespeichert sein, die einzelnen Zugänge werden
von Lochkarten eingelesen).

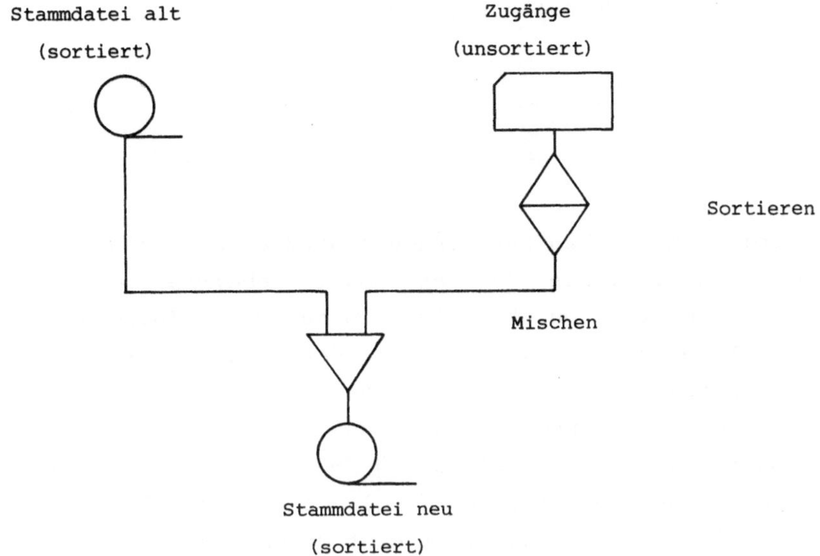

Änderungen einer auf Magnetband gespeicherten sequentiellen Datei
machen ein Kopieren der gesamten Datei notwendig. Dieser Aufwand
bringt es mit sich, daß Änderungen meist über einen gewissen Zeit-
raum angesammelt werden, bis sich eine Verarbeitung lohnt - die
Folge dieser Stapelverarbeitung (engl. batch-processing) ist,
daß die Datei nicht immer dem letzten Stand entspricht. Andererseits ermöglicht dieser Kopiervorgang eine einfache Datensicherung.
Wird die alte Stammdatei gemeinsam mit der Änderungsdatei bis
zum nächsten Updatelauf aufbewahrt, so kann eine eventuelle zer-
störte neue Stammdatei jederzeit rekonstruiert werden (Mutter-
Tochter-Prinzip).

Manche für sequentiellen Zugriff geeignete Datenträger (z.B.
Magnetband) gestatten eine wiederholte Verarbeitung der gesamten
Datei. Dieses Zurücksetzen auf den Anfang der Datei wird als
Rückspulen (engl. rewind) gezeichnet. Das Ende einer sequentiellen
Datei wird durch einen speziellen Kennsatz (End-of-File-Marke,
EOF) gekennzeichnet. Beim Lesen der Datei wird von den Eingabe-
programmen die End-of-File-Bedingung überprüft. Um beim Schreiben
einer sequentiellen Datei die EOF-Marke durch das Ausgabeprogramm
anzufügen, muß die Datei abgeschlossen werden. Falls die einzelnen
Sätze geblockt sind, wird beim Schließen (engl. close) der Datei

der letzte (eventuell kürzere) Block ausgegeben - im Falle einer
Pufferung werden die Pufferspeicherbereiche geleert - dann wird
die Datei mit einer EOF-Marke abgeschlossen.

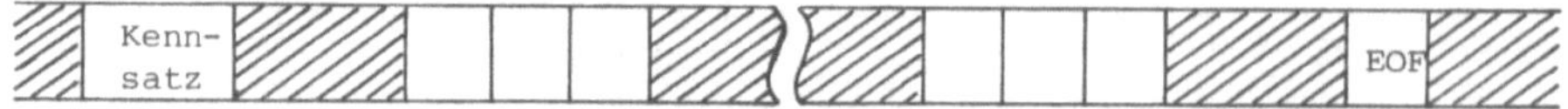

Besonders bei magnetischen Datenträgern wird an den Anfang einer
Datei häufig ein spezieller Kennsatz (engl. label-record) ge-
schrieben, der Information über die Form der Datei (Blockungs-
faktor, Satzlänge, etc.) sowie über die Berechtigung des Zugriffs
(Paßwort zur Datensicherung, symbolische Bezeichnung der Datei,
etc.), Datum der Erstellung der Datei und ähnliches enthält. Das
Schreiben dieser Kennsätze sowie deren Überprüfung beim Lesen
erfolgt beim sogenannten Eröffnen (engl. open) einer Datei. Das
Öffnen und Schließen von Dateien erfolgt durch entsprechende
Programme des Ein/Ausgabe-Systems.

Vorteile der sequentiellen Organisationsform sind ein schneller
Zugriff zum nächsten Satz in der betreffenden Reihenfolge,
Möglichkeit einer Pufferung (da die Reihenfolge der Sätze fest-
liegt), einfache Datensicherung durch Mutter-Tochter-Prinzip
und billige Speichermedien. Nachteilig kann der langsame Zugriff
zu einem bestimmten Satz sowie die Notwendigkeit des Kopierens
der gesamten Datei im Falle von Änderungen einzelner Sätze sein.

B 1.3.2 DIREKTER ZUGRIFF

Das Gegenstück zum sequentiellen Zugriff ist der wahlfreie Zugriff
(engl. random access) zu einzelnen Sätzen einer Datei in beliebiger Reihenfolge auf Grund eines Schlüssels. Ein solcher wahlfreier Zugriff ist nur auf einem "adressierbaren" Datenträger
(z.B. Arbeitsspeicher, Platte, Trommel) möglich. Im einfachsten
Fall kann die Position (Adresse) eines Satzes aus dem Schlüssel
berechnet werden, ein solcher Zugriff wird als direkter Zugriff
(engl. direct access) bezeichnet. Es existiert somit eine umkehrbar eindeutige Zuordnung zwischen den einzelnen Schlüsselwerten und den Speicheradressen.

Unter "Adresse" im allgemeinen Sinn werden hier Angaben über
die Position eines Satzes auf dem Speichermedium verstanden. Diese
Angaben können unterteilt sein (z.B. Zylindernummer und Kopfnummer
beim Plattenspeicher).

<u>Beispiel</u>:

Namen und Wohnadressen aller an der TU Wien inskribierten Studen-
ten sollen gespeichert und auf Grund der Matrikelnummer zugreif-
bar sein. Die siebenstellige Matrikelnummer - die den Schlüssel
darstellt - gliedert sich in eine zweistellige Zahl, die das
Immatrikulationsjahr angibt, einen zweistelligen Hochschulcode
und eine dreistellige fortlaufende Nummer.

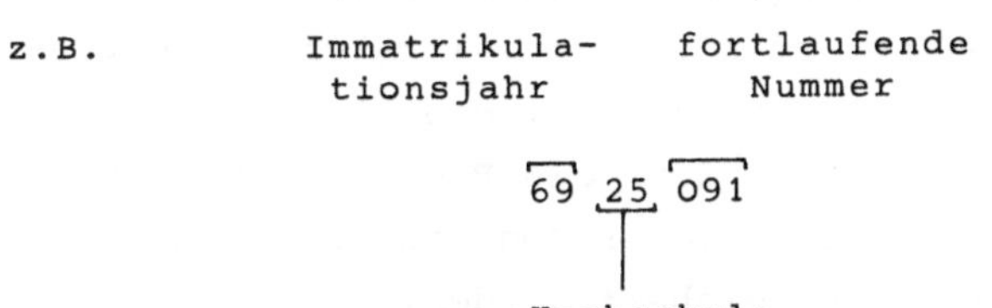

Eine Möglichkeit der Adresszuordnung besteht darin, das Immatrikulationsjahr als Zylindernummer und die erste Ziffer der fortlaufenden Nummer als Kopfnummer zu verwenden. Der Hochschulcode
bleibt unberücksichtigt, da er für alle Technikstudenten der-
selbe ist. Auf einer Spur werden 100 Sätze abgespeichert.

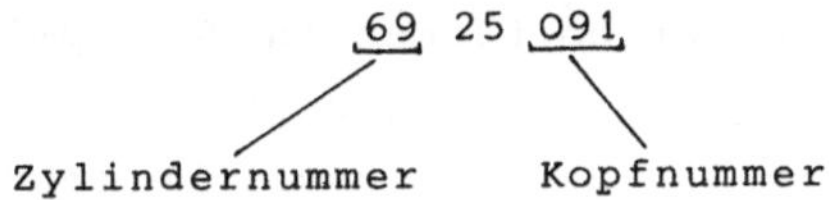

Beim Zugriff zu einem bestimmten Satz wird zuerst aus dem Schlüssel
die Zylinder- und Kopfnummer der jeweiligen Spur ermittelt und
danach die gesamte Spur als Block in den Arbeitsspeicher übertragen.

S_0	S_1	S_2	...	S_{98}	S_{99}

Erst im Arbeitsspeicher erfolgt der Zugriff zum gewünschten Satz
auf Grund der letzten beiden Stellen der Matrikelnummer.

Die direkte Organisationsform ermöglicht einen raschen Zugriff
zu einem beliebigen Satz, Änderungen können durchgeführt werden,
ohne die gesamte Datei zu kopieren. Nachteilig kann sich die
fehlende Datensicherung auswirken. Da dem Ein/Ausgabesystem nicht
bekannt ist, welcher Satz als nächster verarbeitet wird, ist eine
Pufferung nicht möglich. Falls nicht alle möglichen Schlüsselwerte tatsächlich auftreten, bleiben Teile des Speichermediums

unbenützt. Da eine umkehrbar eindeutige Zuordnung zwischen
Schlüsselwert und Speicheradresse besteht, ist es nicht erforderlich, den Schlüssel selbst mitzuspeichern.

Eine Abart des direkten Zugriffs verwendet eine nicht umkehrbar
eindeutige Abbildung der Schlüsselwerte auf die Adressen. Diese
Methode ist dann vorteilhaft, wenn zwischen den verwendeten
Schlüsselwerten größere Lücken auftreten (z.B. bei Namen als
Schlüssel). Durch eine eigene Hash-Funktion werden die einzelnen
Schlüsselwerte möglichst gleichmäßig den einzelnen Spuren zugeordnet. Alle auf dieselbe Spur abgebildeten Sätze werden sequentiell angeordnet. Falls eine Spur zu klein ist, wird eine Reserve-
spur (Überlaufspur) verwendet. Beim Zugriff wird aus dem Schlüssel
die Spurnummer berechnet, die gesamte Spur als Block eingelesen
und der gewünschte Satz gesucht. Bei dieser sogenannten <u>Hash-
Methode</u> müssen die Schlüssel mitgespeichert werden.

B 1.3.3 INDEXSEQUENTIELLER ZUGRIFF

Die indexsequentielle Organisationsform versucht ebenfalls,
bei nicht fortlaufenden Schlüsselwerten Lücken in der Speicherung
zu vermeiden. Die Adresse des Speicherbereiches wird allerdings
nicht auf Grund einer Vorschrift aus dem Schlüssel berechnet,
sondern aus einer Tabelle, der sogenannten <u>Indextabelle</u>,
entnommen.

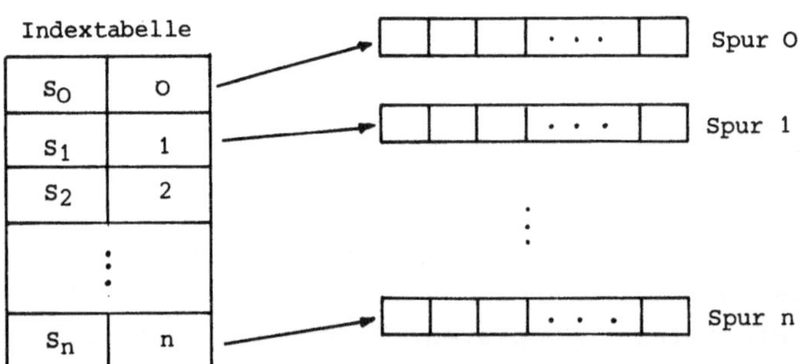

Innerhalb einer Spur sind die einzelnen Sätze nach Schlüsseln
sortiert gespeichert. In der Indextabelle ist der jeweils größte
Schlüssel jeder Spur enthalten. Die Nummer der gewünschten Spur
kann aus der Indextabelle durch binäres Suchen ermittelt werden.

Die erstmalige Erstellung einer indexsequentiellen Datei muß
sequentiell, d.h. nach Schlüsseln sortiert, erfolgen. Meist
werden pro Spur einige Sätze freigelassen, um nachträglich Sätze
hinzufügen zu können. Reicht dieser freie Speicherraum nicht aus,
so werden überlaufende Sätze in einer eigenen Überlaufspur gespeichert. Da dadurch jedoch das Auffinden der Sätze erschwert
wird, empfiehlt es sich, sobald die Überläufe überhandnehmen,
die Datei neu zu organisieren.

Um einen raschen Zugriff zu ermöglichen, ist es vorteilhaft, die
Indextabelle im Arbeitsspeicher zu halten. Falls bei großen
Dateien die Indextabellen zu umfangreich sind, um im Arbeitsspei-
cher Platz zu finden, verwendet man hierarchisch gegliederte
Indextabellen, die selbst auf dem externen Speicher gespeichert
sind.

z.B.

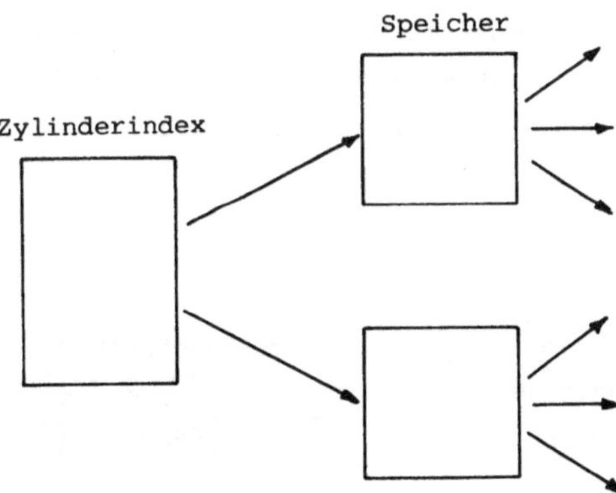

Ein kleiner und daher im Arbeitsspeicher untergebrachter Zylinderindex enthält die Zylindernummer des gesuchten Satzes. Nachdem der Zylinderindex an-
gesprochen ist, wird der auf jedem Zylinder gespeicherte Spurindex in den
Arbeitsspeicher übertragen, daraus die gewünschte Spur ermittelt und diese
eingelesen. Da der Zylinder bereits ausgewählt ist, sind dazu keine weiteren
mechanischen Bewegungen erforderlich. Ist der gewünschte Satz in der betreffenden Spur nicht enthalten, so wird in der Überlaufspur - die sich ebenfalls
im selben Zylinder befindet - weitergesucht.

Vorteil der indexsequentiellen Organisationsform ist eine bessere
Ausnutzung des Speichermediums, falls die Schlüsselwerte nicht
fortlaufend sind. Nachteilig ist der langsamere Zugriff und die
Notwendigkeit, die Datei sequentiell zu erstellen.

B 2 LADEN UND BINDEN VON PROGRAMMEN

Jedes Maschinenprogramm muß vor seiner Ausführung in den Arbeitsspeicher geladen werden. Dieser Ladevorgang, bei dem die bereits
in binärer Form vorliegenden Instruktionen in aufeinanderfolgende
Speicherzellen geschrieben werden, wird von einem Programm des
Betriebssystems - dem Lader (engl. loader) - durchgeführt.

B 2.1 ABSOLUTLADER

Entsprechen sämtliche in einem Programm auftretenden Adressen
den tatsächlichen Speicheradressen, so spricht man von einem
absolut adressierten Programm. Beim Erstellen eines Programms
mit absoluten Adressen muß allerdings die Ladeadresse - das ist
die Adresse, ab der das Programm geladen wird - bereits bekannt
sein.

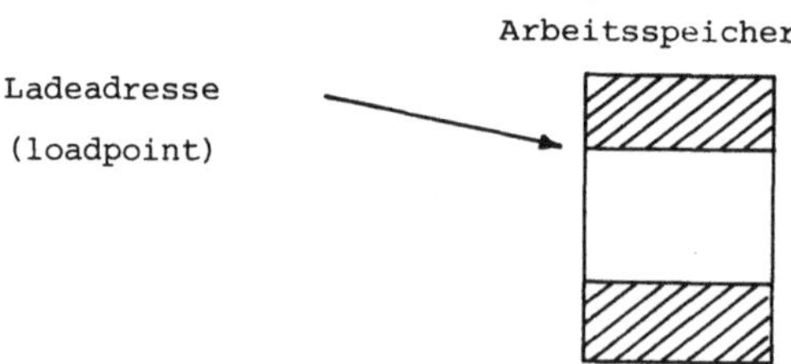

Absolut adressierte Programme müssen bei mehrmaliger Ausführung
immer in denselben Speicherbereich geladen werden. Die Aufgabe
des Ladens selbst ist dafür verhältnismäßig einfach und wird

vom sogenannten <u>Absolutlader</u> bewerkstelligt. Interessant ist,
daß der Absolutlader - der ja selbst ein Programm ist - gleichzeitig mit dem geladenen Programm im Arbeitsspeicher Platz finden
muß, um seine Aufgabe erfüllen zu können. Da der Absolutlader
auch benötigt wird, um nach der Durchführung des Programms das
nächste Programm zu laden, ist es notwendig, den Absolutlader
ständig im Arbeitsspeicher zu halten - er bildet somit einen
Bestandteil des speicherresidenten Teils des Betriebssystems.
Es drängt sich nun die Frage auf, wie denn der Absolutlader
selbst in den Arbeitsspeicher geladen werden kann. Tatsächlich
verwendet man dazu einen ganz primitiven <u>Urlader</u>, der nur aus
einigen Instruktionen besteht, die bei einem Kaltstart des
Computers - das ist ein Starten mit leerem Arbeitsspeicher -
von Hand aus eingegeben oder aus einem Festspeicher übertragen
werden. Dieser Vorgang wird als Initial Programm Loading (IPL)
bezeichnet.

Da die absolute Adressierung die Flexibilität des Programms
stark einengt, wird man nur solche Programme in absoluter Form
speichern, die häufig in denselben Bereich des Arbeitsspeichers
geladen werden - es sind dies vorwiegend Programme des Betriebssystems, Compiler, Assembler und Lader.

Absolute Programme können auch dadurch entstehen, daß bei sehr
lange laufenden Programmen von Zeit zu Zeit ein <u>Speicherabzug</u>
(engl. snapshot) - das ist eine Kopie des gesamten Arbeits-
speicherinhaltes - auf einem externen Speicher abgespeichert
wird. Falls ein Maschinenfehler auftritt, braucht das Programm
nicht von Anfang an, sondern nur vom letzten Speicherabzug weg
wiederholt zu werden. Eine solche Programmwiederholung wird als
<u>Restart</u> bezeichnet. Ein Speicherabzug kann auch gemacht werden,
um ein Programm zu unterbrechen und zu einem späteren Zeitpunkt
weiterzurechnen.

B 2.2 RELATIVLADER

Vielseitig verwendbare Unterprogramme dürfen nicht in absoluter
Form gespeichert werden, da man ja im vorhinein nicht weiß, in
welchem Speicherbereich sie geladen werden. Man speichert solche
Programme daher mit relativen Adressen, die auf den Anfang des

Programms bezogen sind. Erst beim Laden des Programms in den
Arbeitsspeicher wird zu jeder relativen Adresse die Ladeadresse
addiert und somit die absolute Adresse berechnet. Das Ladepro-
gramm, welches diese Adressmodifikation vornimmt, wird als
Relativlader (engl. relocating loader) bezeichnet.

Um die Adressmodifikation an den richtigen Instruktionen vor-
nehmen zu können, muß dem Relativlader gemeinsam mit dem relativ
adressierten (engl. relocatable) Programm die Information übermittelt werden, welche Adressen modifiziert werden sollen und
welche nicht. (Die Unterscheidung in direkte und indirekte
Operanden reicht nicht aus, da ja auch direkte Operanden Adressen
sein können). Prinzipiell kann diese Information durch ein
zusätzliches Bit (relocation bit) an jede Instruktion des relativ
adressierten Programms angefügt werden, oder die (relativen)
Adressen sämtlicher Instruktionen, deren Adressteil modifiziert
werden sollen, sind in einer eigenen Tabelle (relocation table)
vor dem Programm gespeichert.

Vor dem Laden eines relativ adressierten Programms muß der
Relativlader durch den speicherresidenten Absolutlader in den
Arbeitsspeicher geladen werden. Erst dann kann der Relativlader
das Programm in den verbleibenden freien Teil des Arbeitsspeichers laden. Da der Relativlader einen Teil des Speichers belegt,
müssen große Programme vom Relativlader auf einem peripheren
Speicher in absoluter Form zwischengespeichert werden, bevor
sie vom Absolutlader in den Arbeitsspeicher geladen werden können.

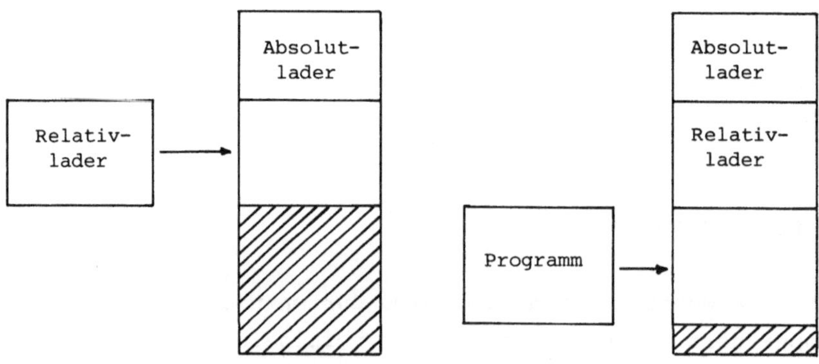

Das Problem der Berechnung der absoluten Adressen kann auch von
der Ladezeit auf die Laufzeit des Programms verschoben werden.
In einer eigenen Hardwareeinrichtung wird vor jeder Adressauswertung zur relativen Adresse der Inhalt eines zusätzlichen
Registers - des sogenannten <u>Basisadressregisters</u> - addiert.
(Dieser Vorgang entspricht einer impliziten Adressmodifikation
durch ein zweites Indexregister). Vor dem Start des Programms
wird die Ladeadresse - das ist die Basisadresse des Programms -
in dieses Basisadressregister geladen.

Die Verwendung eines Basisadressregisters ermöglicht es, bereits
geladene Programme während der Laufzeit im Arbeitsspeicher zu
verschieben.

B 2.3 BINDER

Das Laden von Unterprogrammen bringt eine zusätzliche Schwierigkeit mit sich. Beim Aufruf eines Unterprogramms, z.B. durch

```
        JMP   G   D   up
```

muß der symbolische Name up des Unterprogramms durch die Ladeadresse des Unterprogramms ersetzt werden. Vor dem Laden des
Unterprogramms kennt man diese Adresse jedoch meist noch nicht.
Für das rufende Programm (Hauptprogramm) ist der Unterprogramm-
name ein externer symbolischer Name, der innerhalb des Programmteiles selbst nicht definiert ist. Die Zuordnung dieser externen
Namen zu den Speicheradressen wird als Binden (engl. linking,
binding) bezeichnet und von einem eigenen Programm, dem sogenannten Binder (engl. linkage editor) oder ebenfalls vom
Lader durchgeführt. Solche externe Namen treten nicht nur als
Namen von Unterprogrammen auf, sondern können auch Daten be-
zeichnen, die von mehreren Programmteilen gemeinsam verwendet
werden.

Für jeden Programmteil (Programmodul) wird eine Tabelle aller
externen Namen angelegt (external symbol dictionary), die in
diesem Programmteil definiert sind, oder benötigt werden. Definiert ist ein externer Name dann, wenn er eine Adresse des vorliegenden Programmteiles bezeichnet. In dieser Tabelle ist zu
jedem definierten externen Namen die zugehörige relative Adresse

eingetragen. Für jeden benötigten externen Namen sind die relativen Adressen jener Instruktionen eingetragen, die den externen
Namen benötigen.

<u>Beispiel:</u>

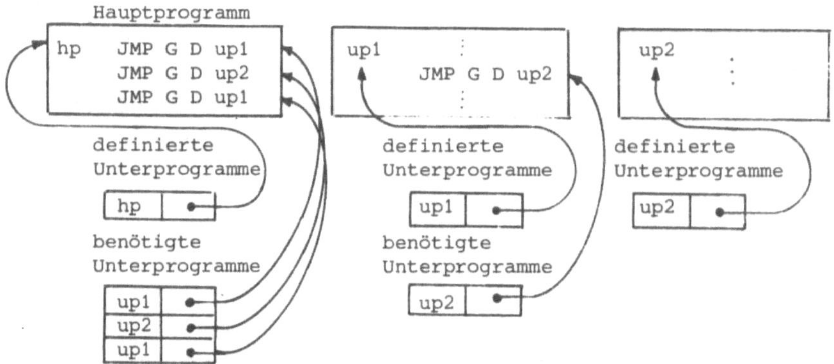

Beim Binden werden die Tabellen der externen Symbole jedes
Programmoduls verglichen und die zugehörigen Adressen eingesetzt.

B 2.4 PROGRAMMBIBLIOTHEK

Falls beim Binden Unterprogramme benötigt werden, die vom Benutzer nicht definiert sind, so können diese Unterprogramme in
einer eigenen Programmdatei, der sogenannten <u>Programmbibliothek</u>
(engl. library) aufgesucht und zu den jeweiligen Benutzerprogrammen geladen werden. Da die Bibliotheksprogramme selbst
wieder andere Unterprogramme benötigen können, müssen auch sie
vom Binder verarbeitet werden. Um die Arbeit des Bindens zu erleichtern, wird gemeinsam mit der Programmbibliothek ein Ver-
zeichnis aller in ihr enthaltenen Unterprogramme mitgespeichert,

in dem auch die von jedem Unterprogramm benötigten Unterpro-
grammnamen eingetragen sind.

B 2.5 SEGMENTIERUNG

Falls ein großes Programm nicht zur Gänze in den Arbeitsspeicher
paßt, kann es in mehrere Segmente (core loads) unterteilt werden,
die auf einem externen Speicher gespeichert sind und vom Loader
nach Bedarf in den Arbeitsspeicher geladen werden.

Wenn ein Segment abgearbeitet ist, wird es vom nächsten über-
laden (overlay). Dabei kann ein Teil des Speichers (z.B. für
gemeinsame Daten) erhalten bleiben.

```
        Programm                       Arbeitsspeicher

                                   +------------------------+
                                   |                        |
  +--------------------+           |      Absolutlader      |
  |                    |           |                        |
  |     Segment 1      |           +------------------------+
  |                    |           |                        |
  +--------------------+           |      Segment 1         |
  |                    |           |         bzw.           |
  |     Segment 1      |           |      Segment 2         |
  |                    |           +------------------------+
  +--------------------+           |                        |
  |                    |           |                        |
  |     Daten          |           |      Daten             |
  |                    |           |                        |
  +--------------------+           +------------------------+
```

Viele Programme des Betriebssystems (z.B. Compiler) sind
segmentiert.

B 3   ÜBERSETZUNGSPROGRAMME

Programme zur Sprachübersetzung werden üblicherweise nicht als
Bestandteil eines Betriebssystems gewertet, sondern ebenso wie
andere Dienstleistungsprogramme (wie etwa Sortiersysteme,
Update-Systeme, Editing-Systeme) gleichrangig mit Benutzerprogrammen eingestuft. Man unterscheidet die Assemblierung

eines maschinenorientierten Assembler-Programms durch den
Assembler (die Bezeichnung Assembler wird für die Sprache
ebenso wie für das Übersetzungsprogramm verwendet) und die
Übersetzung eines in einer problemorientierten Programmier-
sprache abgefaßten Programms durch einen Compiler. Im letzten
Fall kann die Übersetzung entweder unmittelbar in den Maschinen-
code erfolgen oder der Compiler liefert als Ergebnis ein
Assemblerprogramm, das nachträglich assembliert werden muß.

Die Übersetzung selbst erfolgt meist in mehreren Schritten (z.B.
lexikalische Aufbereitung, Syntaxanalyse, Codeerzeugung) die
entweder in einzelnen Durchläufen (passes) durch das zu über-
setzende Programm oder verzahnt erfolgen. Gelegentlich wird
auch versucht,durch den Compiler eine Optimierung des erzeugten Codes vorzunehmen. Da ein Compiler sowohl auf die zu über-
setzende Programmiersprache als auch auf die verwendete Hardware abgestimmt sein muß, benötigt man n*m Compiler, um n Programmiersprachen auf m unterschiedlichen Computersystemen
verfügbar zu machen. Um den Aufwand für das Schreiben so vieler
Compiler zu reduzieren,bieten sich mehrere Möglichkeiten an:

* Statt unmittelbar in den Maschinencode zu übersetzen,
  wird das Programm zuerst in eine universelle Zwischensprache und anschließend in den Maschinencode übersetzt.
  Dadurch wird der Aufwand auf n + m Compiler reduziert.

* Compilergeneratoren erlauben es, einen Compiler aus
  Angaben über die Syntax und Semantik einer Programmiersprache weitgehend automatisch zu generieren.

* Ein in einer maschinenunabhängigen Programmiersprache
  geschriebener Compiler kann - nach Abänderung der Codeerzeugung - auf eine andere Anlage übertragen werden.
  Insbesonders wenn der Compiler in derselben Sprache
  geschrieben ist, die er übersetzt, bieten sich inter-
  essante Möglichkeiten des Bootstrapping an.

Da ein Compiler ein meist umfangreiches Programm darstellt, ist
ein System bestimmter Mindestgröße erforderlich, um eine Übersetzung durchführen zu können. Um auch auf Kleinanlagen problem-
orientierte Programmiersprachen verwenden zu können, übersetzt
man solche Programme nicht auf derselben Anlage,für die das

Programm geschrieben ist, sondern auf einer anderen, größeren.
Compiler für diesen Zweck bezeichnet man als <u>Cross-Compiler</u>.

Insbesonders für die Programmentwicklung ist eine umfassende
Überprüfung des Programms zweckmäßig. Diese Überprüfung darf
sich nicht auf die grammatikalischen (syntaktischen) Fehler
beschränken, sondern muß auch Laufzeitfehler des Programms
(z.B. Überschreitung von Feldgrenzen) erkennen. Da eine solche
Laufzeitüberwachung in Widerspruch zu einer raschen Programm-
durchführung steht, verwendet man oft unterschiedliche Compiler-
versionen (Testcompiler, optimierende Compiler).

Um ein in einer problemorientierten Programmiersprache ge-
schriebenes Programm ausführen zu können, ist eine Übersetzung
in den Maschinencode nicht unbedingt erforderlich. Ein soge-
nannter <u>Interpreter</u> kann durch die Anweisungen des Programms
so gesteuert werden, daß der genau die Aktionen vornimmt, die
im Programm verlangt werden. Auch Mischformen, bei denen das
Programm zuerst in eine Zwischensprache übersetzt und diese
dann interpretiert wird, werden verwendet.

B 4 JOB-MANAGEMENT

Eine an den Rechner gestellte Aufgabe (Job) zerfällt zumeist
in mehrere Teilaufgaben (Jobsteps). Besteht die Aufgabe etwa
in der Durchführung eines in einer höheren Programmiersprache
geschriebenen Programms, so müssen die folgenden Schritte durchgeführt werden:

1) Laden des Compilers
2) Übersetzen des Quellprogramms
3) Laden des Loaders
4) Laden und Binden des Objektprogramms
5) Ausführen des Objektprogramms

Wird das Computersystem abwechselnd von unterschiedlichen Benutzern verwendet, so werden vor und nach diesen Einzelschritten
noch zusätzlich Programme zur Verrechnung der verbrauchten Betriebsmittel (engl. accounting) ausgeführt.

Bei jedem dieser Jobschritte ist ein anderes Programm im
Arbeitsspeicher aktiv. Die folgende Skizze zeigt den zeitlichen
Ablauf eines Jobs mit dem jeweils aktiven Programm im Arbeits-
speicher und der Ein/Ausgabe dieses Programms:

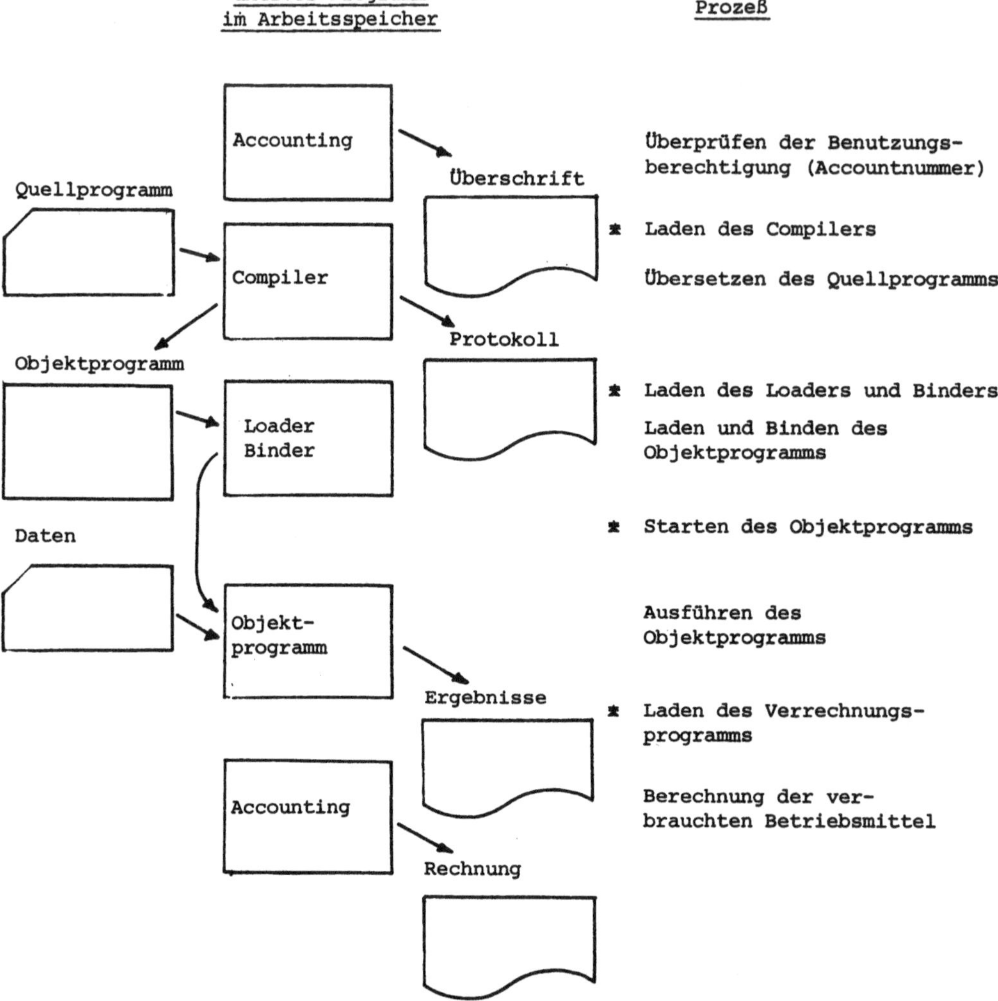

Während in den Anfängen der Computerentwicklung tatsächlich
Compiler, Loader und Objektprogramm über ein Eingabemedium vom
Programmierer geladen und gestartet werden mußten (*), wurde
mit zunehmender Rechengeschwindigkeit eine solche manuelle
Programmsteuerung unrentabel. Die Art und Reihenfolge der einzelnen Jobschritte wird nunmehr vom Programmierer <u>vor</u> Beginn
des Jobs festgelegt und dem Betriebssystem in einer eigenen
<u>Kommandosprache</u> (engl. command language, job control language)
- z.B. in Form von <u>Steuerkarten</u> (engl. control card) - mitgeteilt.

Wird der Job gestartet, so interpretiert das Betriebssystem diese
Kommandos, wodurch der Ablauf der einzelnen Jobschritte vollautomatisch erfolgt.

Da die Abfolge der Einzelschritte eines Jobs vor der Ausführung
des Jobs festgelegt ist, hat der Benutzer weder die Notwendigkeit noch die Möglichkeit, in den automatischen Ablauf des Jobs
einzugreifen. Dadurch wird nicht nur der Ablauf des Jobs beschleunigt, sondern auch die physische Anwesenheit des Benutzers
beim Computer überflüssig - das Rechenzentrum wird zum
closed-shop-Betrieb, in dem der Programmierer seinen Job ab-
liefert und nach einer gewissen Bearbeitungszeit (turn-around-
Zeit) die Ergebnisse abholt.

B 4.1 STAPELVERARBEITUNG (BATCH-PROCESSING)

Für das Rechenzentrum besteht nun die Notwendigkeit, eine Folge
von Jobs - den sogenannten Job-Batch - abzuarbeiten. Da vor und
nach der Ausführung eines Jobs für den Rechner der gleiche
Zustand herrscht (siehe obige Skizze), steht einem automatischen Übergang von einem Job auf den nächsten durch entsprechende Programme des Betriebssystems (engl. batch-monitor) nichts
im Wege. Bei dieser Form der Stapelverarbeitung wird eine ganze
Folge von Jobs ohne manuelle Eingriffe verarbeitet.

Falls ein Job beendet ist oder auf Grund eines Fehlers abge-
brochen wird, geht das System automatisch zum nächsten Job über.
Die Aufgabe des Operators beschränkt sich auf die Überwachung
der peripheren Geräte und das Eingeben der einzelnen Jobs.

Durch die weitgehende Ausschaltung manueller Eingriffe hängt
die Verarbeitungsdauer der Jobs nur mehr von der internen
Rechengeschwindigkeit und der Ein/Ausgabegeschwindigkeit der
Peripherie ab. Um die Auslastung der Zentraleinheit zu ver-
bessern, kann ein ganzer Job-Batch von einem schnellen peripheren Speicher eingelesen, verarbeitet und auf einem ebenso
schnellen Speicher ausgegeben werden. Die tatsächliche Ein/
Ausgabe auf die Papierperipherie (Kartenleser, Drucker) erfolgt
durch kleine Satellitenrechner vor und nach der tatsächlichen
Verarbeitung. Diese Form der Stapelverarbeitung wird als SPOOL-
Betrieb (simultaneous periphal operations on line) bezeichnet.

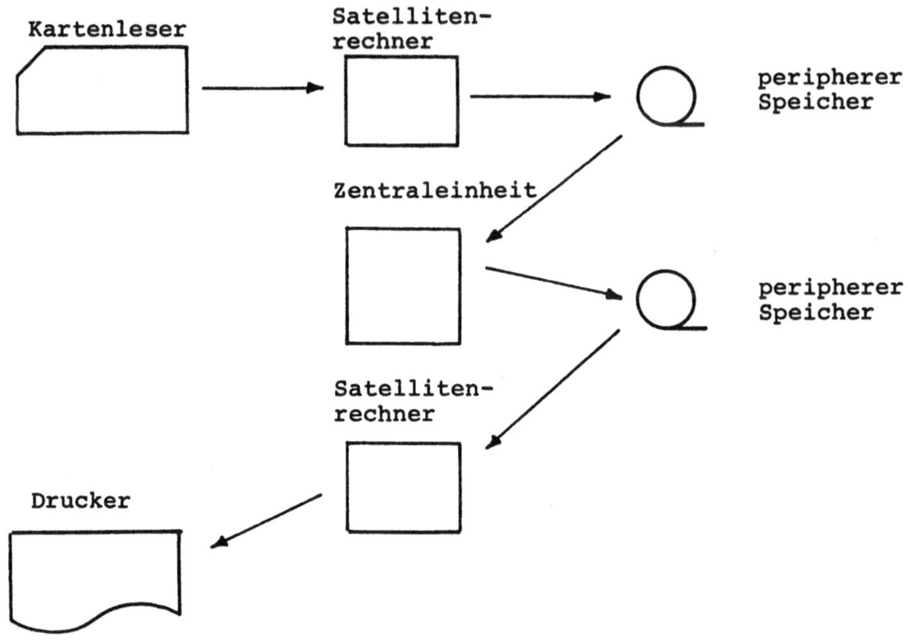

Durch zeitliche Überlappung von Eingabe, Berechnung und Ausgabe
mehrerer Jobfolgen können alle Arbeitsgänge simultan durchgeführt werden. Wird zum Beispiel in drei Schichten gearbeitet,
so kann gleichzeitig ein Batch gerechnet werden, während die
Ergebnisse der vorhergehenden Schicht ausgedruckt werden und
die Jobfolge der nächsten Schicht eingelesen wird. Als Nachteil
des SPOOL-Betriebes muß eine Verlängerung der Turn-Around-
Zeiten in Kauf genommen werden.

Praktische entspricht diese Vorgangsweise dem Prinzip der
Pufferung der Ein/Ausgabe, die hier allerdings nicht nur lokal
für einzelne Sätze erfolgt, sondern global den gesamten Job-
Batch betrifft, wodurch eine gleichmäßigere Auslastung aller
Hardwarekomponenten erreicht wird.

Die eingelesenen Jobs bilden im Pufferspeicher eine Warteschlange (engl. queue), in der sie auf ihre Verarbeitung warten.
Ebenso werden die Ergebnisse in eine Warteschlange zur Ausgabe

eingereiht. Die Abarbeitung dieser Warteschlangen erfolgt in
der Reihenfolge des Eintreffens (first-in-first-out).

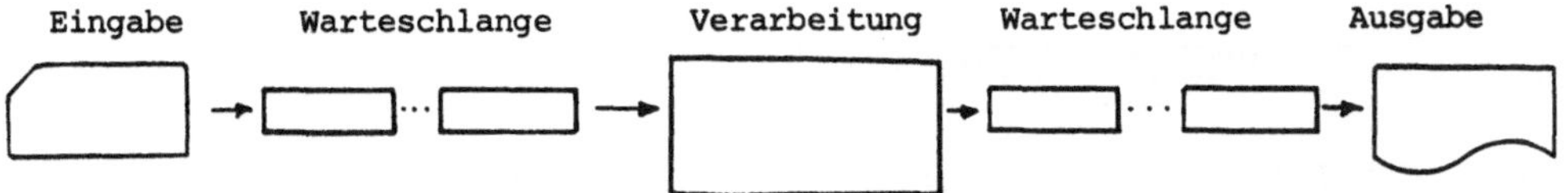

Verwendet man beim SPOOL-Betrieb periphere Pufferspeicher mit
wahlfreiem Zugriff, so besteht die Möglichkeit, die einzelnen
gespeicherten Jobs in beliebiger Reihenfolge - unabhängig von
der Reihenfolge ihrer Eingabe - zu verarbeiten.

So können etwa besonders dringende Jobs bevorzugt behandelt
werden. Die Festlegung der Reihenfolge erfolgt durch ein Programm des Betriebssystems - den sogenannten Job-Scheduler -
auf Grund von Prioritäten, die entweder vom Benutzer angegeben
werden oder vom System aus den angeforderten Betriebsmitteln
(z.B. Rechenzeit, Speicherbedarf, Umfang und Art der Ein/Ausgabe)
berechnet werden. So werden etwa kurze Jobs mit geringem Speicherbedarf höchste Priorität erhalten, während lange Jobs in eine
niedrigere Prioritätsstufe eingereiht werden. Nur innerhalb
gleicher Prioritätsstufen werden die Jobs in der Reihenfolge
ihrer Eingabe verarbeitet. Dabei muß einerseits darauf geachtet
werden, daß Jobs mit niedriger Priorität nicht endlos durch
neuankommende Jobs höherer Priorität verzögert werden - Abhilfe
kann etwa durch eine automatische Erhöhung der Priorität nach
festgesetzten Zeitabschnitten erreicht werden - andererseits
ist es unangenehm, wenn Jobs mit extrem hoher Rechenzeit -
sobald sie gestartet werden - die bevorzugte Behandlung von
kurzen Jobs auf längere Zeit blockieren. Letzteres kann vermieden werden, indem die langen Jobs nicht in einem Zug ausgeführt werden, sondern vielmehr bei Bedarf unterbrochen werden.
Ähnlich wie bei einem Snapshot wird der gesamte Programmstatus
auf einem peripheren Speicher abgespeichert, wodurch die Zentraleinheit für die Verarbeitung dringenderer Aufgaben zur Verfügung
steht. In einem späteren Zeitpunkt kann die Durchführung des
unterbrochenen Jobs durch einen Restart fortgesetzt werden. Das

Abspeichern eines unterbrochenen Programms wird als Roll-Out, das neuerliche Laden als Roll-In bezeichnet.

B 4.2 MULTIPROGRAMMIERUNG

Falls der Arbeitsspeicher groß genug ist, kann sich ein Abspeichern des Programms [*] im Falle einer Unterbrechung erübrigen.
Das bevorzugte Programm wird dann einfach zusätzlich zum unterbrochenen Programm in den Arbeitsspeicher geladen, gestartet und
nach seiner Verarbeitung das unterbrochene Programm reaktiviert.
Eine solche Betriebsform, bei der mehrere Programme gleichzeitig
im Arbeitsspeicher geladen sind und abwechselnd ausgeführt werden, wird als Multiprogramming bezeichnet.

Arbeitsspeicher

speicherresidenter Teil des Betriebs- systems
Programm 1
Programm 2
Programm 3
freier Speicher

Der Wechsel von der Durchführung eines Programms zu einem anderen
kann aus unterschiedlichen Gründen erfolgen:

* Jedem Programm kann eine bestimmte Zeitspanne (time-slice)
  zugeordnet sein. Falls das Programm innerhalb dieser
  Zeitspanne nicht beendet ist, wird es unterbrochen und
  die Steuerung an den Job-Scheduler übergeben. Dieser

---

[*] Unter "Programm" schlechthin werden hier
Programme und Daten verstanden.

entscheidet, ob das unterbrochene Programm fortgesetzt werden kann, oder ob ein anderes Programm höherer Priorität vorrangig behandelt werden soll. In diesem Fall wird das unterbrochene Programm wieder in die Warteschlange eingereiht. Falls dieses Einreihen an hinterster Stelle der Warteschlange erfolgt, spricht man von einer <u>zyklischen Warteschlange</u> (round robin).

* Falls ein gerade aktives Programm auf die Durchführung von Ein/Ausgabeoperationen wartet, kann die Steuerung ebenfalls an den Job-Scheduler zurückgegeben werden. Anstatt die Zentraleinheit untätig auf die Beendigung der Ein/Ausgabeoperation warten zu lassen, kann inzwischen ein anderes Programm aktiviert werden. Dieses Verfahren liefert insbesonders dann gute Resultate, wenn der Wechsel zwischen Ein/Ausgabe-intensiven und rechenintensiven Programmen erfolgt. Immer wenn die Ein/Ausgabeintensiven Programme auf die Beendigung einer Ein/Ausgabeoperation warten, kann in der Zwischenzeit ein rechenintensives Programm fortgesetzt werden.

Ein Beispiel für die Kombination von Ein/Ausgabe- und rechenintensiven Programmen bilden die einzelnen Prozesse im SPOOL-Betrieb. Die Eingabe vom Kartenleser auf einen peripheren Pufferspeicher sowie die Ausgabe vom Pufferspeicher auf den Drucker sind Ein/Ausgabe-intensiv, während die tatsächliche Durchführung der Jobs rechenintensiv ist. Statt für die Ein/Ausgabe eigene Satellitenrechner zu verwenden, können alle drei Prozesse von der Zentraleinheit im Multiprogramming durchgeführt werden.

Arbeitsspeicher

* Eine weitere Anwendungsmöglichkeit des Multiprogramming
  bietet sich im Time-Sharing-Betrieb an. Hierbei können
  mehrere Benutzer an den Rechner gleichzeitig über Datenstationen (Terminals) angeschlossen sein. Da die Ein/Ausgabe
  über diese Datenstationen im Vergleich zur internen Rechengeschwindigkeit extrem langsam ist, kann die Zentraleinheit
  die einzelnen Benutzerprogramme abwechselnd - ähnlich einem
  Zeitmultiplex-Verfahren - ausführen. Jeder einzelne Benutzer
  gewinnt dabei den Eindruck, daß ihm der Rechner allein zur
  Verfügung steht. Time-Sharing ermöglicht somit eine inter-
  aktive Benutzung des Computers, bei der der Programmierer
  den Ablauf seines Programms überwachen und beeinflussen
  kann.

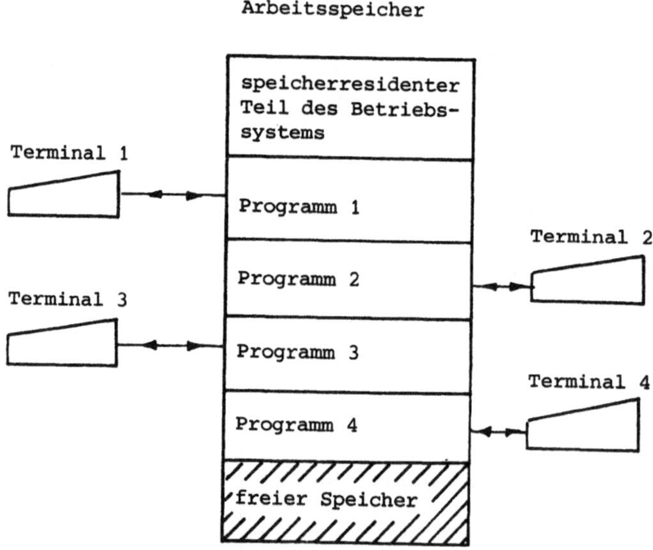

Auch Kombinationen der verschiedenen Anwendungsmöglichkeiten
des Multiprogramming sind möglich. So können etwa in einem
großen Computersystem mehrere Benutzer gleichzeitig an Terminals
arbeiten, während im Hintergrund die Batch-Jobs abgearbeitet
werden.

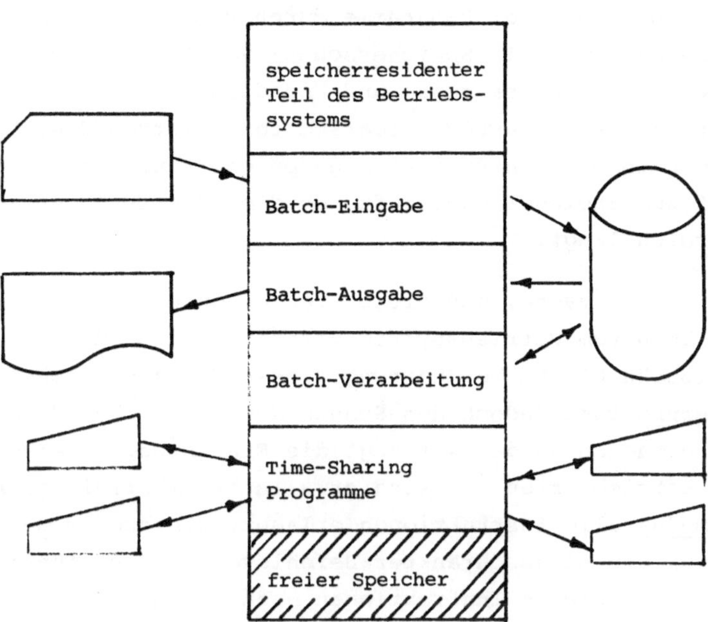

Um die Wartezeiten der Terminal-Benutzer kurz zu halten, werden
deren Anforderungen meist mit hoher Priorität versehen. So
können etwa kurze Anfragen an das System, die Korrektur einer
Programmzeile oder die Ein/Ausgabe von Daten geringeren Umfanges
vorrangig über Terminals behandelt werden. Um andererseits eine
Blockierung des Systems durch die Terminal-Benutzer zu vermeiden,
ist es üblich, umfangreichere Aufgaben, wie etwa die Übersetzung
oder Ausführung eines Jobs, in die Warteschlange der Batch-Jobs
einzuordnen und mit diesen gleichrangig zu behandeln. Falls ein
solches Einordnen eines Jobs vom Terminal aus veranlaßt werden
kann, spricht man von remote-job-entry. Andere Systeme beschränken sich darauf, die Benützung ein und desselben Programms oder
den Zugriff zu einem Datenbestand von mehreren Datenstationen
gleichzeitig zu ermöglichen, wie das etwa bei Platzreservierungen,
Kontenführungen und ähnlichen Anwendungen notwendig ist.

Multiprogramming stellt eine Reihe von zusätzlichen Anforderungen an die Hardware und an das Betriebssystem:

* Um eine Beeinflußung anderer gleichzeitig im Arbeitsspeicher befindlicher Programme durch Programmierfehler zu vermeiden, muß ein <u>Speicherschutz</u> vorhanden sein. Meist werden Anfangsadresse und Endadresse bzw. Länge des für das gerade aktive Programm reservierten Speicherbereiches in eigenen Registern gespeichert und bei jedem Zugriff zum Speicher überprüft, ob die Adresse im erlaubten Bereich liegt.

* Allein die Tatsache, daß diese Grenzen durch eigene Instruktionen vom Betriebssystem gesetzt werden müssen, eine mißbräuchliche Veränderung dieser Grenzen durch ein Benutzerprogramm jedoch den Schutz des restlichen Speichers zunichte machen würde, verlangt die Einführung unterschiedlicher Betriebsarten. So sind etwa in einem privilegierten <u>Systemmodus</u> alle Instruktionen erlaubt, während im <u>Benutzermodus</u> nur ein eingeschränkter Befehlsvorrat ausgeführt wird. Privilegierte Instruktionen - zu denen auch das Starten von Ein/Ausgabeoperationen sowie der STP-Befehl gehören - führen im Benutzermodus zu einer Programmunterbrechung.

* Die tatsächliche Durchführung von <u>Ein/Ausgabeoperationen</u> muß dem Betriebssystem vorbehalten bleiben, damit dieses einerseits eine Pufferung veranlassen kann und andererseits Wartezeiten mit der Ausführung anderer Programme füllt.

* Um Anforderungen von externen Geräten - z.B. Datenstationen - kurzfristig behandeln zu können, muß es möglich sein, den Programmablauf auch von außen zu unterbrechen. Solche <u>externen Programmunterbrechungen</u> können etwa von einem Terminal eingeleitet werden, sobald der Benutzer Daten an das System eingibt. Durch die Unterbrechung ist das Betriebssystem in der Lage, die Daten in Empfang zu nehmen und die Anforderung des Benutzers evident zu halten.

* Falls ein Datenbestand mehreren Benutzern gemeinsam zur
  Verfügung stehen soll, sind Überwachungen des Betriebssystems
  erforderlich, ob ein Benutzer berechtigt ist, den Datenbestand zu lesen oder gar zu verändern. Eine solche Überwachung
  erfolgt meist durch Passwörter, die nur den berechtigten Benutzern bekannt sind.

* Um ein Belegen des Arbeitsspeichers durch mehrere Kopien ein
  und desselben Programms (z.B. Compiler, Laufzeitunterpro-
  gramme, etc.) zu vermeiden, soll es möglich sein, daß ein
  Programm von mehreren Benutzern abwechselnd durchgeführt
  wird. Zu diesem Zweck dürfen diese Benutzer im gespeicherten
  Programm keine Änderungen durchführen - auch die Daten müssen
  vom Programm getrennt gespeichert werden. Programme, die
  mehreren Benutzern gleichzeitig zur Verfügung stehen, werden
  als reentrant bezeichnet.

Ein besonders Problem im Zusammenhang mit Multiprogramming
bildet die Aufteilung des Arbeitsspeichers auf die einzelnen
Benutzerprogramme (Speicherzuteilung, engl. storage allocation).
Ein einfaches Verfahren besteht darin, jedem Programm soviel
aufeinanderfolgenden Speicherbereich zuzuordnen, wie von diesem
Programm maximal benötigt wird. (Unter Umständen ist der tatsächliche Speicherbedarf eines Programms zum Zeitpunkt des
Ladens noch nicht bekannt, weil ein zusätzlicher Speicherbereich
erst dynamisch während der Laufzeit des Programms benötigt wird).
Die Umwandlung der relativen in die absoluten Adressen braucht
nur ein einziges Mal, beim Laden des Programms zu erfolgen. Sobald allerdings durch beendete Programme wieder Speicherbereiche
frei werden, kann der Fall eintreten, daß zwar die Summe der
freien Speicherbereiche groß genug ist, um ein neues Programm
aufzunehmen, der größte freie Speicherbereich jedoch zu klein
ist, um das Programm geschlossen aufzunehmen.

z.B.

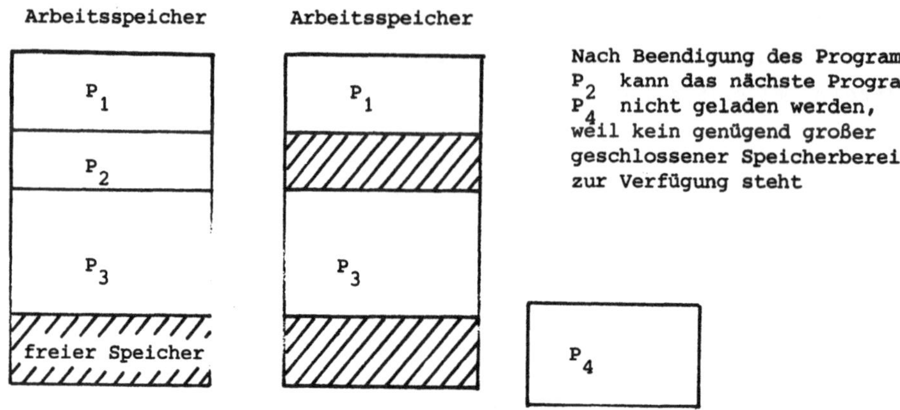

Nach Beendigung des Programms P$_2$ kann das nächste Programm P$_4$ nicht geladen werden, weil kein genügend großer geschlossener Speicherbereich zur Verfügung steht

Abhilfe kann auf zweierlei Weise erfolgen. Entweder die Adressierung wird so durchgeführt, daß bereits geladene Programme im Arbeitsspeicher verschoben werden können - oder man verzichtet darauf, Programme in einem geschlossenen Speicherbereich zu laden und teilt umfangreiche Programme auf mehrere Teile des Arbeitsspeichers auf.

Um Programme im Arbeitsspeicher <u>verschieblich</u> (relocatable) speichern zu können, müssen die absoluten Adressen dynamisch zur Laufzeit berechnet werden. Die absolute Anfangsadresse (<u>Basisadresse</u>) des Speicherbereiches wird dabei in einem <u>Basisadressregister</u> gehalten und vor jeder Adressauswertung zur relativen Adresse addiert. Eine Verschiebung des Programms in einen anderen Speicherbereich bedingt eine bloße Veränderung des Basisadressregisters. Wird die Länge des Programms (größte Relativadresse) in einem weiteren Register gespeichert, so kann vor jedem Speicherzugriff überprüft werden, ob die Adresse im erlaubten Bereich liegt (Speicherschutz).

Um Programme auf verschiedene Teile des Speichers aufteilen zu können, teilt man sowohl den Arbeitsspeicher als auch die Programme in Teile bestimmter Länge, die als <u>Seiten</u> (engl.page) bezeichnet werden. Beim Laden werden jedem Programm bestimmte Seiten des Speichers zugewiesen, die nicht notwendigerweise im

Arbeitsspeicher aufeinanderfolgend angeordnet sein müssen.

z.B.

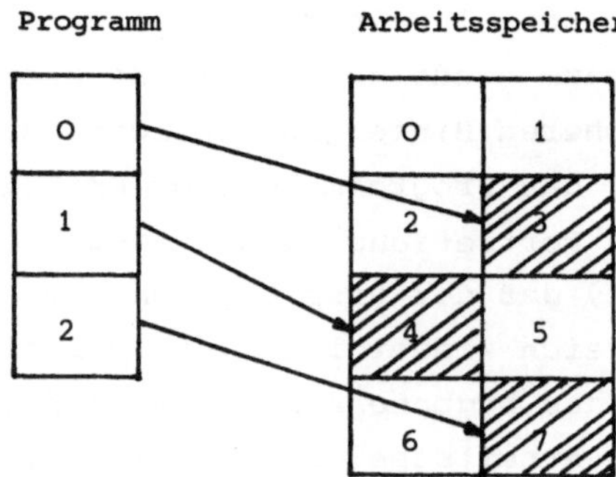

Da die Anzahl der Speicherzellen pro Seite meist als Potenz
von 2 gewählt wird (eine typische Seitenlänge ist zum Beispiel
2^{10} = 1024), kann jede Adresse in einen Bestandteil, der die
__Seitennummer__ und einen Teil der die Nummer der Speicherzelle
innerhalb der Seite angibt, zerlegt werden.

z.B.

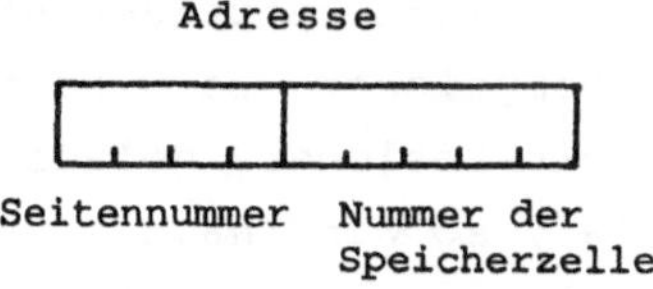

Zur Laufzeit des Programms muß vor jeder Adressauswertung aus
der Seitennummer der Relativadresse die Nummer der entsprechenden
Seite im Arbeitsspeicher ermittelt werden. Dies erfolgt mit
Hilfe eines Feldes, in dem der Index die relative und das zugehörige Feldelement die absolute Seitennummer angibt.

z.B.

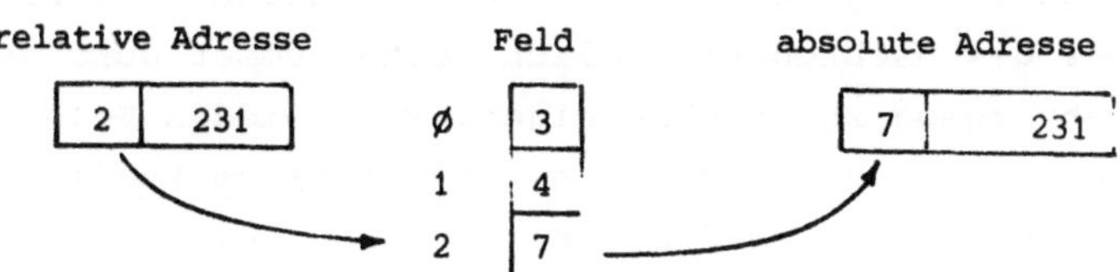

Ein anderes Problem der Speicherzuteilung stellt sich, wenn der freie Speicher zu klein ist, um ein bevorzugt zu behandelndes Programm aufnehmen zu können. In einem solchen Fall muß ein bereits begonnenes Programm niedriger Priorität aus den Arbeitsspeicher auf einen peripheren Hintergrundspeicher ausgeladen werden (roll-out) um für das Programm höherer Priorität Platz zu schaffen. Da bei der Fortsetzung des ausgeladenen Programms nicht sichergestellt ist, daß der ursprünglich dem Programm zugewiesene Speicherbereich wieder frei ist, muß eine Möglichkeit geschaffen werden, das begonnene Programm auf einen beliebigen freien Bereich des Arbeitsspeichers laden (roll-in) und fortsetzen zu können. Eine Lösung dieses Problems wird durch das Konzept des sogenannten virtuellen Speichers ermöglicht.

Der <u>virtuelle Speicher</u> (engl.virtual storage) erlaubt die Adressierung eines großen Hintergrundspeichers mit direktem Zugriff, auf dem die Programme seitenweise gespeichert sind. Zu einem bestimmten Zeitpunkt befindet sich nur ein geringer Teil aller Seiten des virtuellen Speichers im Arbeitsspeicher. Bei jedem Speicherzugriff wird aus der <u>virtuellen Adresse</u> die virtuelle Seitennummer ermittelt und überprüft, ob die entsprechende Seite gerade im Arbeitsspeicher geladen ist. Ist das der Fall, so wird die tatsächliche Seitennummer des Arbeitsspeichers ermittelt und der Zugriff kann erfolgen. Befindet sich die gewünschte Seite nicht im Arbeitsspeicher, so wird diese auf eine beliebige freie Seite des Arbeitsspeichers geladen. Ist keine Seite des Arbeitsspeichers frei, so wird nach einem festgelegten Algorithmus eine Seite bestimmt - zum Beispiel die Seite, die am längsten nicht verwendet wurde - und auf den Hintergrundspeicher zurückübertragen. (Das Verfahren entspricht der Verwendung eines cache -Registers in einer höheren Ebene der Speicherhierarchie). Um aus der virtuellen Adresse rasch die effektive Adresse des Arbeitsspeichers ermitteln zu können, bedient man sich eines Feldes, dessen Indizes den Seitennummern des Arbeitsspeichers entsprechen und dessen Elemente die virtuellen Seitennummern zum Inhalt haben. Vor jedem Speicherzugriff werden die Feldelemente nach der gewünschten virtuellen Seitennummer durchsucht. Um diesen Suchvorgang zu beschleunigen, wird dieses Feld oft in einem eigenen Satz von Registern (<u>assoziatives Register</u>) gespeichert, die von der Hardware simultan auf einem bestimmten Inhalt überprüft werden. Diese Speicherverwaltung kann hardwaremäßig mit Hilfe einer sogenannten MMU (memory management unit) vorgenommen werden.

z.B.

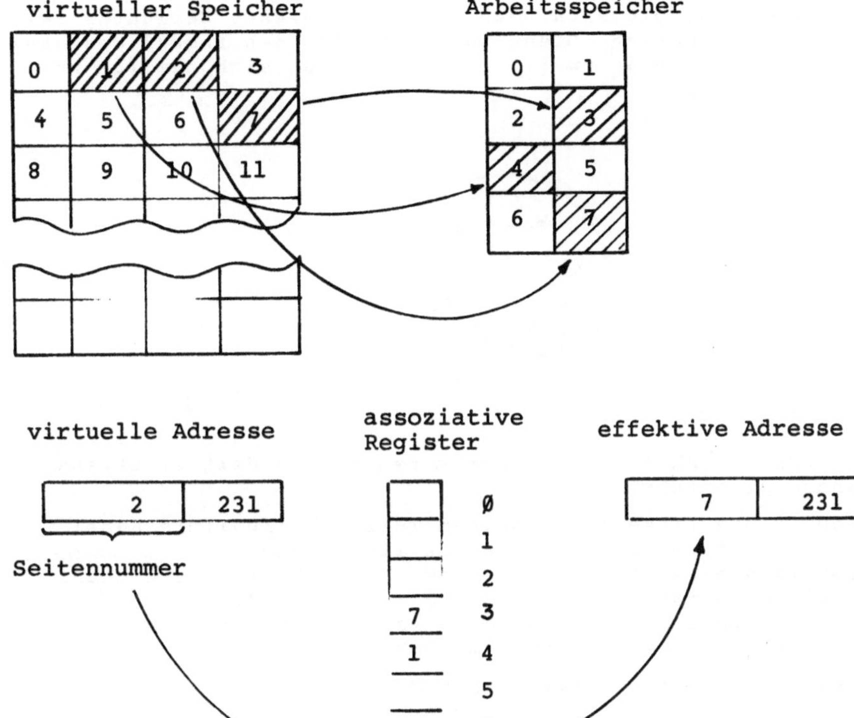

Streng gesehen besteht die Aufgabe eines Betriebssystems in
der zeitlichen Aufteilung der Betriebsmittel auf mehrere
Benutzer. Als Betriebsmittel müssen hier sowohl zentraler
Prozessor, als auch Arbeitsspeicher, Hintergrundspeicher und
externe Geräte und periphere Prozessoren angesehen werden.
Diese Aufgabe wird dadurch kompliziert, daß mehrere Prozesse
gleichzeitig (parallel) ablaufen können. Sobald diese Prozesse
in unkontrollierter Weise Betriebsmittel anfordern und bereits
zugeteilte Betriebsmittel behalten können, kann es zu einer
Blockierung (Deadlock) des Systems kommen.

Ein illustratives Beispiel für das Auftreten eines Deadlocks
stammt von E.W. DIJKSTRA. Fünf Philosophen sitzen an einem runden Tisch und meditieren. Da selbst Philosophen gelegentlich
Nahrung zu sich nehmen müssen, hat jeder Philosoph vor sich einen
Teller mit einem Spaghettigericht. Die spezielle Art von Spa-
ghetti bringt es mit sich, daß zum Essen dieses Gerichtes zwei Gabeln benötigt werden. Diese Gabeln bilden den Engpaß des ganzen
Systems - zwischen je zwei Tellern befindet sich nämlich nur
eine einzige Gabel.

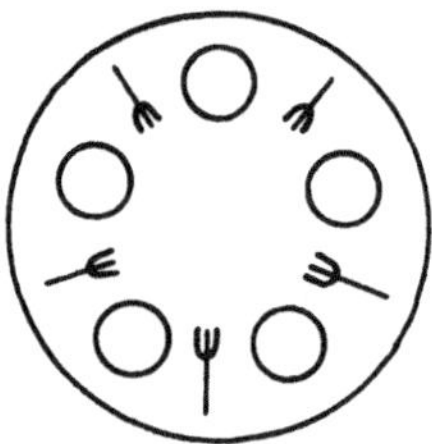

Sobald nun ein Philosoph Hunger verspürt, handelt er streng nach
folgendem Algorithmus:

    Sobald die linke neben seinem Teller befindliche Gabel
    frei ist nimmt er diese in die linke Hand.
    Sobald die rechte neben seinem Teller befindliche Gabel
    frei ist nimmt er diese in die rechte Hand.
    Dann beginnt der Philosoph zu essen und legt
    anschließend beide Gabeln zurück.

Die Deadlocksituation tritt genau dann ein, wenn alle Philosophen
gleichzeitig hungrig sind und jeder eine Gabel blockiert und
endlos auf das Freiwerden der zweiten Gabel wartet. (Die Informatik hat inzwischen bessere Algorithmen entwickelt, die ein
Verhungern der Philosophen vermeiden).

Eine ähnliche Blockierung tritt in Computersystemen zum Beispiel
dann ein, wenn zwei paralell ausgeführte Programme zwei periphere
Geräte gleichzeitig beanspruchen, aber in verschiedener Reihenfolge reservieren. Sobald jedes der Programme eines der Geräte
für sich reserviert hat, wartet es vergeblich darauf, daß das
andere Programm dieses Gerät wieder freigibt.

Den paralellen Ablauf zweier Prozesse kann man graphisch folgendermaßen veranschaulichen

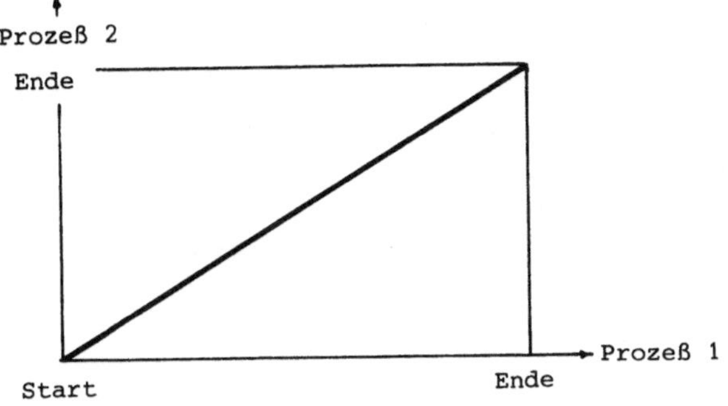

parallele Verarbeitung mit gleicher Geschwindigkeit ohne Unterbrechung

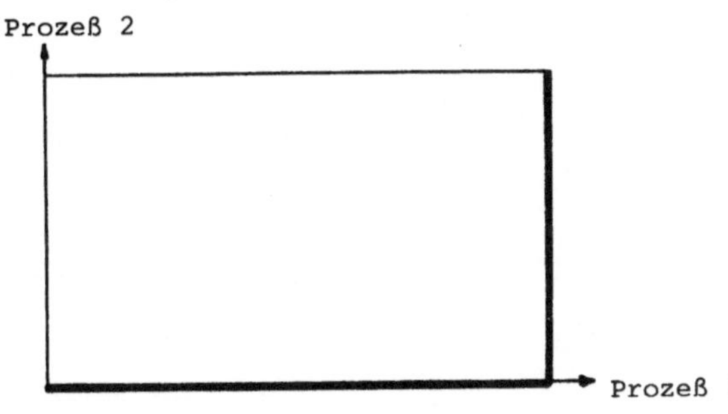

sequentielle Verarbeitung, zuerst Prozeß 1, dann Prozeß 2

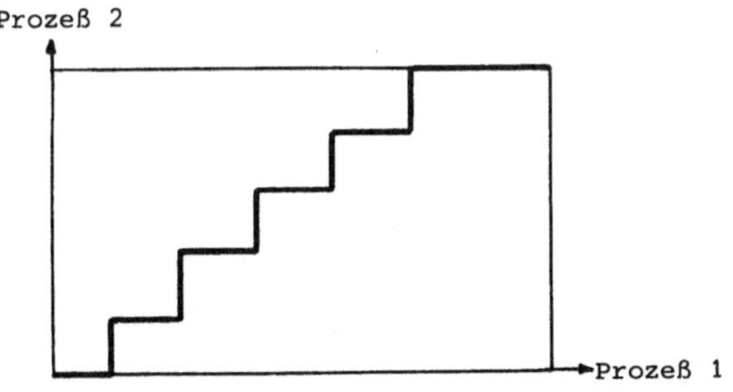

abwechselnde Verarbeitung (Wechsel nach äquidistanten Zeitabschnitten)

Da eine Verarbeitung nicht rückgängig gemacht werden kann, muß die Kurve monoton ansteigen!

Falls zwei parallele Prozesse dasselbe Betriebsmittel benötigen,
entsteht in der Skizze ein verbotener Bereich (schraffiert), der
nicht durchlaufen werden kann.

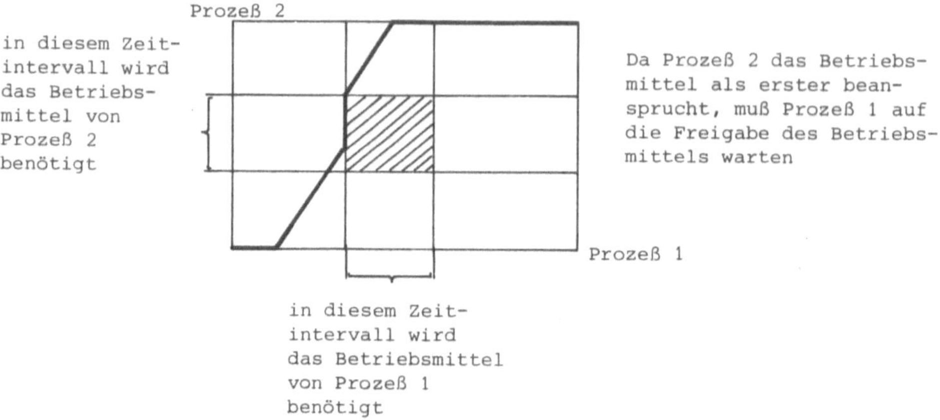

Die folgende Skizze veranschaulicht eine Deadlocksituation:

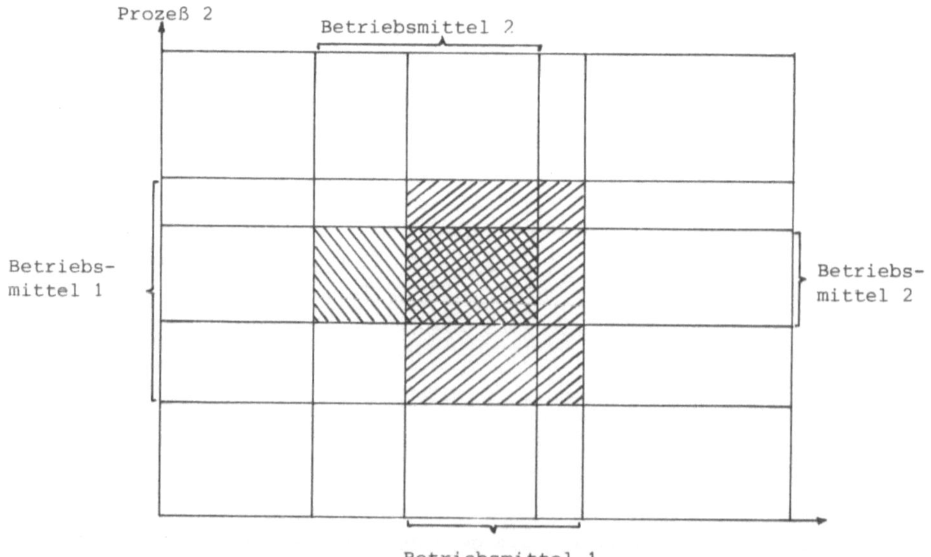

Um einen Deadlock zu verhindern, muß sichergestellt sein, daß der verbotene Bereich keine einspringende Ecken hat, in denen die Verarbeitung blockiert wird.

Bei allen Überlegungen hinsichtlich einer Verbesserung der Hardwareauslastung durch organisatorische Maßnahmen des Betriebssystems ist es keine Seltenheit, daß der Anteil der Betriebsmittel, die das System für sich beansprucht (System-Overhead), in derselben Größenordnung wie die der Benutzerprogramme liegt, ja diese sogar übersteigt. Ein typisches Betriebssystem besteht aus rund 1 Million Instruktionen und benötigt etwa 1000 Mannjahre zu seiner Fertigstellung. Unter diesem Gesichtspunkt ist es auch nicht verwunderlich, daß bei der Verwendung eines solchen Betriebssystems Fehler auftreten können, die gelegentlich den Zusammenbruch des gesamten Systems zur Folge haben.

C CODES UND INFORMATIONSTHEORIE

Nachdem nun bereits ein gewisser Überblick über die technologischen Möglichkeiten und organisatorischen Anforderungen
eines Computersystems besteht, soll hier versucht werden, das
auf mannigfaltigste Weise immerwiederkehrende Grundproblem der
Verschlüsselung von Information zum Zweck der Speicherung, Übertragung und Verarbeitung allgemein zu untersuchen.

C 1 GRUNDBEGRIFFE

Unter _Information_ versteht man die Bedeutung, die durch eine
Nachricht übermittelt wird. Welche Information einer Nachricht
entnommen wird, ist subjektiv und hängt vom Empfänger ab. So
kann zum Beispiel ein einfaches Wort (z.B. "mayday") für den
einen Empfänger bedeutungslos, für den anderen jedoch eine große
Information bedeuten. (Das Wort "mayday" wird als Notsignal im
Funkverkehr verwendet). Um eine Nachricht übertragen oder speichern zu können, bedarf es eines _Signals_. Ein Signal ist eine
physikalische Größe, deren Werteverlauf die Nachricht darstellt
(z.B. die Impulsfolge, die die Zeichenfolge "mayday" im Morse-
Code darstellt). Während _analoge Signale_ einen kontinuierlichen
Verlauf haben, können _diskrete Signale_ nur eine beschränkte
Anzahl von Werten annehmen.

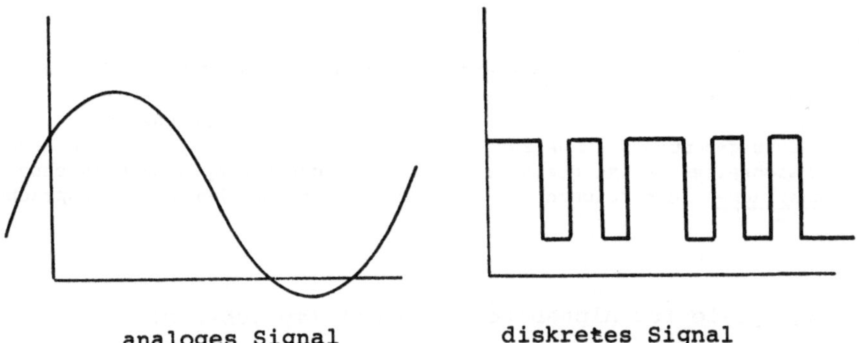

analoges Signal   diskretes Signal

Ein Beispiel für ein analoges Signal sind die Schallschwingungen,
durch die eine gesprochene Nachricht übertragen wird - ebenso
die Spannungsschwankungen auf einer Telefonleitung oder der
Magnetisierungsverlauf auf einem Tonband, oder der Rillenver-
lauf auf einer Schallplatte, auf der die Nachricht aufgezeichnet
ist. In den nächsten beiden Abschnitten werden nur diskrete
Signale betrachtet.

Zur Übertragung von Information bedienen wir uns einer <u>Sprache</u>.
Jede Sprache hat bestimmte Regeln, nach denen eine Nachricht
aufgebaut sein muß. Diese Regeln (z.B. Grammatik) werden als
<u>Syntax</u> der Sprache bezeichnet. Eine in einer Sprache abgefaßte
Nachricht ist meist aus bestimmten <u>Zeichen</u> zusammengesetzt. Die
Menge aller unterschiedlichen Zeichen einer Sprache nennt man
<u>Alphabet</u>.

Das Alphabet der deutschen Sprache zum Beispiel enthält die
Groß- und Kleinbuchstaben mitsamt den Umlauten und ß, aber
auch die Interpunktionszeichen, etc.

Die Schriftzeichen haben ihren Ursprung in einer in Mesopotamien
entstandenen Bilderschrift, deren Alphabet aus mehreren tausend
Zeichen bestand. Im dritten Jahrtausend vor Christus wurde dieses
Alphabet auf die 560 Zeichen der Keilschrift reduziert. Die
chinesische Schrift kennt heute noch über 40 000 Einzelzeichen,
von denen jedoch nach der Reform nur noch etwa 3000 - 4000 verwendet werden.

<u>Beispiel</u>: Alphabet der 24 griechischen Großbuchstaben

$\{A\,|\,B\,|\,\Gamma\,|\,\Delta\,|\,E\,|\,Z\,|\,H\,|\,\Theta\,|\,I\,|\,K\,|\,\Lambda\,|\,M\,|\,N\,|\,\Xi\,|\,O\,|\,\Pi\,|\,P\,|\,\Sigma\,|\,T\,|\,\Upsilon\,|\,\Phi\,|\,X\,|\,\Psi\,|\,\Omega\}$

<u>Anmerkung</u>:

Die Zeichen {,} und | sind nicht Bestandteil des Alphabets, sondern dienen
vielmehr dazu, um den Anfang und das Ende der Zeichen des Alphabets zu
kennzeichnen, beziehungsweise als Trennzeichen zwischen den Zeichen des
Alphabets. Genau genommen wird versucht, eine Sprache mit Hilfe einer anderen
Sprache zu beschreiben. Diese übergeordnete, beschreibende Sprache bezeichnet
man als <u>Metasprache</u> - die Zeichen {,} und | sind daher Zeichen der Metasprache.

Weitere Beispiele für Alphabete von Spezialsprachen sind etwa
die Symbole für die vier Mondphasen

$$\{\ \bullet\ |\ \leftmoon\ |\ \bigcirc\ |\ \rightmoon\ \}$$

oder die zwölf Tierkreiszeichen

$$\{\ \aries\ |\ \taurus\ |\ \gemini\ |\ \cancer\ |\ \leo\ |\ \virgo\ |\ \libra\ |\ \scorpio\ |\ \sagittarius\ |\ \capricorn\ |\ \aquarius\ |\ \pisces\ \}$$

Ein Alphabet, das nur aus zwei Zeichen besteht, nennt man
<u>Binäralphabet</u> und die beiden Zeichen <u>Binärzeichen</u>.

<u>Beispiele für Binäralphabete:</u>

$$\{\ \mars\ |\ \venus\ \}$$
$$\{\ \emptyset\ |\ \text{L}\ \}$$
$$\{\ \cdot\ |\ -\ \}$$
$$\{\ \text{o}\ |\ \text{\reflectbox{X}}\ \}$$
$$\{\ +\ |\ -\ \}$$

Daß nicht nur Menschen Informationen mit Hilfe einer Sprache
austauschen, zeigt zum Beispiel die Bienensprache, die es
gestattet, aus Tanzbewegungen Information über die Position
von Futterstellen - durch Entfernungs- und Richtungsangaben
bezogen auf den Sonnenstand sozusagen in Polarkoordinaten -
zu übertragen.

Um für spezielle Anwendungen Information auf prägnante Weise
zu übermitteln, wurden - im Gegensatz zu den <u>natürlichen Sprachen</u>
- sogenannte <u>künstliche Sprachen</u> geschaffen. Beispiele für künstliche Sprachen sind die mathematische Formelsprache mit ihren
eigenen Zeichen und Regeln

z.B.

$$c = \sqrt{a^2 + b^2}$$ syntaktisch richtig

$$y = a + b)c$$ syntaktisch falsch

$$\int_0^1 \frac{dx}{x^2} = 1$$ syntaktisch richtig aber semantisch (inhaltlich) falsch

Auch die chemische Formelsprache für die Beschreibung eines
Molekülaufbaues,

z.B. H_2SO_4

die Sprache zur Beschreibung von Schachzügen,

z.B.   Lg6:! fg6:

die Notenschrift,

z.B.

und selbstverständlich eine Programmiersprache

z.B.   <u>while</u> a[i] ≠ x <u>do</u> i := i+1;

sind Beispiele für künstliche Sprachen.

C 2 CODIERUNG

Unter einem <u>Code</u> versteht man die Abbildung der Zeichen eines
Alphabets auf ein anderes Alphabet. Zweck der Codierung kann
eine einfachere Darstellung, Übertragung oder Verarbeitung,
aber auch eine Erhöhung der Störsicherheit (z.B. durch Hinzufügen eines Parity-Bits) und in speziellen Fällen auch Geheim-
haltung sein. Die Entschlüsselung einer codierten Zeichenfolge
bezeichnet man als Decodierung.

Der historisch älteste bekannte Code für die Verschlüsselung von
Buchstaben zur einfacheren Nachrichtenübertragung wurde im
Peloponnesischen Krieg (431 bis 401 vor Chr.) bei der Fackel-
telegraphie verwendet. Zur Verschlüsselung wurden die 24 Buchstaben des griechischen Alphabets in einem quadratischen Schema
zu fünf Zeilen und fünf Spalten angeordnet.

	I	II	III	IIII	IIIII
I	α	β	γ	δ	ε
II	ζ	η	ϑ	ι	κ
III	λ	μ	ν	ξ	ο
IIII	π	ρ	σ	τ	υ
IIIII	ϙ	χ	ψ	ω	

Zur Übertragung eines Buchstabens wurde eine Fackel an der linken
Seite einer Brustwehr sooft vorgestreckt, als es der Zeilennummer
entspricht. Die Spaltennummer wurde in analoger Weise durch Vor-
strecken einer Fackel nach der rechten Seite signalisiert. Als
Trennzeichen zwischen den Buchstaben wurden zwei Fackeln gleichzeitig hochgehoben.

Häufig erfolgt die Codierung in der Form, daß einem Zeichen des
Alphabets eine ganze Zeichenfolge des anderen Alphabets entspricht. Diese Zeichenfolge, die dann eine logische Einheit
bildet, wird als <u>Wort</u> bezeichnet. Die Anzahl der Zeichen pro
Wort heißt <u>Wortlänge</u>. Die Wortlänge kann für den gesamten Code
fest oder auch variabel sein. Bei Codes variabler Wortlänge muß
sichergestellt sein, daß die Wortgrenzen bei der Decodierung
wieder eindeutig erkannt werden können - dies kann zum Beispiel

durch Verwendung eines speziellen Trennzeichens gewährleistet
werden.

<u>Beispiel</u>: Morsecode

Der Morsecode ist ein Code variabler Wortlänge, der das Buch-
staben-Alphabet auf die 3 Zeichen { . | - | Pause } abbildet.
Das Pausezeichen (Zwischenraum) wird als Trennzeichen verwendet,
um einen verschlüsselten Text eindeutig decodieren zu können.

Die Vorschrift für die Codierung kann in Form einer Tabelle oder
auch durch einen <u>Codebaum</u> festgelegt sein:

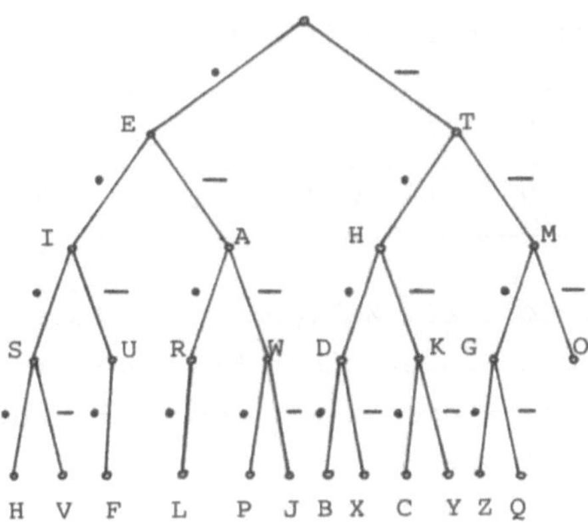

Im Codebaum läßt sich das codierte Wort ermitteln, indem man
von der Wurzel des Baumes bis zu dem gewünschten Buchstaben
geht und bei jeder Verzweigung notiert, ob man in Richtung
Punkt oder Strich fortschreitet. Die Anzahl der Verzweigungen
- das ist die Weglänge von der Wurzel bis zu dem gewünschten
Knoten - ist gleich der Wortlänge. Ziel des Morsecodes ist es,
die häufig auftretenden Buchstaben durch möglichst kurze Punkt-
Strich-Folgen zu verschlüsseln (dabei ist zu berücksichtigen,
daß in der Telegraphie ein Strich etwa dreimal solange dauert
wie ein Punkt).

Die Form der Verschlüsselung, wie sie der Morsecode verwendet,
wird als Gruppenverfahren bezeichnet. Dabei wird das Buchstaben-
alphabet auf Grund des ersten codierten Zeichens - Punkt oder
Strich - in zwei Gruppen unterteilt. Alle Codeworte, die mit
Punkt beginnen, bilden die eine Gruppe, alle die mit Strich beginnen, die andere. Die beiden Gruppen sind im Codebaum als
Teilbäume ersichtlich. Jedes weitere Zeichen des Codewortes teilt
die Gruppe in weitere Untergruppen - solange bis alle Zeichen
des Codewortes berücksichtigt sind. Bei einem Gruppencode ist
die Reihenfolge der Zeichen im Codewort von Bedeutung.

Eine prinzipiell andere Möglichkeit der Codierung stellt das
Reihenverfahren dar. Beim Reihenverfahren ist die Position der
einzelnen Zeichen innerhalb des codierten Wortes belanglos. Ein
Beispiel für das Reihenverfahren bildet die Verschlüsselung
von ganzen Zahlen durch römische Ziffern:

1	2	3	4	5	6	7	8	9	10
I	II	III	IV	V	VI	VII	VIII	IX	X

Im Prinzip ist dieser Code ein Zählcode (die Zeichen V und X
sind nur Symbole für die Finger einer bzw. beider Hände). Auch
die Codierung der vollen Stundenanzahl durch Kirchturmschläge
erfolgt durch einen Zählcode.

Ein weiteres Beispiel für einen Zählcode ist die Verschlüsselung
der Dezimalziffern durch Impulsfolgen, wie sie beim Drehen der
Wählscheibe eines Telefons abgegeben werden.

Für die Verschlüsselung der Erbinformation innerhalb der Gene verwendet
die Natur einheitlich für alle Lebewesen einen aus 64 Zeichen bestehenden
<u>Genetischen Code</u>. Als Gen bezeichnet man einen Abschnitt eines Ketten-
moleküls der Desoxyribonukleinsäure (DNS) an dem in linearer Folge jeweils
eine von vier möglichen Stickstoffbasen (Adenin, Uracil, Guanin, Cytosin)
hängen. Je drei aufeinanderfolgende Basen bilden ein Wort. Insgesamt lassen
sich 4^3 = 64 verschiedene Worte bilden. Die Zuordnungsvorschrift dieser
64 Wörter zu den 20 Aminosäuren, aus denen Proteine aufgebaut sind, wurde
1966 vollständig bestimmt.

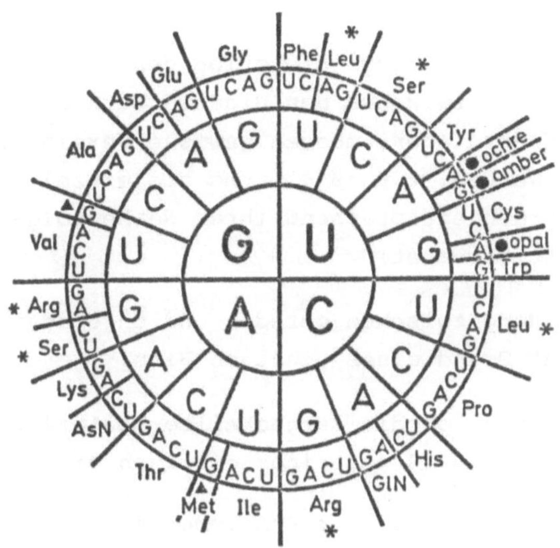

Spezielle Wörter dienen als Startzeichen (▲), andere als Endzeichen (•)
einer Folge von etwa 200 Worten eines Gens. Die gespeicherte Information
bleibt während der Existenz des Gens unverändert und wird bei der Zell-
teilung kopiert (eine Veränderung kann nur durch hochenergetische Strahlung
erfolgen und bewirkt eine Mutation). Ein Chromoson enthält rund 10^4 bis
10^5 Gene. Die Anzahl der Chromosonen pro Zellkern ist für die einzelnen
Lebewesen unterschiedlich und beträgt bei Wirbeltieren rund 50 (für den
Menschen 46). - Die pro Zellkern gespeicherte Information entspricht somit
einer Datenmenge von 10^{10} Bit.

Wird bei der Codierung ein Alphabet auf ein binäres Alphabet
abgebildet, so spricht man von einem <u>Binärcode</u>. Binärcodes
werden vor allem wegen der einfachen Möglichkeit der Darstellung
häufig verwendet. Ein Zeichen des Binäralphabets selbst bezeichnet man als <u>Bit</u> (Abkürzung für binary digit). Entsprechend
wird auch die Wortlänge eines Binärcodes in Bit gemessen.

Binärcodes werden häufig wegen ihrer einfachen Darstellung und
der einfachen Möglichkeit der Codesicherung verwendet. So verwendet man Binärcodes auch etwa zur Verschlüsselung von Dezimalziffern. Anforderungen, die man an einen solchen Code stellen
kann, sind zum Beispiel:

* Beibehaltung der Ordnungsrelation des ursprünglichen
  Alphabets. (Um zwischen den Binärwörtern eine Ordnungsrelation festzulegen, müssen gewisse Vereinbarungen
  getroffen werden, z.B. $\emptyset < L$ und die einzelnen Binärstellen werden entsprechend ihrer Reihenfolge von links
  nach rechts gewertet)

* Unterscheidung zwischen geraden und ungeraden Dezimalziffern auf Grund eines einzigen Bits.

* Unterscheidung, ob die dargestellte Dezimalziffer < 5
  oder ≥ 5 ist, auf Grund eines einzigen Bits.

* Einfache Bildung des 9-er Komplements.

Die ersten beiden Anforderungen erfüllt der <u>8-4-2-1-Code</u>,
bei dem jeder Ziffer ein vierstelliges Binärwort zugeordnet
ist, welches als Dualzahl mit der Zuordnung $\emptyset \rightarrow 0$ und $L \rightarrow 1$
interpretiert - dem Wert der Ziffern entspricht. Die Bezeichnung
8-4-2-1-Code spiegelt den Stellenwert wider, der jedem Bit
zukommt. Wie im Codebaum ersichtlich ist, werden von den 16
möglichen vierstelligen Binärworten die ersten 10 verwendet.

0	ØØØØ
1	ØØØL
2	ØØLØ
3	ØØLL
4	ØLØØ
5	ØLØL
6	ØLLØ
7	ØLLL
8	LØØØ
9	LØØL

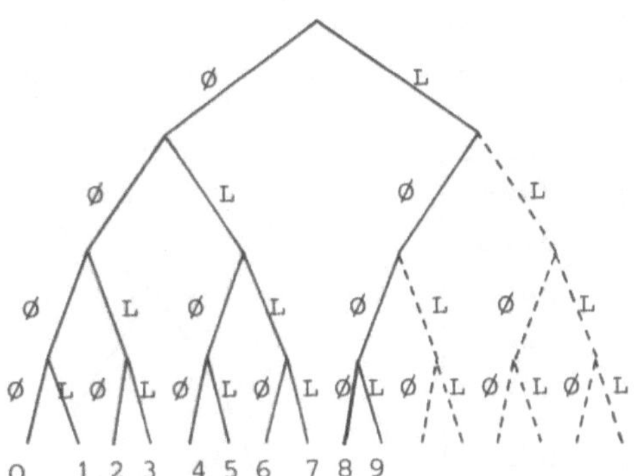

Addiert man zum Zahlenwert die Dezimalziffer 3 und nimmt danach
die Verschlüsselung durch das Dualäquivalent vor, so erhält man
den 3-Exzess-Code (auch Stibitz-Code). Der 3-Exzess-Code verteilt die Dezimalziffern symmetrisch auf die Endknoten des Code-
baumes, wodurch die Ziffern von 0 bis 4 auf den linken Teilbaum
und die Ziffern von 5 bis 9 auf den rechten Teilbaum abgebildet
werden (Gruppencode). Auf Grund dieser Symmetrie kann auch das
9-er Komplement der Dezimalziffer durch Komplementbildung der
Binärziffer gebildet werden.

0	ØØLL
1	ØLØØ
2	ØLØL
3	ØLLØ
4	ØLLL
5	LØØØ
6	LØØL
7	LØLØ
8	LØLL
9	LLØØ

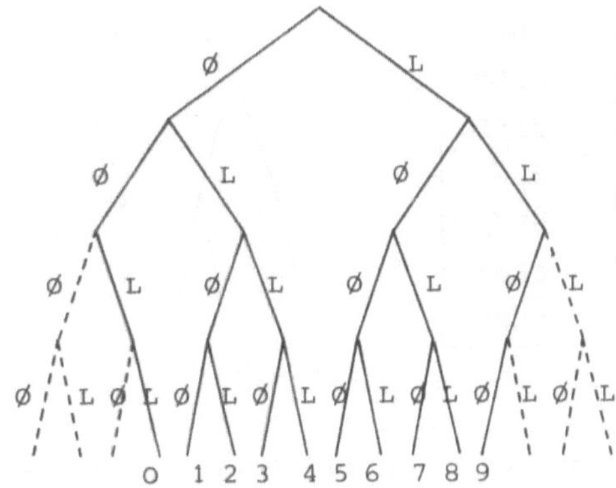

Der _Aiken-Code_ verbindet die Eigenschaften des 3-Exzess-Codes
mit dem zusätzlichen Vorteil, daß den einzelnen Binärstellen
Gewichte (2-4-2-1) zugeordnet werden können. Wie der Codebaum
zeigt, nimmt man dafür Lücken innerhalb der gültigen Binärverschlüsselung in Kauf - die nächsthöhere Ziffer kann somit nicht
mehr durch einfache Addition einer L gebildet werden.

0	ØØØØ
1	ØØØL
2	ØØLØ
3	ØØLL
4	ØLØØ
5	LØLL
6	LLØØ
7	LLØL
8	LLLØ
9	LLLL

Beim _Gray-Code_ unterscheiden sich benachbarte Ziffern nur um
ein einziges Bit. Auf Grund dieser Eigenschaft gehen sämtliche
anderen Vorteile verloren.

0	ØØØØ
1	ØØØL
2	ØØLL
3	ØØLØ
4	ØLLØ
5	ØLLL
6	ØLØL
7	ØLØØ
8	LLØØ
9	LLØL

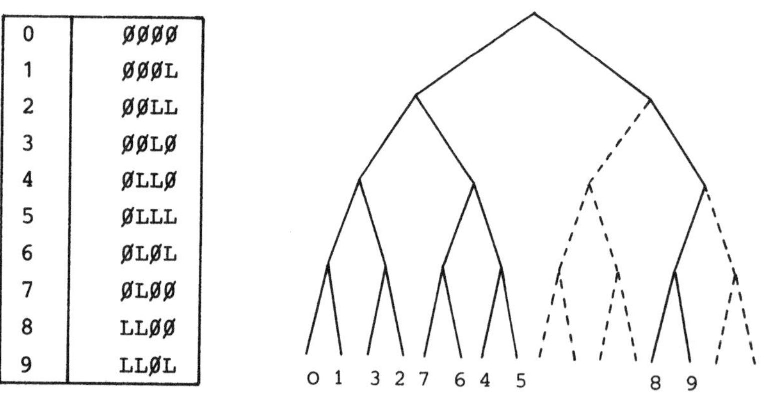

Verwendet man eine Wortlänge von 5 anstelle der notwendigen
4 Bits, so können einfache Störungen - das sind Störungen,
die nur ein einziges Bit pro Wort betreffen - erkannt werden.
Das zusätzliche Bit kann zum Beispiel so gesetzt werden, daß
die Anzahl der Einsen im gesamten Binärwort gerade (ungerade)
wird. Ein solches zusätzliches Bit wird als _Prüfbit_ oder

<u>Paritybit</u> bezeichnet.

Eine andere Möglichkeit der Codesicherung besteht darin, daß
von den 5 Bits genau 2 Bits Eins gesetzt und die restlichen
3 Bits Null gesetzt werden. Es gibt genau 10 unterschiedliche
Binärworte, die dieser Anforderung genügen. Dieser Code wird
als <u>2-aus-5-Code</u> bezeichnet. Die Zuordnung der Dezimalziffern
zu den 10 Binärworten erfolgt beim 2-aus-5-Code so, daß die
Ordnungsrelation erhalten bleibt, wenn man die Null nach der
Neun anordnet. Mit Ausnahme der Null erhält man die Gewichte
7-4-2-1-0.

0	LLØØØ
1	ØØØLL
2	ØØLØL
3	ØØLLØ
4	ØLØØL
5	ØLØLØ
6	ØLLØØ
7	LØØØL
8	LØØLØ
9	LØLØØ

Für die Binärverschlüsselung von alphanumerischen Zeichen
(Buchstaben, Ziffern und Sonderzeichen) werden Codes mit 5, 6, 7
und 8 Bit Wortlänge verwendet. Der seit 1931 verwendete
<u>Fernschreibcode CCITT No 2</u> verwendet eine Ziffern- bzw. Buch-
stabenumschaltung, um die 54 Zeichen mit 5 Bit verschlüsseln
zu können. Der Code wurde so gewählt, daß den häufig verwendeten Zeichen eine möglichst geringe Anzahl von Einsen (Strom-
schritten) entspricht.

Fernschreibcode CCITT No 2 :

	Buchstabe	Ziffer
ØØØØØ	nicht verwendet	
ØØØØL	T	5
ØØØLØ	Wagenrücklauf	
ØØØLL	O	9
ØØLØØ	Zwischenraum	
ØØLØL	H	
ØØLLØ	N	,
ØØLLL	M	.
ØLØØØ	Zeilenvorschub	
ØLØØL	L	)
ØLØLØ	R	4
ØLØLL	G	
ØLLØØ	I	8
ØLLØL	P	0
ØLLLØ	C	:
ØLLLL	V	=
LØØØØ	E	3
LØØØL	Z	+
LØØLØ	D	Wer da?
LØØLL	B	?
LØLØØ	S	'
LØLØL	Y	6
LØLLØ	F	
LØLLL	X	/
LLØØØ	A	-
LLØØL	W	2
LLØLØ	J	Klingel
LLØLL	Ziffernumschaltung	
LLLØØ	U	7
LLLØL	Q	1
LLLLØ	K	(
LLLLL	Buchstabenumschaltung	

Ein <u>6-Bit-Code</u> wird gelegentlich bei nicht byte-orientierten
Rechenanlagen zur internen Zeichendarstellung verwendet. Die
Zuordnung der Zeichen zu den 64 Bitkombinationen erfolgt entweder
so, daß die Ziffern ihrem jeweiligen Dualwert entsprechen (um
Rechenoperationen zu erleichtern), oder daß die lexikographische
Reihenfolge - Buchstaben vor Ziffern vor Sonderzeichen - gewahrt
bleibt.

z.B.

	0	1	2	3	4	5	6	7
0	:	1	2	3	4	5	6	7
1	8	9	Ø	=	≠	≤	%	[
2		/	S	T	U	V	W	X
3	Y	Z	]	,	(	→	≡	∧
4	-	J	K	L	M	N	O	P
5	Q	R	∨	∅	*	↑	↓	>
6	+	A	B	C	D	E	F	G
7	H	I	<	.	)	≤	¬	;

	0	1	2	3	4	5	6	7
0	:	A	B	C	D	E	F	G
1	H	I	J	K	L	M	N	O
2	P	Q	R	S	T	U	V	W
3	X	Y	Z	Ø	1	2	3	4
4	5	6	7	8	9	+	-	*
5	/	(	)	S	=		,	.
6	#	[	]	%	"	_	!	&
7	'	?	<	>	@	\	∧	;

Die Zeilennummer entspricht der ersten,
die Spaltennummer der zweiten Oktalziffer.

Der <u>ISO 7-Bit-Code</u> wurde bereits bei der Datenübertragung über
Telefonleitung besprochen.

Der <u>EBCD-Code</u> (Extended Binary Coded Decimal Interchange Code,
EBCDIC) ist ein 8 Bit-Code, der zur internen Darstellung von
Zeichen innerhalb eines Bytes, aber auch auf externen Datenträgern (z.B. um ein Prüfbit ergänzt auf 9-Spur Magnetbändern)
verwendet wird. Es handelt sich dabei um einen Gruppencode, bei
dem die ersten 2 Bit angeben, zu welcher Gruppe das Zeichen gehört.

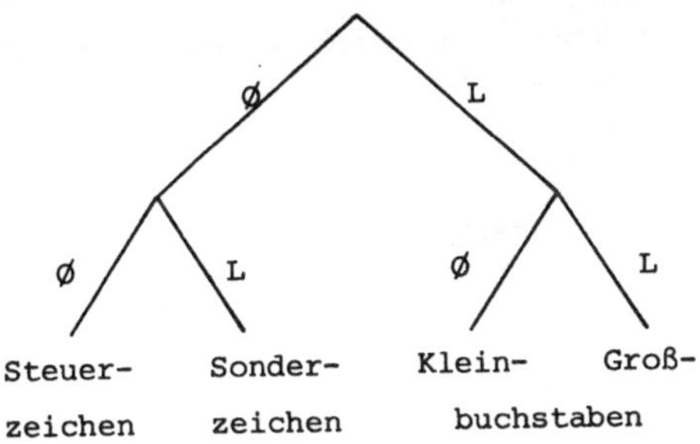

Die Ziffern sind durch 4 führende Einsen (das entspricht der Sedezimalziffer F im Zonenteil des Bytes) verschlüsselt.

EBCD-Code:

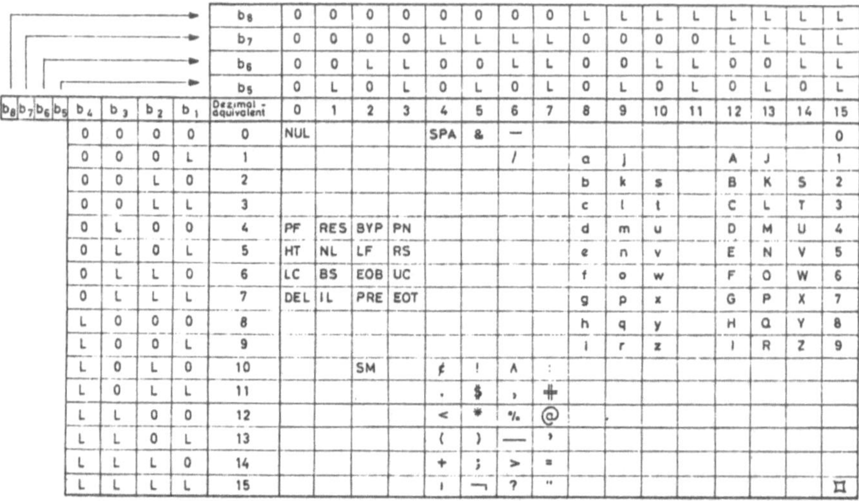

b8 b7 b6 b5				b8	0	0	0	0	0	0	0	0	L	L	L	L	L	L	L	L
				b7	0	0	0	0	L	L	L	L	0	0	0	0	L	L	L	L
				b6	0	0	L	L	0	0	L	L	0	0	L	L	0	0	L	L
				b5	0	L	0	L	0	L	0	L	0	L	0	L	0	L	0	L
b4	b3	b2	b1	Dezimal-äquivalent	0	1	2	3	4	5	6	7	8	9	10	11	12	13	14	15
0	0	0	0	0	NUL				SPA	&	—									0
0	0	0	L	1							/		a	j			A	J		1
0	0	L	0	2									b	k	s		B	K	S	2
0	0	L	L	3									c	l	t		C	L	T	3
0	L	0	0	4	PF	RES	BYP	PN					d	m	u		D	M	U	4
0	L	0	L	5	HT	NL	LF	RS					e	n	v		E	N	V	5
0	L	L	0	6	LC	BS	EOB	UC					f	o	w		F	O	W	6
0	L	L	L	7	DEL	IL	PRE	EOT					g	p	x		G	P	X	7
L	0	0	0	8									h	q	y		H	Q	Y	8
L	0	0	L	9									i	r	z		I	R	Z	9
L	0	L	0	10			SM		¢	!	∧	:								
L	0	L	L	11					.	$	,	⧺								
L	L	0	0	12					<	*	%	@	.							
L	L	0	L	13					(	)	—	'								
L	L	L	0	14					+	;	>	=								
L	L	L	L	15					¦	¬	?	"								⌷

(Aus: Lexikon der Datenverarbeitung. In Zusammenarbeit mit G. Löbel und H. Schmid herausgegeben von P. Müller. 2.Auflage, München: Verlag Moderne Industrie. 1969.)

Bedeutung der Steuerzeichen:

NUL	Nil (Füllzeichen)
PF	Stanzer Aus
HT	Horizontal-Tabulator
LC	Kleinbuchstaben
DEL	Löschen
RES	Sonderfolgenende
NL	Zeilenvorschub mit Wagenrücklauf
BS	Rückwärtsschritt
IL	Leerlauf
BYP	Sonderfolgenanfang
LF	Zeilenvorschub
EOB	Blockende
PRE	Bedeutungsänderung der beiden Folgezeichen
PN	Stanzer Ein
RS	Leser Stop
UC	Großbuchstaben
EOT	Ende der Übertragung
SM	Betriebsartenänderung
SPA	Zwischenraum

C 3   INFORMATIONSTHEORIE

Die von Shannon (1948) entwickelte Informationstheorie versucht,
ein Maß für den Informationsgehalt festzulegen. Man geht dabei
von dem Modell aus, daß ein Sender eine diskrete Nachricht an
einen Empfänger übermittelt. Die Nachricht besteht aus einer
Zeichenfolge, in der die einzelnen Zeichen mit bestimmten
Wahrscheinlichkeiten auftreten. Der Informationsgehalt, den der
Empfänger beim Empfang eines Zeichens gewinnt, soll die folgenden Eigenschaften haben:

* Der Informationsgehalt soll - unabhängig von der Form
  der Verschlüsselung - nur von der Wahrscheinlichkeit ab-
  hängen, mit der das Zeichen gesendet wird.Dabei sollen
  häufig gesendete Zeichen einen geringen Informationsgehalt,
  seltene Zeichen einen hohen Informationsgehalt haben. Dieser Forderung wird entsprochen, wenn man als Informationsgehalt eines Zeichens eine monoton wachsende Funktion vom
  Reziprokwerk der Wahrscheinlichkeit dieses Zeichens wählt.

* Betrachtet man den Informationsgehalt einer aus mehreren
  (voneinander unabhängigen) Zeichen zusammengesetzten
  Nachricht, so   soll dieser gleich der Summe der Informationsgehalte aller einzelnen Zeichen sein, aus denen
  die Nachricht zusammengesetzt ist. Die Wahrscheinlichkeit,
  daß die Nachricht aus genau dieser Zeichenfolge besteht,
  ist jedoch gleich dem Produkt der Einzelwahrscheinlichkeiten
  jedes Zeichens. Der Informationsgehalt soll daher eine
  Funktion sein, bei der die Summe mehrerer Funktionswerte
  gleich jenem Funktionswert ist, dessen Argument das Produkt
  der Argumente der einzelnen Funktionswerte ist, also
  $f(x) + f(y) = f(x.y)$. Diese Forderung erfüllt die logarith-
  mische Funktion.

Auf Grund dieser Forderungen wird als Informationsgehalt eines
Zeichens der Logarithmus des Reziprokwertes der Wahrscheinlich-
keit, mit der dieses Zeichen gesendet wird, definiert. Als
Basis des Logarithmus wird 2 gewählt. Bezeichnet man den
__Informationsgehalt__ (engl. information content) eines Zeichens

mit h und die Wahrscheinlichkeit,mit der dieses Zeichen auftritt,
mit p, so erhält man

$$h = \text{ld } \frac{1}{p} = - \text{ld } p$$

<u>Anmerkung</u>:

Trotz des negativen Vorzeichens ist der Informationsgehalt immer positiv,
da $p \leq 1$ ist.

Sendet die Nachrichtenquelle immer wieder das gleiche Zeichen,
so ist $p = 1$ und der Informationsgehalt Null - der Empfänger
wird durch das regelmäßig immer wiederkehrende Zeichen auch
nicht informiert. Ein Zeichen, welches nie gesendet wird
($p = 0$), hat einen unendlich hohen Informationsgehalt - nachdem
das Zeichen nie gesendet wird, tritt dieser unendliche Informationsgehalt jedoch auch nie auf. Sendet die Nachrichtenquelle
Binärzeichen mit gleicher Wahrscheinlichkeit ($p = 1/2$), so ist
deren Informationsgehalt gleich Eins.

Falls die Nachrichtenquelle n unterschiedliche Zeichen mit
gleicher Wahrscheinlichkeit ($p = 1/n$) sendet, so ist der Informationsgehalt eines Zeichens gleich ld n. Ist n eine Potenz
von 2, so ist der Informationsgehalt ganzzahlig und entspricht
genau der Wortlänge eines optimalen Binärcodes zur Verschlüsselung
dieser Zeichen. Auf Grund dieser Analogie wird die Einheit des
Informationsgehaltes bit genannt (bit wird als Einheit klein
geschrieben).

<u>Beispiel</u>: Berechnung des Informationsgehaltes einer
n-stelligen Dezimalzahl.

Der Informationsgehalt einer Dezimalziffer beträgt
ld 10 = 3.32 bit. Eine aus n Dezimalziffern gebildete Zahl hat
daher den Informationsgehalt

$$n = \text{ld } 10^n = n \text{ ld } 10 = n*3.32 \text{ bit}$$

Für die optimale Codierung einer n-stelligen Dezimalzahl
(z.B. als Dualzahl) sind daher n * 3.32 bit (bzw. die nächstgrößere ganze Anzahl) nötig. Dualzahlen haben somit etwa die
3.32 -fache Stellenanzahl der entsprechenden Dezimalzahlen.

Der Informationsgehalt ist auch gleich der Anzahl der binären
Entscheidungen, die getroffen werden müssen, um das Zeichen
aus dem Alphabet auszuwählen. Man teilt dabei die Zeichen in
zwei gleichwahrscheinliche Gruppen und entscheidet, in welcher
Gruppe das Zeichen enthalten ist, und wiederholt dieses Verfahren
solange, bis jede der beiden Gruppen nur ein einziges Zeichen
enthält (man beachte die Analogie zum Codebaum des entsprechenden Binärcodes!). So betrachtet, entspricht der Informationsgehalt, den der Empfänger eines Zeichens gewinnt, dem Aufwand,
den eine dritte Person im Mittel aufwenden muß, um sich die
Information durch geschickt gewählte ja/nein-Fragen ebenfalls
anzueignen.

<u>Beispiel</u>: Eine zufällig zwischen 0 und 7 gewählte ganze Zahl
kann durch drei Fragen "erraten" werden:

   (1)   Ist die Zahl kleiner als 4?
   (2)   Liegt die Zahl zwischen 2 und 5?
   (3)   Ist die Zahl gerade?

Sendet die Nachrichtenquelle Zeichen mit unterschiedlicher
Wahrscheinlichkeit, so kann der Informationsgehalt eines empfan-
genen Zeichens berechnet werden, wenn man die Wahrscheinlichkeit
dieses Zeichens kennt. Oft ist es jedoch wünschenswert, schon
vor Eintritt des Zeichens zu berechnen, welcher Informationsgehalt erwartet werden kann. Dieser Erwartungswert für den
Informationsgehalt ist gleich dem Mittelwert der Informationsgehalte aller gesendeten Zeichen. Bezeichnet h_i den Informationsgehalt des i-ten Zeichens und p_i die Wahrscheinlichkeit, mit der
dieses Zeichen auftritt, so ist der <u>Mittlere Informationsgehalt</u> H
gleich

$$H = \sum_i p_i h_i = \sum_i p_i \, \mathrm{ld} \, \frac{1}{p_i} = -\sum_i p_i \, \mathrm{ld} \, p_i$$

Dieser mittlere Informationsgehalt wird auch als <u>Entropie</u>
bezeichnet und ebenfalls in bit gemessen.

<u>Anmerkung</u>:

In der Physik ist die Entropie $S = k \cdot \ln n$ ein Maß für die Ordnung
innerhalb eines Systems. Die Entropie strebt in einem abgeschlossenen System einem Maximum zu, welches dann erreicht ist, wenn
sämtliche Unterschiede ausgeglichen sind.

Für den speziellen Fall einer binären Nachrichtenquelle, deren Zeichen mit den Wahrscheinlichkeiten p und 1-p gesendet werden, ist der mittlere Informationsgehalt S(p) gleich

$$S(p) = p \; \text{ld} \; \frac{1}{p} + (1-p) \; \text{ld} \; \frac{1}{1-p}$$

Die Funktion S(p) wird auch SHANNON'sche Funktion genannt.

Sendet die Nachrichtenquelle nur ein einziges Zeichen (p = 0 bzw. p = 1), so ist der mittlere Informationsgehalt Null (S(0) = S(1) = 0).

<u>Anmerkung</u>:

Der Grenzwert $\lim\limits_{x \to 0} x \; \text{ld} \; \frac{1}{x}$ berechnet sich nach der Regel von

L'HOSPITAL zu

$$\lim\limits_{x \to 0} x \; \text{ld} \; \frac{1}{x} = \lim\limits_{x \to 0} \frac{-\text{ld} \; x}{\frac{1}{x}} = \lim\limits_{x \to 0} \frac{-\frac{d}{dx} \text{ld} \; x}{\frac{d}{dx} \frac{1}{x}} = \lim\limits_{x \to 0} \frac{\frac{c}{x}}{-\frac{1}{x^2}} = 0$$

Interessant ist auch die Fragestellung, mit welcher Wahrscheinlichkeit die binäre Nachrichtenquelle die beiden Zeichen aussenden muß, damit der mittlere Informationsgehalt maximal wird.

Damit die Funktion S(p) einen Extremwert annimmt, muß die Ableitung Null gesetzt werden:

$$\frac{d}{dp} S(p) = 0$$

Daraus erhält man mit $\frac{d}{dx} \ln x = \frac{1}{x}$ und $\text{ld} \; x = \frac{\ln x}{\ln 2} = c \ln x$

$$- \text{ld} \; p - p * \frac{c}{p} + \text{ld} \; (1-p) + (1-p) * \frac{c}{1-p} = 0$$

das heißt

$$\text{ld} \; p = \text{ld} \; (1-p)$$

oder

$$p = 1-p$$

mit

$$p = \frac{1}{2}$$

Der mittlere Informationsgehalt ist dann maximal, wenn beide Zeichen mit gleicher Wahrscheinlichkeit auftreten. Auch für nicht binäre Nachrichtenquellen gilt, daß der mittlere Informationsgehalt dann am größten ist, wenn alle Zeichen gleichwahrscheinlich sind.

Die SHANNONsche Funktion und ihre Summanden

$$S(p) = p \; \text{ld} \; \frac{1}{p} + q \; \text{ld} \; \frac{1}{q} \qquad\qquad q = 1-p$$

p	$\text{ld} \; \frac{1}{p}$	$p \; \text{ld} \; \frac{1}{p}$	S(p)
0.00	******	0.0000	0.0000
0.05	4.3219	0.2161	0.2864
0.10	3.3219	0.3322	0.4690
0.15	2.7370	0.4105	0.6098
0.20	2.3219	0.4644	0.7219
0.25	2.0000	0.5000	0.8113
0.30	1.7370	0.5211	0.8813
0.35	1.5146	0.5301	0.9341
0.40	1.3219	0.5288	0.9710
0.45	1.1520	0.5184	0.9028
0.50	1.0000	0.5000	1.0000
0.55	0.8625	0.4744	0.9928
0.60	0.7370	0.4422	0.9710
0.65	0.6215	0.4040	0.9341
0.70	0.5146	0.3602	0.8813
0.75	0.4150	0.3113	0.8113
0.80	0.3219	0.2575	0.7219
0.85	0.2345	0.1993	0.6098
0.90	0.1520	0.1368	0.4690
0.95	0.0740	0.0703	0.2864
1.00	0.0000	0.0000	0.0000

Beispiel:

Eine Nachrichtenquelle sendet Zeichen aus dem Alphabet {a|b|c}.
In der Hälfte aller Fälle wird das Zeichen a und in je einem
Viertel der Fälle das Zeichen b beziehungsweise c gesendet.
Die Informationsgehalte der einzelnen Zeichen sowie der mittlere
Informationsgehalt können damit leicht berechnet werden:

	p	h
a	0.5	1
b	0.25	2
c	0.25	2

$$H = 0.5*1 + 0.25*2 + 0.25*2 = 1.5 \; \text{bit}$$

Der mittlere Informationsgehalt ist hier ebenfalls gleich der
mittleren Anzahl der binären Entscheidungen, die getroffen werden
müssen,um ein gesendetes Zeichen festzulegen. Lautet die erste
Frage, ob das Zeichen a gesendet wurde, so ist in 50 % der Fälle
die Antwort ja und das Zeichen mit einer einzigen Entscheidung

bestimmt. Nur in der Hälfte der Fälle ist eine weitere Entscheidung zwischen b und c notwendig - im Mittel also 1.5 Entscheidungen.

Um die Zeichen dieser Nachrichtenquelle durch einen Binärcode variabler Länge zu verschlüsseln, kann die folgende Codierungsvorschrift gewählt werden:

a	0
b	LØ
c	LL

Es ist naheliegend, daß für das häufigere Zeichen ein kürzeres Binärwort verwendet wurde. Da kein Wort des Codes Anfang eines anderen Wortes ist, ist die gewählte Codierung auch ohne Trennzeichen umkehrbar eindeutig. Da die Länge jedes Binärwortes gleich dem Informationsgehalt des zugehörigen Zeichens gewählt wurde, ist die mittlere Wortlänge dieses Codes auch gleich dem mittleren Informationsgehalt.

Allgemein bezeichnet man als <u>mittlere Wortlänge</u> L eines Codes die mit den Wahrscheinlichkeiten p_i der einzelnen Zeichen gewichtete Summe der Längen l_i der einzelnen Binärworte, also

$$L = \sum_i p_i l_i$$

Während der mittlere Informationsgehalt von der Codierung unabhängig ist und nur durch die Wahrscheinlichkeitsverteilung der einzelnen Zeichen bestimmt ist, hängt die mittlere Wortlänge von der Wahl der Verschlüsselung ab. Im obigen Beispiel ist der mittlere Informationsgehalt deshalb gleich der mittleren Wortlänge, weil die Codierung optimal durchgeführt werden konnte. Wie das folgende Beispiel zeigt, ist dies im allgemeinen nicht immer der Fall.

<u>Beispiel:</u>

Die Nachrichtenquelle soll die drei Zeichen a, b und c mit
den angegebenen Wahrscheinlichkeiten senden. Bei gleicher
Codierung wie im vorhergehenden Beispiel wird wieder der mittlere
Informationsgehalt und die mittlere Wortlänge des Codes berechnet.

	p	h	ph	l	pl
a	0.7	0.515	0.360	1	0.7
b	0.2	2.322	0.464	2	0.4
c	0.1	3.322	0.332	2	0.2

$$H = 1.156 \text{ bit} \qquad L = 1.3 \text{ bit}$$

Bei diesem Beispiel ist die mittlere Wortlänge L etwas größer
als der mittlere Informationsgehalt H. Der Grund dafür liegt
darin, daß wegen der nicht ganzzahligen Informationsgehalte
der einzelnen Zeichen die Codierung - die ja eine ganzzahlige
Wortlänge verlangt - nicht optimal erfolgen konnte.

Allgemein läßt sich zeigen, daß die mittlere Wortlänge eines
Codes immer größer oder höchstens gleich dem mittleren Informationsgehalt der Zeichen dieses Codes ist. Die Differenz
zwischen mittlerer Wortlänge L und mittlerem Informationsgehalt
H bezeichnet man als <u>Redundanz</u> R (engl. redundancy) des Codes.

$$R = L - H \qquad R \geq 0$$

Auch die Redundanz eines Codes wird in bit gemessen.

Bezieht man die Redundanz auf die mittlere Wortlänge des Codes,
so erhält man die Redundanz pro Bit oder <u>relative Redundanz</u> r

$$r = \frac{R}{L}$$

Oft wird die relative Redundanz auch mit 100 multipliziert
und in Prozent angegeben.

Die Redundanz gibt an, um wieviele Bit ein Wort des Binärcodes
im Mittel länger ist, als im optimalen Fall notwendig wäre.

<u>Beispiel</u>:

Für die Codierung der Dezimalziffern benötigt man 4 Bit, der
Informationsgehalt einer Dezimalziffer beträgt jedoch nur
ld 10 = 3.32 bit, die Redundanz beträgt daher 0.68 bit oder
17 %. In diesem Fall kommt die Redundanz dadurch zustande, daß
6 von den 16 möglichen Verschlüsselungen nicht verwendet werden.

Bei Verwendung eines fünfstelligen Binärcodes für die Verschlüsselung der Dezimalziffern ist die Redundanz noch größer,
dafür besteht jedoch die Möglichkeit, Fehler zu erkennen. Allgemein ist eine geringe Redundanz ein Kennzeichen für eine
effiziente Codierung, während eine hohe Redundanz eine Fehlererkennung ermöglicht. Die Redundanz eines Codes kann auch als
Maß dafür angesehen werden, wieviele Bit pro Binärwort im Mittel
weggelassen werden können, ohne die Nachricht unkenntlich zu
machen.

Ein Beispiel für die Erhöhung der Redundanz einer Verschlüsselung,
um Übertragungsfehler zu vermeiden, ist die auf Schecks übliche
Angabe eines Betrages in Worten.

<u>Beispiel</u>:

Informationsgehalt und Redundanz der deutschen Sprache:
Betrachtet man die 26 Buchstaben als gleichwahrscheinlich, so
ist der Informationsgehalt eines Buchstabens gleich
ld 26 = 4.7 bit. Bei Berücksichtigung des Zwischenraumes (ƀ)
als eigenes Zeichen erhöht sich der Informationsgehalt auf
ld 27 = 4.75 bit. In einem deutschen Text treten diese Zeichen
jedoch mit unterschiedlicher Wahrscheinlichkeit auf. Die Zeichen
ƀ, e, n, r und i zum Beispiel bestreiten mehr als die Hälfte
des Textes.

<u>Buchstabenhäufigkeit der deutschen Sprache in Prozent</u>:

ƀ	15.15		U	3.19	K	0.96
E	14.7o		L	2.93	V	0.74
N	8.84	51.39%	C	2.67	Ü	0.58
R	6.86		G	2.67	P	0.5o
I	6.38		M	2.13	Ä	0.49
S	5.39		O	1.77	Ö	0.25
T	4.73		B	1.6o	J	0.16
D	4.39		Z	1.42	Y	0.o2
H	4.36		W	1.42	Q	0.o1
A	4.33		F	1.36	X	0.o1

215

Bei Berücksichtigung der Zeichenwahrscheinlichkeiten erniedrigt
sich der mittlere Informationsgehalt auf 4.11 bit pro Zeichen.
Berücksichtigt man weiters, daß bestimmte Buchstabengruppen
besonders häufig auftreten (z.B. en, er, ch etc.) und verschlüsselt diese gemeinsam, so sinkt der mittlere Informationsgehalt auf weniger als 2 bit pro Zeichen. Vergleicht man diesen
Wert mit dem maximalen Informationsgehalt, der bei gleicher
Häufigkeit aller Zeichen auftritt, so erhält man eine Redundanz
von 2.75 bit pro Zeichen. Sinnvoller ist es, als Vergleichswert
den Informationsgehalt mit Berücksichtigung der Buchstaben-
häufigkeit heranzuziehen, wodurch sich eine Redundanz von
ungefähr 50 % ergibt. Das bedeutet, daß im Mittel jeder zweite
Buchstabe in einem deutschen Text weggelassen werden kann, ohne
die Verständlichkeit zu beeinträchtigen.

z.B. D ■ E ■ ■ E ■ ■ N D A ■ ■   D ■ R ■ D ■ U ■ S C H ■ ■ ■ S
     P R A ■ H ■   ■ E T ■ A E ■ T   ■ T ■ ■   F ■ ■ N F Z ■
     G ■ P ■ ■ Z E N ■ .

Einen ähnlichen Wert für die Redundanz erhält man, wenn man die
Häufigkeit der Wörter der deutschen Sprache zur Berechnung des
Informationsgehaltes heranzieht. Von den mehr als 10 Millionen
Wörtern treten die drei häufigsten Wörter (die, der, und) mit
einer Häufigkeit von 9,5 % auf. Die 15 häufigsten Wörter machen
ein Viertel aller deutschen Texte aus, während mit 66 Wörtern
bereits die Hälfte abgedeckt wird. Auf Grund dieser Häufigkeits-
verteilung berechnet sich der Informationsgehalt eines Wortes
zu 11.8 bit. Da ein Wort im Mittel aus 5.7 Buchstaben besteht,
erhält man einen mittleren Informationsgehalt von etwa 2 bit
pro Buchstaben.

Völlig redundant - das heißt ohne Informationsgehalt - ist in
der deutschen Sprache der Unterschied zwischen Groß- und Klein-
schreibung, da dieser auf Grund grammatikalischer Regeln aus
der Zeichenfolge eindeutig rekonstruiert werden kann.

Wesentlich geringere Redundanz als die deutsche Klarschrift hat
die Kurzschrift (Stenographie). Während bei der Vollverkehrs-
schrift einzelne redundante Buchstaben (z.B. der Vokal e
innerhalb eines Wortes) weggelassen und häufige Buchstabenfolgen
durch eigene Zeichen verschlüsselt werden (Kürzel), werden bei

der Eilschrift ganze Silben und mitunter auch Worte unterdrückt, ohne die Lesbarkeit zu gefährden.

<u>Fano-Code</u>:

Gelegentlich kann es erforderlich sein, für ein Alphabet mit gegebenen Wahrscheinlichkeiten für das Auftreten der einzelnen Zeichen, einen Binärcode variabler Wortlänge mit geringer Redundanz zu finden. Das folgende Verfahren von Shannon und Fano liefert einen solchen Code (<u>Fano-Code</u>):

> Nachdem die Zeichen nach ihren Wahrscheinlichkeiten
> geordnet wurden, trennt man - unter Beibehaltung dieser
> Reihenfolge - die Zeichen derart in zwei Gruppen, daß die
> Summen der Wahrscheinlichkeiten in beiden Gruppen möglichst
> gleich sind. Die eine Gruppe wird an der ersten Binärstelle
> mit Ø, die andere mit L codiert. Innerhalb jeder dieser
> Gruppen teilt man wieder in zwei möglichst gleichwahrschein-
> liche Teile und codiert die nächste Binärstelle entsprechend
> mit Ø oder L.
> Diese Unterteilung wird solange fortgesetzt, bis jede der
> Gruppen aus einem einzigen Zeichen besteht.

<u>Beispiel</u>:

Eine Nachricht, die aus den Farben {rot | gelb | blau | weiß | schwarz} zusammengesetzt ist, soll bei der angegebenen Wahrscheinlichkeitsverteilung durch einen Fano-Code verschlüsselt werden.

	p	Code	l	pl	h	ph
rot	0.40	Ø Ø	2	0.80	1.32	0.53
gelb	0.19	Ø L	2	0.38	2.40	0.46
blau	0.17	L Ø	2	0.34	2.56	0.43
weiß	0.12	L L Ø	3	0.36	3.06	0.37
schwarz	0.12	L L L	3	0.36	3.06	0.37

$$L = 2.24 \text{ bit} \qquad H = 2.16 \text{ bit}$$

$$R = 0.08 \text{ bit}$$

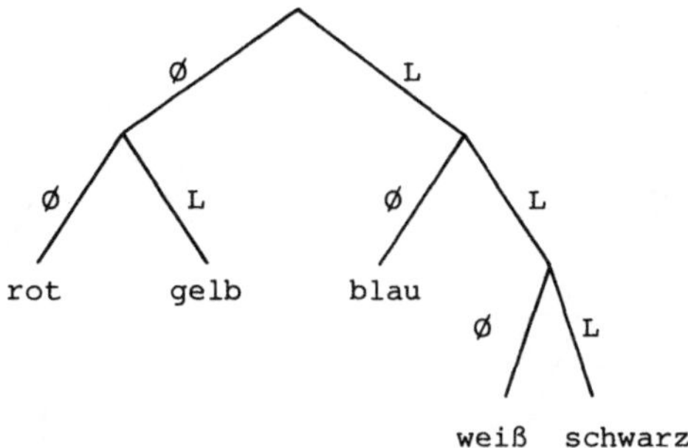

Beim Fano-Code spiegelt die Ordnungsrelation der Codeworte die
auf Grund der Wahrscheinlichkeiten festgelegte Reihenfolge
wider.

<u>Huffman-Code</u>:

Ein ähnliches Verfahren zur Ermittlung eines optimalen Code-
baumes wurde von Huffman angegeben:

>   Die beiden Zeichen mit den geringsten Wahrscheinlichkeiten
>   werden als Gruppe zusammengefaßt und im weiteren Verlauf
>   des Verfahrens wie ein einziges Zeichen behandelt, dessen
>   Wahrscheinlichkeit gleich der Summe der beiden Einzelwahr-
>   scheinlichkeiten ist. Das Verfahren wird solange fortgesetzt,
>   bis der Codebaum fertig erstellt ist.

Für das vorangegangene Beispiel erhält man schrittweise den
folgenden Code:

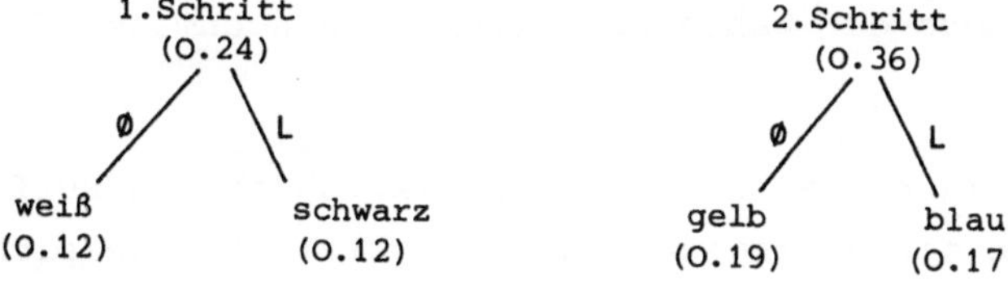

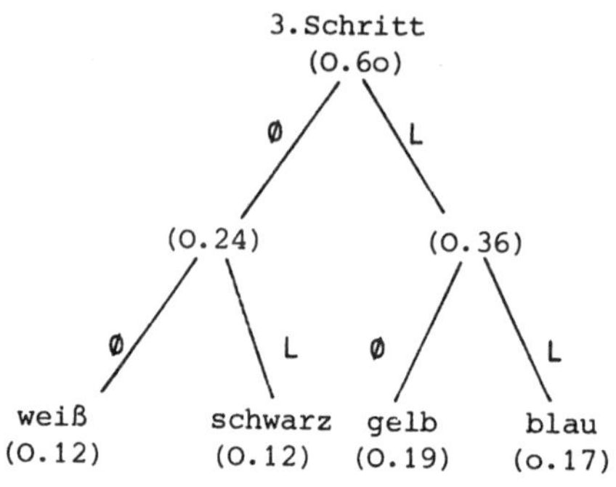

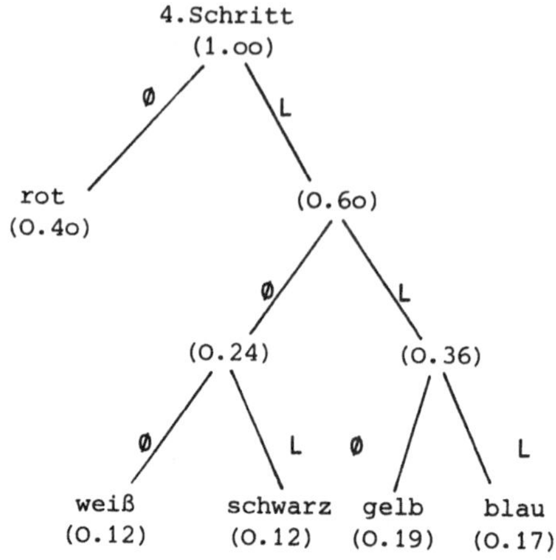

	p	Code	1	pl
rot	0.40	Ø	1	0.40
gelb	0.19	L L Ø	3	0.57
blau	0.17	L L L	3	0.51
weiß	0.12	L Ø Ø	3	0.36
schwarz	0.12	L Ø L	3	0.36

$$L = 2.20 \text{ bit}$$
$$R = 0.04 \text{ bit}$$

Die mittlere Wortlänge des Codes kann unmittelbar aus dem Codebaum entnommen werden, indem die an den Zwischenknoten ange-
schriebenen Summen der Wahrscheinlichkeiten nochmals addiert
werden.

Es läßt sich zeigen, daß ein nach dem Verfahren von Huffman
gebildeter Code die geringste Redundanz besitzt, die sich
bei der Codierung von einzelnen Zeilen erreichen läßt. Wie das
Beispiel zeigt, kann das Verfahren von Fano unter bestimmten
Umständen einen Code mit geringfügig größerer Redundanz liefern.
Die Redundanz läßt sich nach beiden Verfahren beliebig klein
machen, wenn an Stelle von Einzelzeichen ganze Zeichenfolgen
gemeinsam codiert werden.

<u>Beispiel</u>:

In einer aus dem Binäralphabet { a | b } zusammengesetzten
Nachricht tritt das Zeichen a viermal sooft auf als das
Zeichen b.

	p	Code
a	0.8	$\emptyset$
b	0.2	L

Der mittlere Informationsgehalt eines Zeichens beträgt
H = S(0.8) = 0.722 bit. Verschlüsselt man jedes Zeichen getrennt
(L = 1 bit), so beträgt die Redundanz R = 0.278 bit/Zeichen.

Verschlüsselt man jeweils zwei aufeinanderfolgende Zeichen durch
ein einziges Codewort variabler Länge, so ergibt sich die
folgende Wahrscheinlichkeitsverteilung (die Wahrscheinlichkeit,
daß zwei bestimmte Zeichen aufeinanderfolgen, ist gleich dem
Produkt der Einzelwahrscheinlichkeiten):

	p	Code	1	pl
aa	0.64	$\emptyset$	1	0.64
ab	0.16	L $\emptyset$	2	0.32
ba	0.16	L L $\emptyset$	3	0.48
bb	0.04	L L L	3	0.12

L = 1.56 bit

Bei optimaler Codierung eines Zeichenpaares erhält man eine
mittlere Wortlänge von 1.56 bit, das sind 0.78 bit/Zeichen.
Da der mittlere Informationsgehalt eines Zeichens – unabhängig
von der Art der Codierung – 0.722 bit beträgt, ist die Redundanz
durch die Codierung von Zeichenpaaren auf 0.058 bit/Zeichen
gesunken. Codiert man im gleichen Beispiel drei Zeichen gemeinsam, so sinkt die Redundanz weiter auf R = 0.006 bit/Zeichen.

	p	Code	l	pl
aaa	0.512	Ø	1	0.512
aab	0.128	L Ø Ø	3	0.384
aba	0.128	L Ø L	3	0.384
baa	0.128	L L Ø	3	0.384
abb	0.032	L L L Ø Ø	5	0.160
bab	0.032	L L L Ø L	5	0.160
bba	0.032	L L L L Ø	5	0.160
bbb	0.008	L L L L L	5	0.040

$$L = 2.184 \text{ bit}$$

Als Maß für die in einer bestimmten Zeitspanne t übertragene
Information h dient der <u>Informationsfluß</u> c:

$$c = \frac{h}{t} \quad [\text{bit/s}]$$

Der Informationsfluß wird in bit/s oder Baud gemessen.

<u>Beispiel:</u>

Ein Fernschreiber gestattet die Übertragung mit einer maximalen
Geschwindigkeit von 50 Baud. Im 5-Bit-Fernschreibcode können
daher 10 Zeichen pro Sekunde übertragen werden. Berücksichtigt
man jedoch, daß auf einen Buchstaben eines zusammenhängenden
Textes nur ein Informationsgehalt von etwa 2 bit kommt, so ist
der tatsächliche Informationsfluß etwa 20 bit/s.

<u>Beispiel:</u>

Ein Fernsehbild besteht aus 625 Zeilen mit 50 Bildwechseln
pro Sekunde. Nach dem Zeilensprungverfahren wird jede Zeile
in der Sekunde jedoch nur 25 mal durchlaufen. Betrachtet man
den Zeilenabstand auch als horizontale Ausdehnung eines Bild-
punktes, so kann man pro Zeile etwa 800 Bildpunkte annehmen.
Mit 10 unterscheidbaren Helligkeitsstufen erlaubt ein Fernsehkanal somit einen Informationsfluß von etwa $4 * 10^7$ bit/s.

Interessant ist auch die Frage, mit welcher Geschwindigkeit
der Mensch Information aufnehmen kann. Beim Lesen erreicht der
Mensch eine Geschwindigkeit von etwa 25 Buchstaben in der
Sekunde, das entspricht einem Informationsfluß von 50 bit/s.

Dieser Wert ist unabhängig von der verwendeten Sprache und dem
Zeichenvorrat des Alphabets (der gleiche Informationsfluß wird
auch beim Lesen von chinesischem Text erzielt). Enthält die
Nachricht hohe Redundanz, dann kann der Text zwar rascher gelesen werden, der Informationsfluß bleibt jedoch gleich. Auch
akustische Nachrichten (z.B. gesprochener Text oder Musikdar-
bietungen) können mit einer Geschwindigkeit von maximal 50 bit/s
wahrgenommen werden. Tatsächlich mit dem Bewußtsein verarbeitet
wird davon höchstens die Hälfte, das sind 25 bit/s. Nimmt ein
Mensch durch 50 Jahre hindurch täglich 16 Stunden lang Information mit dieser Geschwindigkeit auf, so erreicht er insgesamt
einen Informationsgehalt von über $2.6*10^{10}$ bit. Theoretisch
wäre der Mensch auch auf Grund der enormen Speicherkapazität
des Gehirns von etwa 10^{12} bit auch in der Lage, diese Information zu speichern. Dennoch kann die gesamte im Laufe eines
Menschenlebens aufgenommene Information in optimal codierter
Form innerhalb von 10 Minuten über einen Fernsehkanal übertragen
werden.

Informationsfluß für verschiedene Tätigkeiten:

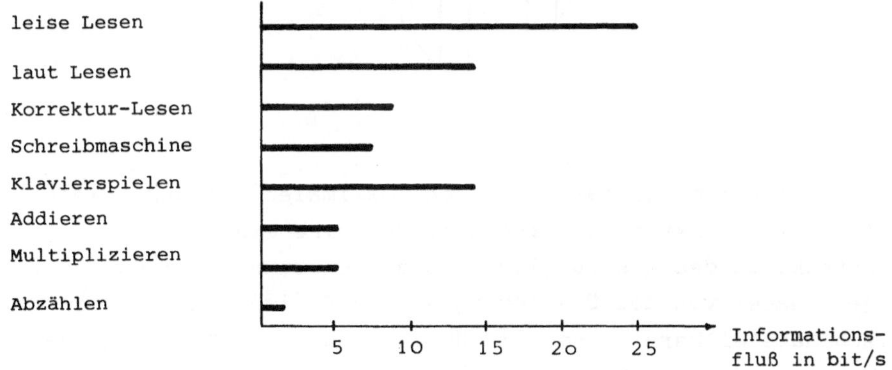

C 4   CODIERUNG ANALOGER SIGNALE

Häufig werden analoge Signale zum Zweck der Codierung in diskrete
Signale umgewandelt. Diesen Vorgang bezeichnet man als
Diskretisierung. Um zum Beispiel ein zeitlich kontinuierlich
veränderliches Signal zu übertragen, genügt es, die Signal-
amplituden zu bestimmten äquidistanten Zeitpunkten zu betrachten.
Diese zeitliche Diskretisierung bezeichnet man als Abtastung
- eine räumliche Diskretisierung nennt man Rasterung (Beispiele
für eine Rasterung sind die in Punkte zerlegten Zeitungsbilder).
Je kürzer die Abtastintervalle τ sind,desto genauer kann das
analoge Signal s(t) aus den Abtastwerten wieder rekonstruiert
werden.

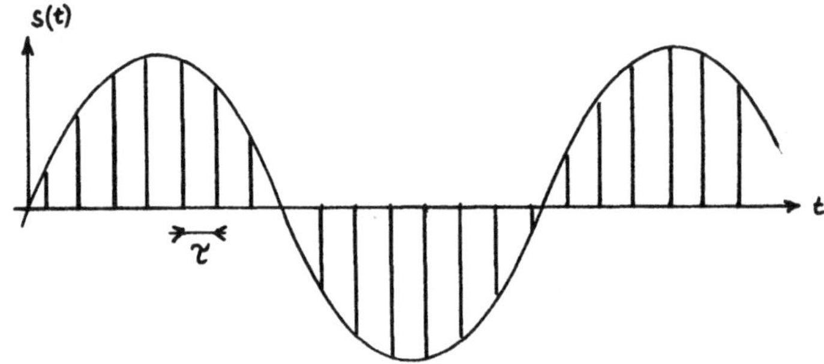

Das Abtasttheorem gestattet es, den maximalen Abstand zwischen
den Abtastzeitpunkten zu berechnen, der eine eindeutige
Rekonstruktion des ursprünglichen analogen Signals ermöglicht.
Man geht dabei von der Überlegung aus, daß sich jedes physi-
kalisch darstellbare Signal als Überlagerung von Sinusschwin-
gungen unterschiedlicher Frequenzen darstellen läßt. Entsprechend
der Art des Signals tritt dabei eine höchste vorkommende Frequenz
- die sogenannte Grenzfrequenz - auf. Während zum Beispiel Tonschwingungen bis zu einer Grenzfrequenz von etwa 20 kHz hörbar
sind, berücksichtigt die Hi-Fi-Norm nur Frequenzen bis 16 kHz.
Die männliche Stimme erzeugt Tonfrequenzen bis 9 kHz, die
weibliche Stimme bis 10 kHz. Hörbare Obertöne können mit Musik-
instrumenten (z.B. Flöte, Violine bis 16 kHz) oder durch sonstige
Geräusche (z.B. Schlüsselklirren bis 20 kHz) erzeugt werden.
Über Telefonleitungen werden davon nur Schwingungen bis zu einer

Grenzfrequenz von etwa 3 kHz übertragen, ohne die Sprachverständlichkeit zu beeinflussen.

Ist die Abtastfrequenz mindestens doppelt so groß als die Grenzfrequenz f_g

$$\tau \leq \frac{1}{2f_g}$$

so läßt sich das Signal aus den Abtastwerten eindeutig rekon-
struieren. In jeder Periode der höchsten auftretenden Frequenz
müssen somit mindestens zwei Abtastwerte liegen.

Um die Abtastwerte in digitaler Form zu übertragen, können diese
in diskrete Amplitudenwerte umgeformt werden. Bei dieser sogenannten Quantelung entsteht ein weiterer Fehler, der mit
zunehmender Verfeinerung der berücksichtigten Amplitudenstufen
geringer wird.

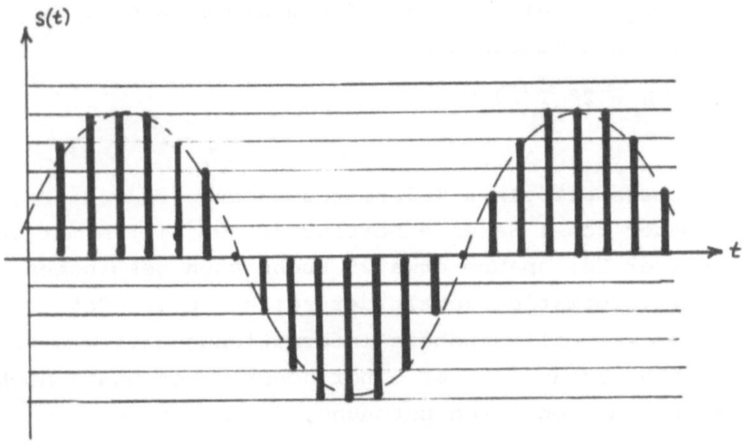

Pro Abtastwert kann die Nummer der Amplitudenstufe, in die dieser
fällt, in digitaler Form, zum Beispiel als Impulsfolge, übertragen werden. Eine solche Form der Verschlüsselung bezeichnet
man als Puls-Code-Modulation (dieses Verfahren wird z.B. bei
der Fernübertragung von Telefongesprächen angewandt).

Beispiel:

Ein Telefongespräch mit einer Grenzfrequenz von 3 kHz kann mit
einer Abtastfrequenz von 6 kHz, das heißt 6 000 mal in der

Sekunde, abgetastet werden ($\tau = 167$ µs). Berücksichtigt man
pro Abtastwert 64 Amplitudenstufen, so benötigt man zur Binärverschlüsselung eines Abtastwertes 6 Bit. (64 Amplitudenstufen
genügen für Sprachverständlichkeit, für hochwertige Musiküber-
tragungen benötigt man 1024 Amplitudenstufen). Pro Sekunde werden 36 000 bit übertragen. Im Arbeitsspeicher einer Großrechen-
anlage läßt sich somit ein Telefongespräch von einigen Minuten
Dauer speichern (z.B. 160 Sekunden bei Cyber 74 mit 96 K Worten
zu je 60 Bit).

Werden bei der Quantelung eines Abtastwertes S gleichwahrscheinliche Amplitudenstufen unterschieden, so ist der Informationsgehalt eines Abtastwertes gleich ld S. Da pro Sekunde 2 f_g
Abtastwerte übertragen werden, ist der Informationsfluß C eines
analogen Signals

$$C = 2f_g \mathrm{ld}\ S$$

Der maximal über einen Kanal übertragbare Informationsfluß wird
als <u>Kanalkapazität</u> bezeichnet. Für ein analoges Signal der
Dauer T ist der Informationsgehalt

$$H = 2f_g T\ \mathrm{ld}\ S$$

<u>Beispiel</u>:

Der Informationsgehalt eines Telefongespräches (f_g = 3 kHz,
S = 64) der Dauer von 1 Sekunde beträgt 36 000 bit. Nimmt man
an, daß in dieser Zeitspanne etwa 25 Buchstaben gesprochen werden,
so beträgt der Informationsgehalt der zeichenweisen Codierung
nur 50 bit. Der wesentlich höhere Informationsgehalt des ge-
sprochenen Textes erlaubt außer einer höheren Redundanz noch
zusätzliche Information durch Betonung, Stimmlage, etc.

<u>Beispiel</u>:

Für die Auswertung eines Elektrokardiogramms (EKG) müssen
Schwingungen in einem Frequenzbereich von 0.2 bis 200 Hz und
64 Amplitudenstufen berücksichtigt werden. Eine Messung dauert
2 Minuten. Für die diskretisierte Speicherung eines EKGs sind
daher

$$H = 2*200*120*\mathrm{ld}\ 64 = 288\ 000\ \mathrm{bit}$$

erforderlich.

<u>Beispiel</u>: Informationsfluß im Menschen

Das menschliche Ohr nimmt Tonschwingungen zwischen 10 Hz und
20 kHz wahr (Frequenzen unter 10 Hz werden als Einzelsignale
wahrgenommen) und gestattet dabei die Unterscheidung von maximal
1024 Amplitudenstufen. Der maximale akustisch wahrgenommene
Informationsfluß beträgt daher rund 400 000 bit/s, von denen
jedoch nur etwa 10 000 bit/s von den Nerven weitergeleitet
werden. Höchstens 50 bit/s werden bewußt aufgenommen.

Noch höher ist der Informationsfluß im menschlichen Auge. Der
hauptsächliche Anteil der Information wird von den rund
$120*10^6$ Stäbchen wahrgenommen, von denen jedes etwa 32 Helligkeitsstufen unterscheiden kann. Mit der beim Film verwendeten
Abtastfrequenz von 18 Bildern pro Sekunde erhält man einen
Informationsfluß von 10^{10} bit/s für das Schwarzweißsehen, der
durch die Farbinformation, die die Zäpfchen beisteuern, noch
geringfügig erhöht wird. Von dieser wahrgenommenen Information
wird höchstens 1/10 durch die Nerven weitergeleitet, die weitere
Reduktion erfolgt im Gehirn.

Der Informationsfluß innerhalb der Nerven erfolgt durch eine
Impulsfrequenzmodulation, bei der die Information durch den
zeitlichen Abstand kurzer Stromstöße (ca. 100 mV) der Dauer
von rund 1 ms verschlüsselt wird. Da der zeitliche Abstand
zweier Impulse wegen der notwendigen Erholungszeit in der
Nervenmembran mindestens 3 ms beträgt, ist die Impulsfrequenz
mit rund 250 Stromstößen pro Sekunde begrenzt.

C 5 CODESICHERUNG

Um einen Code gegen Übertragungsfehler zu schützen, ist Redundanz
notwendig. Der umgekehrte Schluß - daß genügend hohe Redundanz
vor Übertragungsfehlern schützt - ist nicht zulässig. Eine
Sicherheit gegen Fehler ist erst dann gegeben, wenn sich die
einzelnen Codewörter in möglichst vielen Stellen unterscheiden.

Die Anzahl der Stellen, an denen sich zwei Wörter gleicher
Länge unterscheiden, wird als Hamming-Abstand oder <u>Hamming-Distanz</u>
d bezeichnet.

z.B.   Ø L Ø L L
           L L Ø Ø L $d = 2$

Unter der Hamming-Distanz D eines ganzen Codes versteht man den
minimalen Abstand zwischen sämtlichen Wörtern des Codes untereinander. Die Hamming-Distanz ist ein Maß für die Störsicherheit eines Codes.

Offensichtlich ist ein Code nur dann sinnvoll, wenn seine Hamming-
Distanz mindestens 1 ist, denn nur dann sind sämtliche Codewörter voneinander verschieden.

Ist die Hamming-Distanz gleich 1, so gibt es mindestens zwei
Codewörter, die sich nur in einem einzigen Bit unterscheiden.
Durch einen einfachen Fehler - das ist ein Fehler, der innerhalb eines Wortes nur ein einziges Bit stört - kann dieses
Codewort in das andere gültige Codewort übergeführt werden,
ohne daß der Fehler bemerkt wird. Die Hamming-Distanz 1 garantiert somit keine Fehlererkennung.

Beispiele für einen Code mit D = 1 sind der 8-4-2-1-Code, der
Dreiexzesscode, der Gray-Code, etc.

Eine Hamming-Distanz größer als 1 garantiert, daß durch einen
einfachen Fehler ein ungültiges Codewort entsteht und der
Fehler dadurch erkannt werden kann. (Die Redundanz eines solchen
fehlererkennenden Codes ist mindestens 1). Eine Hamming-Distanz
von 2 kann zum Beispiel durch Hinzufügen eines Parity-Bits erzwungen werden. Ein weiteres Beispiel für einen Code mit
D = 2 ist der 2-aus-5-Code.

Allgemein können in einem Code mit der Hamming-Distanz D alle
Fehler erkannt werden, die pro Codewort weniger als D Bits betreffen.

Die Hamming-Distanz eines 3-stelligen Binärcodes kann räumlich
durch einen Würfel veranschaulicht werden, dessen Eckpunkte
den 8 Codeworten zugeordnet sind. Dabei entsprechen die einzelnen Bits den Koordinaten der Eckpunkte:

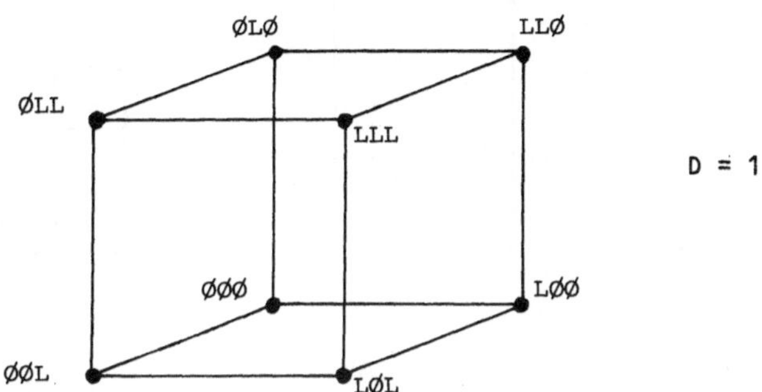

Die Hamming-Distanz entspricht der Anzahl von Kanten, die über-
wunden werden müssen, um von einem Codewort zu einem anderen
zu gelangen. Sind sämtliche 8 Ecken mit Codewörtern belegt, so
ist die Hamming-Distanz 1.

Um die Hamming-Distanz von 2 zu erreichen, dürfen keine zwei
benachbarten Ecken mit Codewörtern belegt sein. Auch im entsprechenden Veitch-Diagramm dürfen keine benachbarten Felder
belegt sein. Von den 8 möglichen Bitkombinationen sind daher
nur mehr 4 als Codewörter erlaubt.

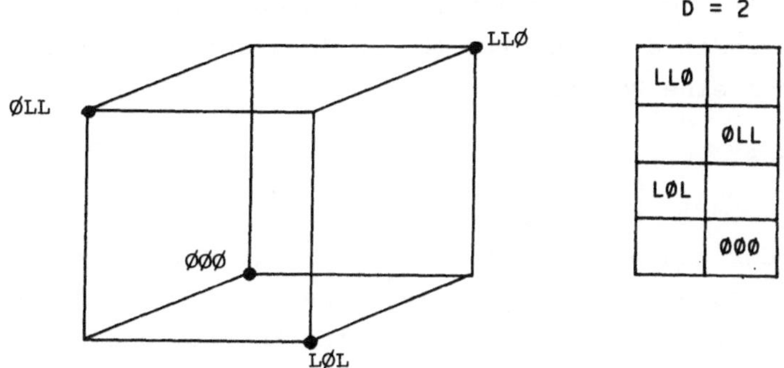

Bei einer Hamming-Distanz von 3 müssen zwischen den belegten
Ecken mindestens 3 Würfelkanten liegen. Auch im Veitch-Diagramm
beträgt der Abstand zwischen den Codewörtern mindestens zwei
Felder. Allerdings sind auf Grund dieser Einschränkung nur
mehr 2 Codewörter verwendbar.

z.B.

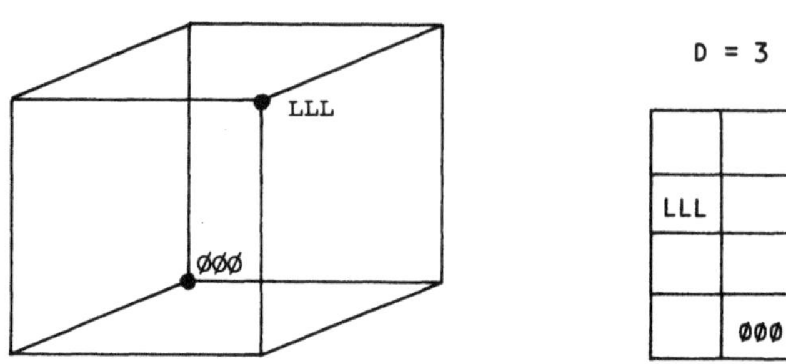

Eine Hamming-Distanz von 3 ermöglicht nicht nur die Erkennung,
sondern auch die Korrektur einfacher Fehler. Durch Störung
eines einzigen Bits entsteht nämlich ein Codewort, dessen
Abstand zu dem ursprünglichen Zeichen genau 1 ist, während
der Abstand zu allen übrigen Zeichen des Codes mindestens 2
beträgt. Dadurch kann das richtige Zeichen ermittelt werden.
Allgemein können durch eine Hamming-Distanz D alle Fehler
korrigiert werden, die weniger als D/2 Bits betreffen.

Von Hamming wurde ein Verfahren angegeben, nach dem ein Code
mit der Hamming-Distanz D = 3 erstellt werden kann. Man geht
dabei von einem Code fester Wortlänge l mit der Hamming-Distanz
D = 1 aus und ergänzt diesen durch zusätzliche Prüfbits.
Numeriert man die Stellen des erzeugten Codes von 1 beginnend
durch, so werden die Prüfbits (P) an jene Stellen gesetzt,
deren Nummer eine Potenz von 2 ist.

z.B.   l = 3   1 2 3 4 5 6

P	P	X	P	X	X

Die Werte der einzelnen Prüfbits werden mit Hilfe von Kontrollgleichungen so berechnet, daß die Summe bestimmter Stellen
gerade ist. Für jedes Prüfbit wird eine Kontrollgleichung ver-

wendet. In der ersten Kontrollgleichung werden alle Stellen mit ungerader Nummer berücksichtigt.

z.B. $P_1 + X_3 + X_5 = 0$ (mod 2) oder $P_1 = X_3 + X_5$ (mod 2)

In der zweiten Kontrollgleichung werden alle jene Stellen berücksichtigt, deren Nummer - als Dualzahl geschrieben - an zweitletzter Stelle ein L haben, also 2, 3, 6, 7 usw.

z.B. $P_2 + X_3 + X_6 = 0$ (mod 2) oder $P_2 = X_3 + X_6$ (mod 2)

Die dritte Kontrollgleichung berücksichtigt alle jene Stellen, deren Nummer - als Dualzahl geschrieben - an drittletzter Stelle eine L haben, also 4, 5, 6, 7 usw.

z.B. $P_4 + X_5 + X_6 = 0$ (mod 2) oder $P_4 = X_5 + X_6$ (mod 2)

Allgemein wird das i-te Prüfbit durch die i-te Kontrollgleichung gesetzt, die alle jene Stellen berücksichtigt, deren Nummer - als Dualzahl geschrieben - an i-t-letzter Stelle eine L hat.

<u>Beispiel:</u>

	P	P	X	P	X	X
a	Ø	Ø	Ø	Ø	Ø	Ø
b	Ø	L	Ø	L	Ø	L
c	L	Ø	Ø	L	L	Ø
d	L	L	Ø	Ø	L	L
e	L	L	L	Ø	Ø	Ø
f	L	Ø	L	L	Ø	L
g	Ø	L	L	L	L	Ø
h	Ø	Ø	L	Ø	L	L

Kontrollgleichungen:

$P_1 = X_3 + X_5$ (mod 2)

$P_2 = X_3 + X_6$ (mod 2)

$P_4 = X_5 + X_6$ (mod 2)

Nach der Übertragung werden die Kontrollgleichungen überprüft. Sind sämtliche Kontrollgleichungen richtig, so wurde das Zeichen fehlerfrei übertragen. Ist das nicht der Fall, so liefert jede richtige Kontrollgleichung eine Ø und jede falsche Kontrollgleichung eine L. Diese Nullen und Einsen ergeben - entsprechend der Nummer der Kontrollgleichung von rechts nach links angeschrieben - eine Dualzahl, die die Nummer der gestörten Stelle angibt.

z.B. Das empfangene Zeichen hat die Verschlüsselung

$$L \quad \emptyset \quad \emptyset \quad L \quad \emptyset \quad L$$

Die drei Kontrollgleichungen liefern

$$P_1 + X_3 + X_5 = L + \emptyset + \emptyset = L$$
$$P_2 + X_3 + X_6 = \emptyset + \emptyset + L = L$$
$$P_4 + X_5 + X_6 = L + \emptyset + L = \emptyset$$

Die Nummer der gestörten Stelle ist 3 ($\emptyset$ L L), womit die Verschlüsselung zu

$$L \quad \emptyset \quad L \quad L \quad \emptyset \quad L$$

korrigiert und als f erkannt werden kann.

Das Verfahren ist nicht auf Binärcodes beschränkt. Die Kontrollgleichungen müssen nur so gewählt werden, daß die Störung einer Stelle in jeder Kontrollgleichung bemerkt wird, in der diese Stelle vorkommt. Falls der Code aus Dezimalziffern zusammengesetzt ist, kann die Prüfstelle etwa gleich der Ziffernsumme modulo 10 gesetzt werden. Eine andere Möglichkeit besteht darin, die Ziffern als Dezimalzahl aufzufassen, diese durch 11 zu dividieren und die letzte Stelle des Restes als Prüfziffer zu verwenden (Elferrest).

Ein anderes Verfahren der Fehlerkorrektur besteht in der sogenannten <u>Blocksicherung</u>, wie sie auch bei Magnetbandaufzeichnungen durchgeführt wird. Im Prinzip werden die zu übertragenden Bits in ein orthogonales Raster geschrieben und für jede Spalte und jede Zeile nach einer Kontrollgleichung ein Prüfbit berechnet und mit übertragen. Die geringste Anzahl von Prüfbits erhält man bei quadratischer Anordnung. Mit p Prüfbits läßt sich demnach ein Block aus $p^2/4$ Binärzeichen sichern. Im Vergleich dazu erlaubt das Verfahren von Hamming die Sicherung von $2^p - p - 1$ Binärzeichen.

C 6 ZAHLENDARSTELLUNG

Die Darstellung von Zahlen stellt einen Spezialfall der
Codierung dar, bei dem der Aspekt der arithmetischen Verarbeitung
ebenfalls berücksichtigt werden muß. Aus diesem Grund erfolgt
auch die Zahlendarstellung meist mit fester Wortlänge.

C 6.1 DARSTELLUNG GANZER ZAHLEN

Die zeichenweise Codierung verschlüsselt jede Ziffer als eigenes
Zeichen (z.B. im EBCD-Code), wobei pro Ziffer ein Byte verwendet wird.

z.B.

```
25   | L L L L | Ø Ø L Ø || L L L L | Ø L Ø L |
          F        2          F        5
```

Da der redundante Zonenteil (linke Bytehälfte) mitgespeichert
wird, spricht man von einer gezonten Zahlendarstellung. Die
Zahlen können in dieser Darstellung unmittelbar ein- und ausgegeben werden, benötigen jedoch einen hohen Speicherbedarf.
Vor Rechenoperationen müssen die Zahlen umgewandelt werden.

Ein eventuelles Vorzeichen wird manchmal als Überlochung
(+ = 12, - = 11) über der letzten Ziffer eingegeben. Die entsprechende EBCD-Darstellung liefert die Sedezimalziffer
C (L L Ø Ø) für + und D (L L Ø L) für - im Zonenteil der
letzten Ziffer.

z.B.

```
-25   | L L L L | Ø Ø L Ø | L L Ø L | Ø L Ø L |
           F        2         D        5
```

Bei der gepackten Darstellung wird jede Dezimalziffer durch eine
Tetrade (4 Bit = Halbbyte) dargestellt.

z.B.

```
25   | Ø Ø L Ø | Ø L Ø L |
          2         5
```

Falls auch negative Zahlen auftreten können, wird das Vorzeichen
in einer eigenen Tetrade (meist rechts von der Zahl) gespeichert.
Im Vergleich zur gezonten Darstellung ist der Speicherbedarf
- mit Ausnahme des Vorzeichens - nur halb so groß. Rechenoperationen können mit Dezimalarithmetik unmittelbar durchgeführt
werden, oder die Zahl wird in das Dualsystem umgewandelt.

Den geringsten Speicherbedarf erfordert die Darstellung im
Dualsystem. Meist wird für die Dualzahl ein ganzes Wort, eventuell auch nur ein Halbwort oder nur ein Byte verwendet.

Rechenoperationen können mittels Dualarithmetik leicht durchgeführt werden. Soll die Ein/Ausgabe in dezimaler Form erfolgen,
so ist eine Umwandlung der Zahl nötig.

In einem Wort der Länge l bit lassen sich positive ganze
Dualzahlen im Bereich von 0 bis $2^l - 1$ darstellen. Numeriert
man die einzelnen Dualstellen z_i entsprechend ihrer Wertigkeit:

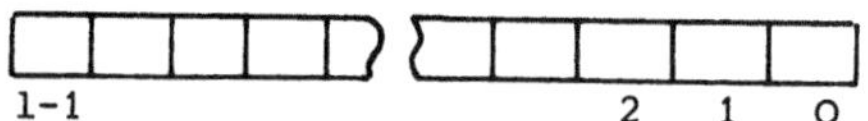

so ist der Wert z der Zahl

$$z = \sum_{i=o}^{l-1} z_i \, 2^i$$

Um den Speicherbedarf bei der Speicherung sehr vieler Zahlen
möglichst gering zu halten, kann - auf Kosten einer komplizier-
teren Verarbeitung - auf die Berücksichtigung der Wort (Byte-)
Grenzen verzichtet werden. Man verwendet für die Darstellung
einer Zahl dann nur soviele Bits, wie für die größte dazustel-
lende Zahl benötigt werden

z.B. Zahlen im Bereich $0 \leq w \leq 5$ werden in je 3 Bit dargestellt.

2,5,3 ....⌐Ø L Ø⌐L¦Ø L Ø L⌐L...⌐ (Redundanz R = 3 - ld 6
          2   5   3   = 0.42 bit)

Die Darstellung von Zahlen im Bereich $0 \leq z \leq k-1$ erfolgt dabei
mit einer Redundanz, die gleich der Differenz von ld k auf die
nächstgrößere ganze Zahl ist. (k ist die Anzahl der darstellbaren Zahlen und wird als <u>Kardinalzahl</u> bezeichnet).

Eine noch kompliziertere Darstellung erfordert die gemeinsame
Verschlüsselung mehrerer Zahlen (<u>dichtgepackte Darstellung</u>).
Im vorigen Beispiel können zum Beispiel 3 Zahlen gemeinsam in
8 Bit verschlüsselt werden. Die Redundanz sinkt dabei auf
8/3 - ld 6 = 0.08 bit. Gespeichert wird der Wert jener Zahl w,
die entsteht, wenn man die n gemeinsam zu verschlüsselnden
Zahlen w_0, w_1, w_2, ..., w_{n-1} als die Ziffern einer Zahl im
Zahlensystem mit der Basis k interpretiert.

$$w = \sum_{i=o}^{n-1} w_i k^i \qquad 0 \leq w_i \leq k - 1 \qquad 0 \leq w \leq k^n - 1$$

Zur Darstellung der Zahl w werden ld k^n = n ld k bit benötigt.
z.B.

$$k = 6 \quad n = 3 \qquad 0 \leq w_i \leq 5 \qquad 0 \leq w \leq 215$$

Die Berechnung von w kann mittels des HORNER-Schemas
erfolgen:

$$w = (w_2 * k + w_1) * k + w_o$$

für $w_o = 2$, $w_1 = 5$, $w_2 = 3$ erhält man w = 140

Aus der dargestellten Zahl w können die Zahlen w_i als Reste der
fortlaufenden Division durch k zurückgewonnen werden.

z.B.
$$140 \div 6 = 23 \qquad w_o = 3$$
$$23 \div 6 = 3 \qquad w_1 = 5$$
$$w_2 = 2$$

Die dichtgepackte Darstellung kann auch zur komprimierten
Speicherung mehrerer Zahlen mit unterschiedlichen Wertebereichen
angewandt werden. Sollen n Zahlen w_0, w_1, ..., w_{n-1} mit den
entsprechenden Wertebereichen $0 \leq w_i \leq k_i - 1$ gemeinsam verschlüsselt werden, so speichert man den Zahlenwert w.

$$w = (\ldots (w_{n-1} * k_{n-2} + w_{n-2}) * k_{n-3} + \ldots + w_1) * k_0 + w_0$$

Anders ausgedrückt werden alle möglichen Wertkombinationen durchnumeriert, und die Nummer gespeichert. Die Zahlen w_i können aus der dargestellten Zahl w als Reste der fortlaufenden Division durch k_i gewonnen werden. Für die Darstellung werden

$$ld \ (k_0 * k_1 * \ldots * k_{n-1}) \ = \ \sum_{i=o}^{n-1} ld \ k_i$$

Bit benötigt.

Beispiel:

Ein Datum, das durch Jahr j ($1850 \leq j \leq 1999$), Monat m ($1 \leq m \leq 12$) und Tag t ($1 \leq t \leq 31$) gegeben ist, soll dichtgepackt gespeichert werden. Gespeichert werden die Zahlen w_0, w_1 und w_2. (Die Reihenfolge der Zuordnung wurde so gewählt, daß sich die Rangordnung in der Ordnungsrelation widerspiegelt).

$$w_0 = t-1 \quad 0 \leq w_0 \leq 30 \quad k_o = 31 \quad ld \ 31 = 4.95$$

$$w_1 = m-1 \quad 0 \leq w_1 \leq 11 \quad k_1 = 12 \quad ld \ 12 = 3.58$$

$$w_2 = j-1850 \quad 0 \leq w_2 \leq 149 \quad k_2 = 150 \quad ld \ 150 = \underline{7.23}$$

$$15.76$$

Zur dichtgepackten Speicherung werden 16 Bit oder 2 Byte benötigt (Redundanz R = 0.24 bit). Bei Berücksichtigung der Bitgrenzen werden für die Speicherung des Tages 5 Bit, für die Speicherung des Monats 4 Bit und für die Speicherung des Jahres 8 Bit, also insgesamt 17 Bit benötigt. Der Unterschied von einem Bit kann dann ausschlaggebend sein, wenn - wie in diesem Beispiel - eine Wort- oder Bytegrenze überschritten wird.

z.B.

Darstellung von 23. Mai 1946

$$t = 23 \quad w_0 = 22$$
$$m = 5 \quad w_1 = 4$$
$$j = 1946 \quad w_2 = 96$$

$$((96 * 12) + 4) * 31 + 22 = 35858$$

L	Ø	Ø	Ø	L	L	Ø	Ø	Ø	Ø	Ø	L	Ø	Ø	L	Ø

Die Rückrechnung erfolgt mittels fortgesetzter Division durch
die Kardinalzahlen:

$$35858 \div 31 = 1156 \qquad \text{Rest} = 22 \qquad w_0 = 22$$
$$1156 \div 12 = 96 \qquad \text{Rest} = 4 \qquad w_1 = 4$$
$$w_2 = 96$$

Da mit Hilfe der einzelnen Zahlen selbst wieder beliebige
Information verschlüsselt sein kann, ist die Anwendung der
dichtgepackten Form der Speicherung keineswegs auf ganze
Zahlen beschränkt.

C 6.2 DARSTELLUNG NEGATIVER ZAHLEN

Sollen in der Zahlendarstellung positive und negative Zahlen
unterscheidbar sein, so erfolgt prinzipiell eine Abbildung der
darzustellenden Zahl auf den Bereich der natürlichen Zahlen.
Entsprechend der Zuordnung unterscheidet man verschiedene Arten
der Darstellung. Im folgenden wird angenommen, daß eine mit
Vorzeichen behaftete ganze Zahl z im Bereich $0 \leq | z | \leq 2^g - 1$
dargestellt werden soll. Für die Darstellung werden $l = g+1$ bit
benötigt.

Darstellung durch Vorzeichen und Betrag

Das Vorzeichen wird in einem eigenen Bit an führender Stelle
gespeichert. Positives Vorzeichen wird durch $\emptyset$, negatives
Vorzeichen durch L verschlüsselt.

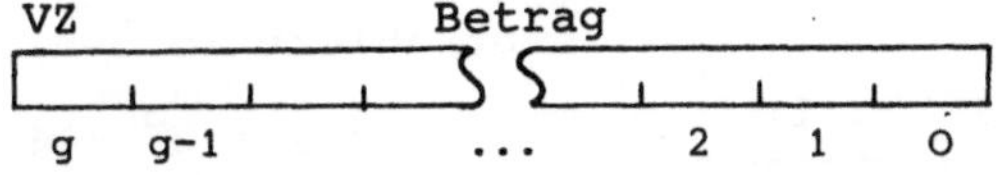

Betrachtet man die gespeicherte Bitfolge als Dualzahl w, so
ergibt sich die folgende Abbildung:

z	w	
+ 0	0	ØØØ ... ØØ
+ 1	1	ØØØ ... ØL
⋮	⋮	
+ 2^g−1	2^g−1	ØLL ... LL
− 0	2^g	LØØ ... ØØ
− 1	2^g+1	LØØ ... ØL
⋮	⋮	
− 2^g+1	2^{g+1}−1	LLL ... LL

Die Zahl 0 kann mit positivem oder negativem Vorzeichen dargestellt werden. Bei arithmetischen Operationen und Vergleichsoperationen muß das Vorzeichen getrennt behandelt werden.

$$-2^g + 1 \leq z \leq + 2^g - 1$$

Exzess-Darstellung

Zum Wert der Zahl z wird ein so bemessener Exzess q addiert, daß das Ergebnis w nicht negativ ist. Der Exzess muß gleich dem Betrag der kleinsten negativen Zahl gewählt werden. $(q=2^g)$

z	w	
− 2^g	0	ØØØ ... ØØ
− 2^g+1	1	ØØØ ... ØL
⋮	⋮	
− 1	2^g−1	ØLL ... LL
0	2^g	LØØ ... ØØ
+ 1	2^g+1	LØØ ... ØL
⋮	⋮	
+ 2^g−1	2^{g+1}−1	LLL ... LL

Der Zahl 0 entspricht eine einzige Verschlüsselung. Positive und negative Zahlen können am führenden Bit unterschieden werden. Die Ordnungsrelation bleibt erhalten. Bei arithmetischen Rechenoperationen muß der Exzess berücksichtigt werden (z.B. bei einer Addition muß der Exzess von der Summe subtrahiert werden).

$$- 2^g \leq z \leq + 2^g - 1$$

Einer-Komplement-Darstellung

Negative Zahlen werden durch ihr Einer-Komplement - das ist die Ergänzung auf $2^{g+1} - 1$ - dargestellt. Das Einer-Komplement kann durch ziffernweise Komplementierung gebildet werden.

z	w	
0	0	ØØØ ... ØØ
1	1	ØØØ ... ØL
⋮	⋮	
2^g-1	2^g-1	ØLL ... LL
-2^g+1	2^g	LØØ ... ØØ
-2^g+2	2^g+1	LØØ ... ØL
⋮	⋮	
-1		
-0	$2^{g+1}-1$	LLL ... LL

Die Zahl 0 kann mit positivem oder negativem Vorzeichen dargestellt werden. Positive und negative Zahlen können am führenden Bit unterschieden werden. Die Ordnungsrelation innerhalb der positiven bzw. innerhalb der negativen Zahlen bleibt erhalten, negative Zahlen rangieren jedoch nach den positiven.

$$-2^g + 1 \leq z \leq + 2^g - 1$$

Addition und Subtraktion können wie mit natürlichen Zahlen durchgeführt werden. Falls bei der Addition (Subtraktion) ein Überlauf entsteht, muß zum Ergebnis Eins addiert (subtrahiert) werden.

z.B. Wortlänge = 6 Bit.

```
  ØLLØØL   ( 25)      LØØLLØ   (-25)      LLLØØL   (  -6)
+ LOLL00   (-19)    + ØLØØLL   ( 19)    + LØLLØØ   ( -19)
L ØØØLØL             LLLØØL   ( -6)     L LØØLØL
+      L                                +      L
  ØØØLLØ   (  6)                          LØØLLØ   ( -25)
```

Eine tatsächliche Überschreitung des Zahlenbereiches kann durch einen Plausibilitätstest des Vorzeichens erkannt werden:

```
z.B.        LØØLLØ   (-25)
          + LØLLØØ   (-19)
          L ØLØØLØ
          +      L
            ØLØØLL   ( 19)
```

Da die Summe zweier negativer Zahlen nicht positiv sein kann, ist bei der Addition ein Überlauf entstanden.

```
richtig:    LØLØØLL  (-44)
```

Zweier-Komplement-Darstellung

Negative Zahlen werden durch ihr Zweier-Komplement - das ist
die Ergänzung auf 2^{g+1} - dargestellt. Das Zweier-Komplement
kann ziffernweise gebildet werden, indem man die Dualziffern
von rechts nach links bis zur ersten L einschließlich kopiert
und die restlichen Ziffern komplementiert (oder man bildet das
Einer-Komplement und erhöht es um Eins).

z	w	
0	0	ØØØ ... ØØ
1	1	ØØØ ... ØL
⋮	⋮	
2^g-1	2^g-1	ØLL ... LL
-2^g	2^g	LØØ ... ØØ
-2^g+1	2^g+1	LØØ ... ØL
⋮	⋮	
-1	$2^{g+1}-1$	LLL ... LL

Der Zahl 0 entspricht eine
einzige Verschlüsselung.
Positive und negative Zahlen
können am führenden Bit unterschieden werden. Die Ordnungsrelation entspricht der Einer-
Komplement-Darstellung.

$$- 2^g \leq z \leq + 2^g - 1$$

Addition, Subtraktion und Multiplikation können wie mit natürlichen Zahlen durchgeführt werden. Falls ein Überlauf entsteht, muß dieser ignoriert werden. (Eine Überschreitung des
Zahlenbereiches kann ebenso wie beim Einer-Komplement durch eine
Überprüfung des Vorzeichens erkannt werden).

z.B. Wortlänge = 6 bit

```
    ØLLØØL  ( 25)        LØØLLL  (-25)        LLLØLØ  ( -6)
  + LØLLØL  (-19)      + ØLØØLL  ( 19)      + LØLLØL  (-19)
  L ØØØLLØ  (  6)        LLLØLØ  ( -6)      L LØØLLL
```

```
    ØLØØLL  ( 19)
  - ØLLØØL  ( 25)        ØØØLLØ x LLLLØL = LØLLØLLLØ
  L LLLØLØ  ( -6)        (6)        (-3)        (-18)
```

C 6.3 FESTKOMMADARSTELLUNG

Zur Darstellung von nicht ganzen Dezimalzahlen kann eine feste
Anzahl von d Nachkommastellen berücksichtigt werden. Diese Art
der Darstellung wird als Festkommadarstellung (engl. fixed point
representation) bezeichnet. Da der Dezimalpunkt immer an derselben Stelle liegt, braucht dieser nicht mitgespeichert werden,
der 10^d-fache Wert der darzustellenden Zahl wird als ganze Zahl
gespeichert, der Skalierungsfaktor 10^d ist konstant.Die Addition
und Subtraktion kann wie bei ganzen Zahlen erfolgen. Bei
Multiplikation und Division muß der Skalierungsfaktor 10^d berücksichtigt werden. Bei Festkommadarstellung ist der Zahlenbereich durch die Wortlänge beschränkt. Die Darstellung erfolgt
innerhalb dieses Zahlenbereiches mit der zu berücksichtigenden
Stellenanzahl.

Bei der Festkommadarstellung im Dualsystem werden die rechts vom
"Dualpunkt" stehenden Dualziffern mit negativen Zweierpotenzen
gewichtet.

z.B.

$$L\emptyset L.LL = L*2^2 + \emptyset*2^1 + L*2^0 + L*2^{-1} + L*2^{-2} =$$

$$= 4 + 1 + 0.5 + 0.25 = 5.75$$

Stehen links vom Dualpunkt g ganze Dualstellen und rechts p
Dualstellen, so ist der Wert der Dualzahl allgemein

$$z = \sum_{i=-p}^{g-1} z_i 2^i$$

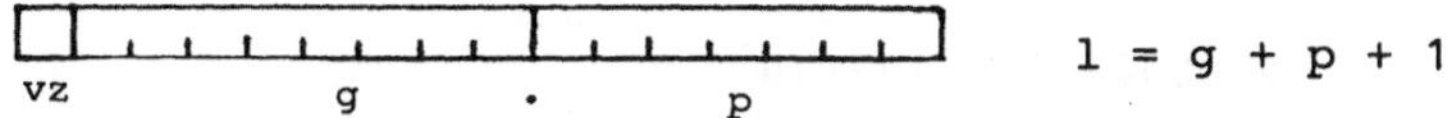

$$l = g + p + 1$$

Die Umwandlung einer nicht ganzen Dezimalzahl in das Dualsystem
kann auf folgende Weise erfolgen. Zurerst wird der ganzzahlige
Anteil durch fortlaufende Division durch 2 in das Dualsystem
übertragen. Der nichtganzzahlige Anteil wird fortlaufend mit
2 multipliziert. Vom Ergebnis jeder Multiplikation wird der
ganzzahlige Anteil abgeschnitten. Er stellt gleichzeitig die
zugehörige Dualziffer dar.

<u>Beispiel</u>:

Die Dezimalzahl 25.7 soll in das Dualsystem umgewandelt werden. Für den
ganzzahligen Anteil 25 liefert die fortlaufende Division durch 2:

$$25 \div 2 = 12 \qquad 12 \div 2 = 6 \qquad 6 \div 2 = 3 \qquad 3 \div 2 = 1 \qquad 1 \div 2 = 0$$
$$1 \qquad\qquad\qquad 0 \qquad\qquad\qquad 0 \qquad\qquad\qquad 1 \qquad\qquad\qquad 1$$

Der nichtganzzahlige Anteil 0.7 wird fortlaufend mit 2 multipliziert:

$$0.7 \times 2 = 1.4 \qquad 0.4 \times 2 = 0.8 \qquad 0.8 \times 2 = 1.6 \qquad 0.6 \times 2 = 1.2$$
$$1 \qquad\qquad\qquad 0 \qquad\qquad\qquad 1 \qquad\qquad\qquad 1$$

$$25.7 = LL\emptyset\emptyset L.L\emptyset LL\emptyset \; ...$$

Wie das Beispiel zeigt, können selbst einfache Dezimalbrüche
auf endlose (periodische) Dualbrüche führen. Die Darstellung
nicht ganzer Zahlen im Dualsystem ist daher nur in wenigen
Sonderfällen mit beschränkter Stellenanzahl exakt möglich.
Häufig wird die dargestellte Zahl auf Grund der p+1-ten Stelle
nach dem Komma gerundet. Zu diesem Zweck wird die p+1-te Stelle
zur p-ten Stelle nach dem Komma addiert.

C 6.4   GLEITKOMMADARSTELLUNG

Um sehr große und sehr kleine Zahlen auf gleiche Weise darstellen
zu können, wird bei der halblogarithmischen Darstellung oder
<u>Gleitkommadarstellung</u> (engl.floating point representation) ein
variabler Skalierungsfaktor gemeinsam mit der Zahl gespeichert.
Die Zahl selbst wird nur auf eine feste Anzahl signifikanter
Stellen genau dargestellt.

z.B. $\qquad\qquad 0.0000123 = 123 * 10^{-7}$

Tatsächlich gespeichert wird die sogenannte <u>Mantisse</u> (123)
als ganze Zahl und der <u>Exponent</u> (-7) ebenfalls als ganze Zahl.
Sowohl die Mantisse als auch der Exponent können negativ sein.
Ein und dieselbe Zahl kann auf verschiedene Weise dargestellt
sein.

z.B. $\qquad\qquad 123 * 10^{-7} = 1230 * 10^{-8} = 12.3 * 10^{-6}$

Eine eindeutige Darstellung ist die sogenannte <u>normalisierte</u>
<u>Darstellung</u>, bei der die Mantisse kleiner als 1 und als erste
Stelle nach dem Dezimalpunkt eine von Null verschiedene Ziffer
hat.

z.B. $0.123*10^{-4}$

Bei der normalisierten Darstellung brauchen nur die Nachkommastellen der Mantisse und der Exponent gespeichert werden.

z.B. | + 1   2   3 | | − 4 |

Bei der Gleitkommadarstellung im Dualsystem wird eine Zweierpotenz als Skalierungsfaktor verwendet. Sowohl Mantisse als
auch Exponent werden als Dualzahlen dargestellt.

<u>Beispiel:</u>

Die Dezimalzahl 5.75 soll als normalisierte Gleitkommazahl
im Dualsystem dargestellt werden.
Zuerst wird die Zahl in Festkommadarstellung in das Dualsystem
umgewandelt:

$$5.75 = LØL.LL$$

Durch Hinzufügen eines Skalierungsfaktors 2^0 erhält man eine
- allerdings nicht normalisierte - Gleitkommadarstellung:

$$5.75 = LØL.LL*2^0$$

Nun muß die Darstellung noch normalisiert werden.
Normalisiert bedeutet, daß die erste Stelle nach dem Dualpunkt
von Null verschieden sein muß. Der Dualpunkt muß daher um drei
Stellen nach links verschoben werden, was durch einen Skalierungsfaktor 2^3 kompensiert werden muß:

$$5.75 = Ø.LØLLL*2^3$$

Bezeichnet m den Wert der Mantisse, so lautet die Bedingung
für Normalisiertheit im Dualsystem

$$\frac{1}{2} \leq m < 1 \qquad oder \quad m = 0$$

oder allgemein für ein Zahlensystem mit der Basis b

$$\frac{1}{b} \leq m < 1 \qquad oder \quad m = 0$$

Anmerkung:
Die Zahl Null wird ebenfalls als normalisiert bezeichnet, obwohl
die erste Ziffer der Mantisse nicht von Null verschieden ist.

Bei der Darstellung einer Gleitkommazahl in einem Binärwort
brauchen nur die Nachkommastellen der Mantisse und der Exponent
gespeichert werden. Sowohl Mantisse als auch Exponent können
negativ sein.

Da sich die Rechenoperationen mit Exponenten auf Vergleich,
Addition und Subtraktion beschränken, werden die Exponenten
häufig in Exzessdarstellung gespeichert. Die Darstellung des
Exponenten wird dann als <u>Charakteristik</u> bezeichnet. Die Mantisse
wird meist durch Vorzeichen und Betrag dargestellt. Die Speicherung innerhalb eines Wortes erfolgt meist in der Reihenfolge
abnehmender Signifikanz, also Vorzeichenbit der Mantisse ge-
folgt von der Charakteristik und zuletzt die Mantisse. Dadurch
kann ein Vergleich zweier Gleitkommazahlen bitweise von links
nach rechts erfolgen. Bei der Darstellung der Zahl Null wird
die Charakteristik ebenfalls Null gesetzt.

<u>Beispiel:</u>

Die Zahl 5.75 soll im folgenden Gleitkommaformat dargestellt
werden:

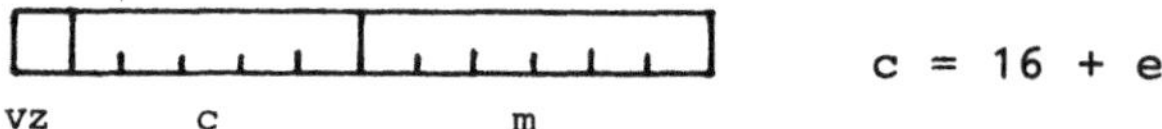

Da die Zahl positiv ist, ist das Vorzeichenbit Ø. Die
Charakeristik c berechnet sich zu 16 + 3 = 19 = LØØLL.
Die Zahl wird daher in der Form

Ø	L Ø Ø L L	L Ø L L L Ø

dargestellt.

Falls negative Zahlen durch das Einer-Komplement dargestellt
werden, so ist es vorteilhaft, im Falle einer negativen Mantisse
das Komplement der ganzen Darstellung - Charakteristik und
Mantisse - zu bilden. Die Ordnungsrelation ist dann für die
Darstellung von Festkommazahlen und Gleitkommazahlen gleich.

<u>Beispiel</u>:

Die Zahl -5.75 soll im obigen Gleitkommaformat dargestellt werden. Werden negative Zahlen durch Vorzeichen und Betrag dargestellt, so lautet die Darstellung

| L | L Ø Ø L L | L Ø L L L Ø |

Werden negative Zahlen jedoch durch das Einer-Komplement dargestellt, so ist die Darstellung

| L | Ø L L Ø Ø | Ø L Ø Ø Ø L |

Wegen der beschränkten Anzahl von Stellen in der Charakteristik können Gleitkommazahlen nur innerhalb eines bestimmten <u>Zahlenbereiches</u> dargestellt werden. Bezeichnet man die Länge der Charakteristik mit r und die Länge der Mantisse mit p

$$l = 1 + r + p$$
$$q = 2^{r-1}$$

so hat die betragkleinste normalisiert darstellbare Zahl einen Exponenten $e = -q$ und eine Mantisse $m = 0.5$.

z.B.

| Ø | Ø Ø Ø ... Ø | L Ø Ø ... Ø | falls $c = q + e = 0$

Der Wert dieser kleinsten Zahl ist daher

$$0.5 * 2^{-q} = 2^{(-2^{r-1} - 1)}$$

Die betragsgrößte darstellbare Zahl hat den Exponenten $e = q - 1$ und eine Mantisse von annähernd $m = 1$

z.B.

| Ø | L L L ... L | L L L ... L |

Der Wert der größten Zahl ist daher etwas kleiner als 2^{q-1}

Die normalisiert darstellbaren Zahlen liegen daher im Bereich

$$2^{(-2^{r-1}-1)} \leq |z| < 2^{(2^{r-1}-1)}$$

Für den Zahlenbereich ist nur die Länge der Charakteristik maß-
gebend. Im obigen Gleitkommaformat (r = 5) lassen sich Zahlen
im Bereich $2^{-17} \leq z < 2^{15}$ darstellen.

Oft interessiert auch der Bereich, innerhalb dessen sich ganze
Zahlen exakt darstellen lassen. Eine sehr große ganze Zahl erhält man offensichtlich, wenn die Mantisse mit Einsen belegt
und die Charakteristik so gesetzt wird, daß die Zahl ganz ist.

z.B. | Ø | L Ø L L Ø | L L L L L L |

Mit p Stellen für die Mantisse ist der Wert dieser ganzen Zahl
$2^p - 1$, auch die nächstgrößere Zahl 2^p läßt sich noch exakt
darstellen:

z.B. | Ø | L Ø L L L | L Ø Ø Ø Ø Ø |

Erst bei der Zahl $2^p + 1$ kann die letzte Dualziffer nicht
mehr dargestellt werden. Ganze Zahlen lassen sich daher im
Bereich

$$0 \leq z \leq 2^p$$

exakt darstellen. Im obigen Gleitkommaformat (p = 6) zum Beispiel
lassen sich ganze Zahlen $\leq$ 64 exakt darstellen.

Für die <u>Genauigkeit</u> der Zahlendarstellung ist die Mantissenlänge p entscheidend. Da sich durch p bit genau p/ld 10
Dezimalziffern darstellen lassen, ist die Gleitkommadarstellung
auf

$$\frac{p}{\text{ld } 10} \approx \frac{3p}{10}$$

Dezimalstellen genau. Der maximale relative Fehler, der bei
der Gleitkommadarstellung entstehen kann, läßt sich durch folgende Überlegung abschätzen: Der ungünstigste Fall tritt dann
ein, wenn der berücksichtigte Teil der Mantisse sehr klein,
der unberücksichtigte (abgeschnittene) Teil dagegen sehr groß
ist, also

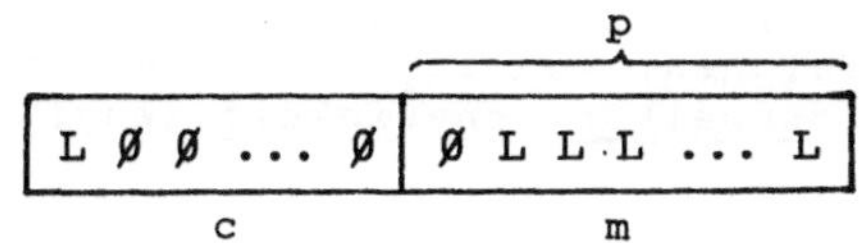

bzw.

Im ersten Fall wird die dargestellte Zahl um etwa 2^{-p-1+e} zu klein, im zweiten Fall wird die p-te Stelle zu L gerundet, und die dargestellte Zahl ist um 2^{-p-1+e} zu groß. Da der Wert der darzustellenden Zahl ungefähr $0.5*2^e$ entspricht, ist der maximale _relative-Fehler_ unabhängig vom Exponenten gleich

$$\frac{\pm\, 2^{-p-1+e}}{2^{e-1}} \;=\; \pm\, 2^{-p}$$

Beispiel:

Die 360-Serie von IBM verwendet für die Darstellung einer Gleitkommazahl in einem Ganzwort das folgende Format:

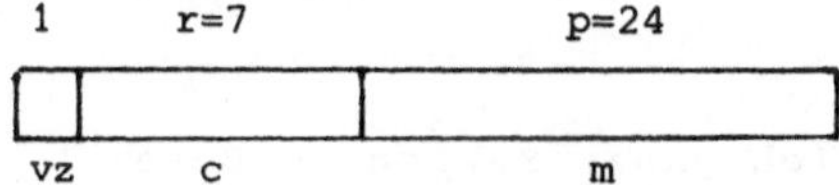

Die Gleitkommazahlen werden im Sedezimalsystem (b = 16) dargestellt, also

$$z = m * 16^e \qquad\qquad c = 64 + e$$

Die Bedingung für Normalsiertheit lautet

$$\frac{1}{16} \leq m < 1$$

Die betragskleinste normalisiert darstellbare Zahl hat somit den Wert

$$\frac{1}{16} * 16^{-64} = 16^{-65} = 2^{-260} \simeq 10^{-78}$$

Die größte Gleitkommazahl ist

$$1 * 16^{63} = 2^{252} \simeq 10^{76}$$

Gleitkommazahlen können daher im obigen Format im Bereich

$$10^{-78} < |z| < 10^{76}$$

mit etwa 7 signifikanten Dezimalziffern dargestellt werden. Um
eine höhere Genauigkeit zu erreichen, können zwei Ganzworte für
die Darstellung einer Zahl in <u>doppelter Genauigkeit</u> (engl.double
precision) verwendet werden.

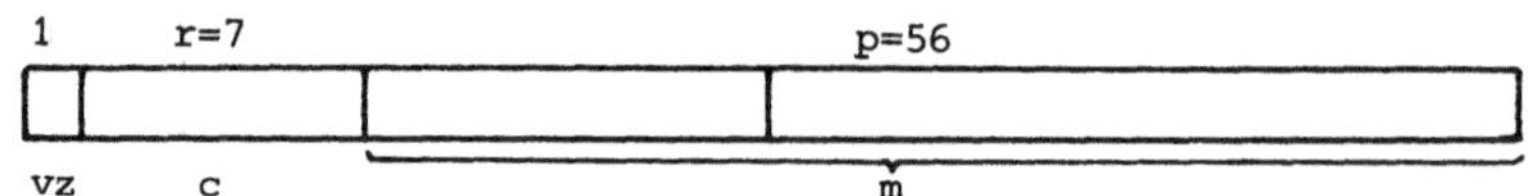

In doppelter Genauigkeit können etwa 17 Dezimalziffern dargestellt werden. Der Zahlenbereich bleibt wegen der unveränderten
Charakteristik gleich.

<u>Beispiel</u>:

Für die Zahlendarstellung in unserer fiktiven Rechenanlage
(Wortlänge = 24 bit) soll das folgende Festkomma- bzw. Gleitkommaformat verwendet werden:

Festkomma:

Gleitkomma:
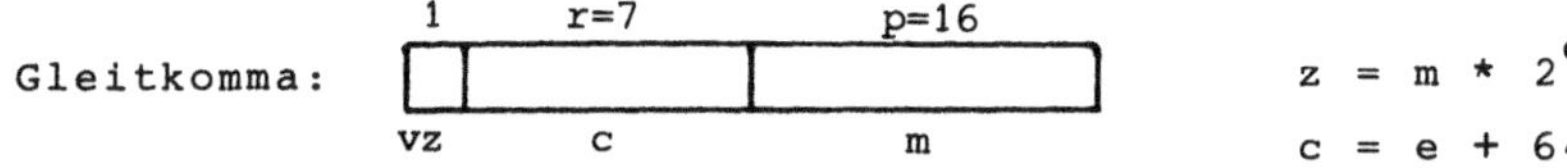

$$z = m * 2^e$$
$$c = e + 64$$

Im Festkommaformat lassen sich ganze Zahlen im Bereich

$$0 \leq |z| \leq 2^{23} - 1 \quad (\approx 8*10^6)$$

darstellen. Im Gleitkommaformat sind Zahlen im Bereich

$$2^{-65} \leq |z| < 2^{63} \quad \text{oder} \quad 3*10^{-20} \leq |z| < 9*10^{18}$$

normalisiert mit etwa 5 signifikanten Dezimalziffern darstell-
bar. Ganze Zahlen lassen sich im Gleitkommaformat im Bereich

$$0 \leq |z| \leq 2^{16} \quad (= 65\ 536)$$

exakt darstellen.

Negative Zahlen sollen - im Festkomma - wie auch im Gleitkommaformat - durch das Einer-Komplement der Darstellung ihres Betrages dargestellt werden.

z.B.   25.7 | Ø | LØØØLØL | LLØØLLØØLLØØLLØL |

       -25.7 | L | ØLLLØLØ | ØØLLØØLLØØLLØØLØ |

<u>Beispiel</u>:

Die Control Data Corporation (CDC) verwendet in ihren Rechenanlagen eine Wortlänge von 60 bit. Für die Darstellung negativer Zahlen wird das Einer-Komplement verwendet. In Festkommadarstellung lassen sich ganze Zahlen bis 2^{59} ($\approx 5*10^{17}$) darstellen. Die Gleitkommadarstellung erfolgt im folgenden Format:

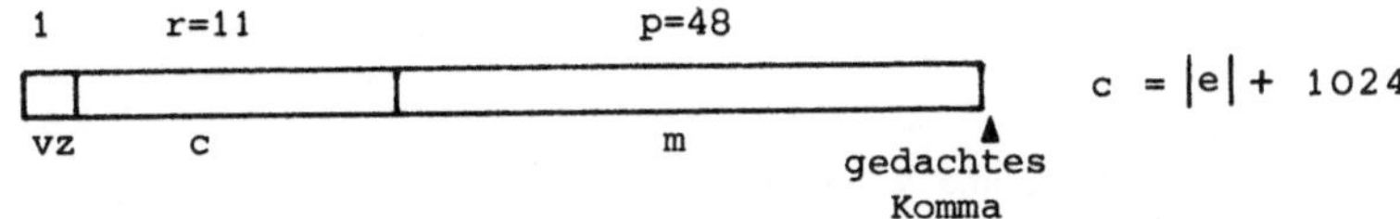

Ist der Exponent negativ, so wird das Einer-Komplement jener Charakteristik gespeichert, die dem Betrag des Exponenten entspricht. Spezielle Werte der Charakteristik dienen zur Darstellung von unendlichen bzw. nicht definierten Werten:

c =   O   unendlich kleiner Wert   ($e = -\infty$)

c = 2047   unendlich großer Wert   ($e = +\infty$)

c = 1023   nicht definierter Wert

Der Exponent e kann somit zwischen $-1022 \leq e \leq 1022$ liegen.

Da das gedachte Komma am rechten Ende der Mantisse liegt, ist der Zahlenbereich zugunsten der großen Beträge verschoben:

betragskleinste Zahl: $2^{47} * 2^{-1022} = 2^{-975} \approx 10^{-293}$

betragsgrößte Zahl: $2^{48} * 2^{1022} = 2^{1070} \approx 10^{321}$

Durch die Mantissenlänge von 48 bit werden etwa 14 Dezimalziffern dargestellt.

<u>Gleitkommaarithmetik</u>:

Vor der Addition oder Subtraktion zweier Gleitkommazahlen müssen die Zahlen so umgeformt werden, daß ihre Exponenten gleich sind. Dann lassen sich die Mantissen stellenwertrichtig addieren, beziehungsweise subtrahieren. Dieser Exponentenangleich erfolgt so, daß die größere der beiden Zahlen (größerer Exponent) unverändert (normalisiert) bleibt, und die Mantisse der kleineren Zahl um soviele Stellen nach rechts verschoben wird, als es der Differenz der Exponenten entspricht.

Der folgende Algorithmus gibt die Vorgangsweise bei der <u>Addition</u> w := u + v an:

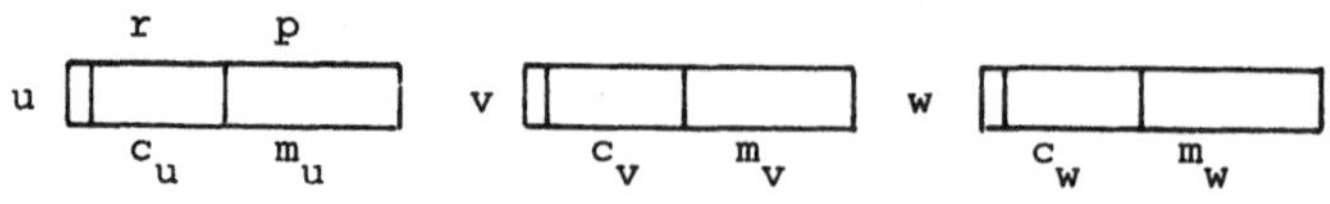

$$u \quad \overset{r \qquad p}{\boxed{\begin{array}{c|c} & \end{array}}} \qquad v \quad \boxed{\begin{array}{c|c} & \end{array}} \qquad w \quad \boxed{\begin{array}{c|c} & \end{array}}$$
$$\underset{c_u \quad m_u}{} \qquad \underset{c_v \quad m_v}{} \qquad \underset{c_w \quad m_w}{}$$

```
if c_u<c_v then  u und v vertauschen;
c_w := c_u;
if (c_u-c_v)>p then m_w := m_u
          else begin m_v := m_v ÷ 2^(c_u-c_v);
               m_w := m_u+m_v;
               w normalisieren
          end
```

Anschließend an eine Addition oder Subtraktion muß das Ergebnis normalisiert und eventuell gerundet werden. Der folgende Algorithmus gibt die Vorgangsweise beim <u>Normalisieren</u> einer Gleitkommazahl z an:

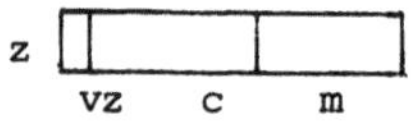

$$z \quad \boxed{\begin{array}{c|c|c} & & \end{array}}$$
$$\underset{vz \quad c \quad m}{}$$

```
if m=0 then begin vz:=0; c:=0 end
       else begin
            if |m|≥1 then repeat m:=m÷2;
                                c:=c+1
                    until |m|<1
                else while |m|<0.5 do
                    begin  m:=m*2;
                           c:=c-1
                    end;
            p+1-te Stelle runden;
            if |m|≥1 then begin m:=m÷2;
                                c:=c+1
                    end;
            if c>2^r-1 then Exponentenüberlauf;
            if c<0     then Exponentenunterlauf
       end
```

<u>Beispiel:</u>

Die beiden Zahlen 11.25 und 6.15 sollen im folgenden Gleitkommaformat addiert werden:

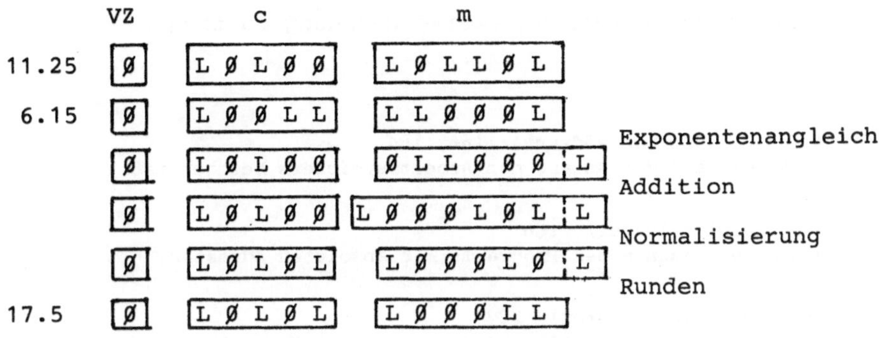

Bei der Addition mit begrenzter Stellenanzahl können Fehler
entstehen, die umso größer sind, je unterschiedlicher die
Größe der Summanden ist. Sollen 3 Zahlen addiert werden, so
ist das Ergebnis am genauesten, wenn man zuerst die beiden
kleinsten Zahlen und zu deren Summe die dritte Zahl addiert.
Das assoziative Gesetz der Addition verliert bei der Gleit-
kommarechnung seine Gültigkeit! Analoges gilt für die Subtraktion.

Bei der Gleitkommamultiplikation werden die Exponenten addiert
und vom Produkt der Mantissen die führenden Stellen berücksichtigt.
Ähnlich erfolgt auch die Gleitkommadivision.

GLOSSAR

Im folgenden sind die wichtigsten im Text vorkommenden Fachbegriffe und Abkürzungen gemeinsam mit der englischen Bezeichnung und ihrer Bedeutung zusammengestellt. Die Erklärung der
Bedeutung erfolgt zum Teil auf andere Art als im Text, um einer
unterschiedlichen Betrachtungsweise Rechnung zu tragen.

Absolute Adresse (absolute address) 166, 184
    Adresse, die auf den Anfang des Arbeitsspeichers bezogen ist.

Absolutlader (absolut loader) 166
    Programm zum Laden eines Programms mit absoluten Adressen.

Abtasttheorem (sampling theorem) 222
    Beziehung zwischen maximaler Frequenz und maximalem Abtastintervall,
    das eine eindeutige Rekonstruktion des abgetasteten Signals ermög-
    licht.

Abtastung (sampling) 222
    Zeitliche Diskretisierung.

Accounting (accounting) 155, 173
    Verrechnung der verbrauchten Betriebsmittel.

Addierwerk (adder) 43, 64
    Schaltung zur Durchführung von Additionen.

Adresse (address) 75, 115, 162, 184, 185
    Nummer einer Speicherzelle.

Aiken-Code 202
    Binärcode für die Darstellung von Dezimalziffern.

Aiken, Howard G.
    Amerikanischer Physiker, Pionier der Datenverarbeitung.

Akkumulator (accumulator) 65, 69
    Arbeitsregister für arithmetische Instruktionen.

Alphabet (alphabet) 193
    Menge aller unterschiedlichen Zeichen einer Sprache.

alphabetisches Zeichen (alphabetical character) 193, 205
    Buchstabe.

alphanumerisches Zeichen (alphanumerical character) 205
    Buchstabe, Ziffer oder Sonderzeichen.

analoges Signal 2, 192, 222, 224
    Signal, das innerhalb eines Wertbereiches jeden Zwischenwert annehmen
    kann.

Antivalenz 30, 35, 44, 117
    Verknüpfung zweier Aussagen. Das Ergebnis ist dann wahr, wenn genau
    eine der beiden Aussagen wahr und die andere falsch ist. Andernfalls
    ist das Ergebnis falsch.

Äquivalenz 30, 50
    Verknüpfung zweier Aussagen. Das Ergebnis ist dann wahr, wenn beide
    Aussagen wahr oder beide falsch sind. Andernfalls ist das Ergebnis
    falsch.

Arbeitsspeicher (working storage) 75, 114
    Menge von Speicherzellen, die von der Zentraleinheit auf Grund einer
    Adresse ohne mechanische Bewegungen zugegriffen werden können.

ASCII (American Standard Code of Information Interchange) 138

Assembler (assembler) 100, 167, 172
    1) Maschinenorientierte Programmiersprache.
    2) Programm zur Übersetzung eines Assemblerprogramms in den Maschinen-
       code.

Assoziatives Gesetz (associative law) 18, 249
    besagt, daß die Reihenfolge der Operation belanglos ist.

Assoziative Register 186
    erlauben einen Zugriff auf Grund ihres Inhaltes.

Aufruf (call) 106
    Aktivierung eines Unterprogramms.

Ausführungsphase (execution cycle) 87, 83, 119
    Zeitabschnitt, in dem eine Instruktion ausgeführt wird.

Aussage (assertion) 19
    Eine Behauptung, von der sich feststellen läßt, ob sie wahr oder
    falsch ist.

Automat (automation) 52
    System, das in Abhängigkeit von Eingangsgrößen und seinem momentanen
    Zustand in einen anderen Zustand übergeht.

Basisadresse (base address) 116, 184
    Anfangsadresse eines Programmsegments.

Blockung 158
Zusammenfassen mehrerer logischer Sätze zu einen physischen Block, um
die Kapazität des Datenträgers sowie die Übertragungsgeschwindigkeit
besser auszunützen.

Blockungsfaktor 159, 162
Anzahl der logischen Sätze in einem Block.

BOOLE Georg
Englischer Mathematiker (1815-1864).

Boole'sche Algebra (boolean algebra) 18
Ein abgeschlossenes System, in dem zwei Operationen definiert sind,
für die kommutatives, assoziatives, distributives und Verschmelzungsgesetz gelten und in dem ein Nullelement, ein Einselement und zu
jedem Element ein Komplement existiert.

Bootstrapping 172
Verfahren, bei dem ein Teil oder eine einfache Version eines Systems
dazu verwendet wird, um eben dieses System zu implementieren (oder
zu laden).

Bpi (bits per inch) 125, 135
Speicherdichte.

BTX 154
Bildschirmtext im öffentlichen Postnetz.

Bus 123
Leitungsbündel zum Informationsaustausch, an welches die einzelnen
Bausteine eines Mikrocomputers angeschlossen sind.

Byte (byte) 115, 231
Teil eines Wortes, der die Speicherung eines alphanumerischen Zeichens
gestattet.

Cache-Register 121, 186
Ein Satz von schnellen Registern, die eine Kopie des gerade benötigten
Teiles des Arbeitsspeichers aufnehmen.

CCITT 203
Abkürzung für Comité Consultatif International Télégraphique et
Téléphonique.

CCITT-Code 203
Fernschreibcode.

Charakteristik (characteristik) 242
Darstellung des Exponenten bei der Gleitkommadarstellung.

Chip 118
   Bauteil in integrierter Schaltungstechnik.

Closed-Shop 175
   Betriebsform eines Rechenzentrums, bei der der Benutzer bei der
   Durchführung seines Jobs nicht anwesend ist.

Code (code) 196
   Abbildung der Zeichen eines Alphabets auf die eines anderen Alphabets.

Compiler (compiler) 167, 172
   Programm zum Übersetzen eines Programms von einer höheren Programmiersprache in Assemblersprache oder Maschinencode.

Coroutinen (coroutine) 111
   Gleichberechtigte Programmteile, die abwechselnd durchgeführt werden.

CPU (Central Processing Unit) 114
   Zentraleinheit.

Cross-Compiler (cross-compiler) 173
   Compiler, der Maschinencode für eine andere Rechenanlage erzeugt.

Cursor 146
   Zeiger (oder blinkender Punkt) am Bildschirm.

Datei (file) 160
   Zusammengehörige Menge von Sätzen.

Datenkanal (dat channel) 151
   Peripherer Prozessor zur Steuerung der Datenübertragung.

Datenstation (terminal) 138, 180, 182
   Ein/Ausgabegerät, das über Telefonleitung an den Computer angeschlossen
   sein kann.

Datex 154
   Protokoll der Post für die Kommunikation in einem Rechnernetz.

Deadlock (deadlock) 188
   Blockierung von parallelen Prozessen untereinander.

Debugging 173
   Fehlersuchen in Programmen.

Dezimal (decimal) 3
   Bezeichnung für ein Zahlensystem mit der Basis 10.

Dialogbetrieb (conversational mode) 138
   Betriebsart, bei der der Benutzer in den Programmablauf steuernd ein-
   greifen kann.

Kanal (channel) 151
>   Einrichtung zur Übertragung einer Nachricht.

Kanalkapazität (channel capacity) 224
>   Maximal über einen Kanal übertragbarer Informationsfluß.

Kardinalzahl (cardinal number) 233
>   Anzahl der Elemente einer Menge.

Kennsatz (label record) 162
>   Erster Satz einer Datei mit organisatorischen Informationen.

Knoten 153
>   Rechner innhalb eines Rechnernetzes.

Kommandosprache (command language, job control language) 174
>   Sprache zur Steuerung des Betriebssystems.

Kommutatives Gesetz (commutative law) 18
>   besagt, daß die Reihenfolge der Operanden einer Operation belanglos
>   ist.

Komplement (complement) 14, 51, 60, 236, 242
>   Der "andere" binäre Wert.

Konjunktion (conjunction) 13, 30, 32
>   Verknüpfung zweier Aussagen. Das Ergebnis ist dann wahr, wenn beide
>   Aussagen wahr sind, andernfalls ist das Ergebnis falsch.

Ladeadresse (loadpoint) 166, 169
>   Absolute Adresse des Arbeitsspeichers, ab der ein Programm geladen
>   wird.

Laden (loading) 166
>   Übertragen eines Programms in den Arbeitsspeicher.

Lader (loader) 166
>   Programm zum Laden eines Programms.

LAN (local area network) 154
>   Lokales Rechnernetz

Laserdrucker 144
>   Drucker mit hoher Geschwindigkeit, bei dem ganze Seiten in einem
>   einzigen Druckvorgang mittels eines Laserstrahls gedruckt werden.

Lichtgriffel 146
>   Graphisches Eingabegerät, dessen Position am Bildschirm ausgewertet
>   werden kann.

Oder (or) 11
      Operator zur Verknüpfung zweier binärer Werte. Das Ergebnis ist dann
      L, wenn mindestens einer der beiden Operanden den Wert L hat. Andern-
      falls ist das Ergebnis Ø.

Off-Line 114
      Betriebsart, bei der die Verbindung zur Zentraleinheit über einen
      Datenträger erfolgt.

Oktal (octal) 5
      Bezeichnung für ein Zahlensystem mit der Basis 8.

On-Line 114
      Betriebsart, die eine unmittelbare Verbindung mit der Zentraleinheit
      erlaubt.

Open-Shop 175
      Betriebsform eines Rechenzentrums, bei der der Benutzer während der
      Durchführung seines Jobs anwesend ist.

Parameter (parameter) 106
      Größen, die fallweise durch andere ersetzt werden.

Parität (parity) 117, 127, 196, 203
      Antivalenz aller Bits eines Wortes.

Passwort (password) 162, 183
      Codewort zur Sicherung eines Datenbestandes.

Port 123
      Ein/Ausgabe-Kanal eines Mikrocomputers.

Priorität (priority) 177, 186
      Vorrang in der Reihenfolge von Operationen.

Programmbibliothek (program library) 109, 170
      Sammlung von Programmen in einer Datei.

Programmstatus (program status) 112
      Computerzustand zu einem bestimmten Zeitpunkt der Durchführung eines
      Programms.

Programmunterbrechung (interrupt, trap) 112, 155, 182
      Unterbrechung des Programmablaufes mit der Möglichkeit, das Programm
      zu einem späteren Zeitpunkt fortzusetzen.

PROM (programmable read only memory) 118
      Festwortspeicher, den man mit Hilfe eines Programmiergerätes beschrei-
      ben kann.

Protokoll 154
      Vorschrift für die Form der Übertragung in einem Rechnernetz.

Typenraddrucker (daisy-wheel-printer) 144
>   Drucker mit der Druckqualität einer Schreibmaschine, bei dem die einzelnen Zeichen auf einem meist auswechselbaren Typenrad angeordnet sind.

Überlauf (overflow) 64, 112, 165, 237, 248
>   tritt ein, wenn das Ergebnis einer Rechenoperation die Wortlänge übersteigt.

Übertrag (carry) 15, 66
>   wird bei der ziffernweisen Addition und Subtraktion in der nächsten Stelle berücksichtigt.

Und (and) 13
>   Operator zur Verknüpfung zweier binärer Werte. Das Ergebnis ist dann L, wenn beide Operanden L sind, andernfalls ist das Ergebnis Ø.

Unterbrechung (interrupt, trap) 112, 155, 182
>   Programmunterbrechung mit der Möglichkeit, das Programm zu einem späteren Zeitpunkt fortzusetzen.

Unterprogramm (subroutine) 104, 106
>   Abgeschlossener Programmteil, der durch Aufruf aktiviert werden kann.

Variable 83
>   Datenelement, dessen Wert durch das Programm verändert werden kann, zwischen diesen Änderungen aber konstant bleibt.

Virtueller Speicher (virtual storage) 186
>   Großer adressierbarer Speicherbereich, von dem jeweils nur ein Teil im Arbeitsspeicher gehalten wird.

Volladdierwerk (full adder) 44, 65
>   Addierwerk zur Addition zweier Ziffern und eines Übertrages.

wahlfreier Zugriff (random access) 162
>   Zugriff in beliebiger Reihenfolge.

Warteschlange (queue) 176, 179
>   Datenstruktur, bei der die einzelnen Elemente in der Reihenfolge ihres Eintreffens verarbeitet werden.

Wechselschrift (Non-Return to Zero) 126
>   Aufzeichnungsverfahren für magnetische Datenträger.

Winchester-Platte 135
>   Magnetplatte, bei der der Lese-/Schreibkopf auf einem Luftpolster schwebt.

Wort (word) 63, 196
>   Zeichenfolge, die eine logische Einheit bildet.

X.25   154
   Protokoll für die Kommunikation in einem Rechnernetz.

Zeichen (character)   193
   Elementarer Baustein einer Nachricht, wird meist durch ein eigenes
   Symbol dargestellt.

Zeichengerät (plotter)   146
   Graphisches Ausgabegerät.

Zeilendrucker (line-printer)   145
   Trommel- oder Kettendrucker, bei dem in einem Arbeitsgang eine
   ganze Zeile gedruckt wird.

Zentraleinheit (central processing unit, CPU) 114
   Gesamtheit von Arbeitsspeicher, Steuerwerk und Rechenwerk eines
   Computers.

Ziffer (digit)   3
   Zeichen eines numerischen Alphabets.

Zone (zone)   231
   Bereich eines Codewortes.

Zugriff (access)   115, 160, 162
   Herausgreifen eines gespeicherten Datenbestandes.

Zugriffszeit (access time)   118
   Zeit, die für die Adressierung und Übertragung eines Datenelementes
   benötigt wird.

Zwei-aus-Fünf-Code (two out of five code)   226
   Fehlererkennender Binärcode für Dezimalziffern.

Zweier-Komplement (two's complement)   60, 238
   Ergänzung einer Dualzahl auf die nächste Potenz von Zwei.

Zylinder (cylinder)   132
   Peripherer Speicherbereich, der durch eine einzige mechanische Bewegung zugegriffen werden kann.

SYMBOLE

```
*   Multiplikation
÷   ganzzahlige Division
!   Faktorielle
√‾  Quadratwurzel
∑   Summe
∫   Integral
ln  natürlicher Logarithmus
ld  Zweierlogarithmus
∨   Disjunktion
∧   Konjunktion
¬   Negation
≡   Äquivalenz
≢   Antivalenz
⊃   Implikation
∪   Vereinigung
∩   Durchschnitt
Ø   Binärziffer Null
L   Binärziffer Eins
b   Leerzeichen
µ   mikro
|   metasprachliches Trennzeichen
{}  metasprachliche Klammern
```

TABELLEN

Potenzen von 2

2^n	n	2^{-n}
1	0	1.0
2	1	0.5
4	2	0.25
8	3	0.125
16	4	0.062 5
32	5	0.031 25
64	6	0.015 625
128	7	0.007 812 5
256	8	0.003 906 25
512	9	0.001 953 125
1 024	10	0.000 976 562 5
2 048	11	0.000 488 281 25
4 096	12	0.000 244 140 625
8 192	13	0.000 122 070 312 5
16 384	14	0.000 061 035 156 25
32 768	15	0.000 030 517 578 125
65 536	16	0.000 015 258 789 062 5
131 072	17	0.000 007 629 394 531 25
262 144	18	0.000 003 814 697 265 625
524 288	19	0.000 001 907 348 632 812 5
1 048 576	20	0.000 000 953 674 316 406 25
2 097 142	21	0.000 000 476 837 158 203 125
4 194 304	22	0.000 000 238 418 579 101 562 5
8 388 608	23	0.000 000 119 209 289 550 781 25
16 777 216	24	0.000 000 059 604 644 775 290 625
33 554 432	25	0.000 000 029 802 322 387 695 312 5

Zweierlogarithmen

x	ld x
1.0	0.000 000 000
1.1	0.137 503 523
1.2	0.263 034 406
1.3	0.378 511 623
1.4	0.485 426 827
1.5	0.584 962 501
1.6	0.678 071 905
1.7	0.765 534 746
1.8	0.847 996 907
1.9	0.925 999 419
2.0	1.000 000 000
3.0	1.584 962 501
5.0	2.321 928 094
6.0	2.584 962 501
7.0	2.807 354 922
9.0	3.169 925 001
10.0	3.321 928 094

$$ld(2^n x) = n + ld\ x$$

$$ld\ x = \frac{\ln x}{\ln 2} = \frac{\log x}{\log 2}$$

$$\frac{1}{\ln 2} = 1.442\ 695$$

$$\frac{1}{\log 2} = 3.321\ 928$$